Dithmarschen. Eine Einladung

Carsten Dürkob

DITHMARSCHEN

EINE EINLADUNG

BOYENS

ISBN 978-3-8042-1496-5

Herstellung: Boyens Buchverlag
Layout und Gestaltung: Dörte Kromrei
Druck:BELTZ Bad Langensalza GmbH, Bad Langensalza
Printed in Germany

www.boyens-buchverlag.de

INHALT

MOIN!

Alles Kohl? Wer in einer Unterhaltung Dithmarschen erwähnt, kann sicher sein, dass Kohl das erste ist, was seinem Gegenüber zur Region einfällt. Insofern ist Brassica oleracea L., so der lateinische Familienname, ein Stück Identität ... und ein Klischee zugleich.

Ganz fair ist diese erste Assoziation nicht, denn Dithmarschen hat auf einer verhältnismäßig kleinen Fläche doch einiges mehr zu bieten. Allerdings bekommt, wer durch diese Region im äußersten Südwesten Schleswig-Holsteins fährt, keine spektakulären Bilder, keine atemberaubenden Landschaften zu sehen. Der Reiz liegt eher im Understatement, in der Tatsache, dass die Marketing-Bilder, die eine Region durch Emotionalisierung begehrenswert zu machen streben, und die üblichen „Attraktionen" hier nicht zu finden sind. Sondern flaches Land mit ausgedehnten Feldern, kleinen Landstädtchen ohne Shopping-Center, dafür mit höchst individuellen Ortsbildern und kulturellen Kleinodien, Schafe und Enten neben der Straße oder auch mal mitten im Ort, gefühlt mehr Windkraftanlagen als Bäume ... und plötzlich ein Deich. Dahinter: Watt. Dahinter: die Nordsee.

Eine Region zum Ausatmen.

Dieses Buch will zeigen, warum es eine Bereicherung ist, sich auf Dithmarschen einzulassen. Hier gibt es andere Bilder: von gigantischen Kumuluswolken über knallgelben Rapsfeldern, von Landkirchen, in denen die Zeit stehen geblieben zu sein scheint, und ... äh, ja, von Kohlfeldern. Sie geben uns einen ersten wichtigen Hinweis: Die Menschen in Dithmarschen machen etwas aus dem, was sie haben. Was nichts anderes heißt als: Sie leben ihre Besonderheiten.

Um zu verstehen, warum Dithmarschen ist, wie es ist, unternehmen wir Streifzüge durch die Geschichte, die Kulturgeschichte, die Landschaften und auch durch das tägliche Leben. Ganz nach Ihren Interessen können Sie die großen Kapitel einzeln lesen; sie ergeben jeweils ein in sich geschlossenes Bild. Innerhalb der Kapitel gilt Gleiches für die farblich unterlegten Kästen – sie bieten vertiefende Informationen zu speziellen Themen, die Sie „anklicken" oder auch auslassen können – oder die Touren-Vorschläge.

Und alsbald haben vorgefertigte Bilder keine Chance mehr. Dithmarschen ergibt sich nur dem, der danach sucht. Auf geht's!

Carsten Dürkob

ANNÄHERUNGEN

Eine Straße wie eine Sprungschanze. Wer von Itzehoe her auf der B 5 Richtung Westen fährt, kommt nach etwa 20 Kilometern an den Fuß einer langen Auffahrt. Oben das ungewöhnlich dichte Stahlträgerwerk einer Brücke. Noch ungewöhnlicher: Das Stahlwerk begrenzt die Brücke nicht nur parallel zu den Fahrbahnen, sondern verbindet die Seiten auch durch Querstreben über den Köpfen der Autofahrer, so dass aus der Brücke ein offener Tunnel, ein gefühltes Nadelöhr, ein Kanal wird, ganz als gelte es, den Einlass auf die andere Seite zu begrenzen. Oder vielleicht auch, den Reisenden auf etwas Neues vorzubereiten. Was hinter dem „Absprung" liegt, ist nicht zu sehen; erst oben angekommen, sieht der Autofahrer, wie es weitergeht: Dithmarschen, das Städtchen Brunsbüttel zur Linken. Unwillkürlich scheint ihm das vor ihm auftauchende Marschland flacher zu sein und tiefer zu liegen als die Landschaft diesseits des Nord-Ostsee-Kanals, aus der er eben kommt. Kann das sein?

Wer schon vorher bei Wilster dem Hinweis auf das Städtchen Burg folgend nach rechts abgebogen ist, fährt über Nebenstraßen und passiert auf seinem Weg eine geographische Besonderheit: Zu seiner Linken findet er bei der Ortschaft Neuendorf die tiefste deutsche Landstelle, Kuriosum, Erinnerungsort und Vorbereitung auf das Kommende in einem. Metallschilder an einem schlanken Mast vermerken die Höhen, zu denen sich die Wassermassen der Nordsee bei den verheerendsten Sturmfluten der zurückliegenden zwei Jahrhunderte aufgetürmt haben. Die einsame Spitze markiert die Flut vom 3. Januar 1976; noch höher hängt nur das Schild, das auf die aktuelle Höhe der Elbdeich-Krone verweist. Nach einigen weiteren Kilometern kommt der Autofahrer dann auch auf dieser Strecke an den Nord-Ostsee-Kanal, hier zu überqueren mit der Hilfe einer kostenlosen, emsig pendelnden Autofähre. Auf der anderen Seite: ein schwach gewellter Boden und im Hintergrund dichte Bäume.

Auch wer hinter Itzehoe auf Landesstraßen nordwärts fährt, stößt bald hinter der Ortschaft Hanerau-Hademarschen auf den Nord-Ostsee-Kanal. Hier schwingt sich die Grünentaler

Eine Straße wie eine Sprungschanze: die Brücke bei Brunsbüttel

Die Klappbrücke an der Eiderschleuse bei Lexfähre

Hochbrücke von der einen Seite zur andern, architektonisch fast eine Schwester der Kanalquerung von Brunsbüttel. Doch wirkt sie weniger wuchtig, weil sie zwei natürlich hohe Uferlagen miteinander verbindet: Bei Grünental, 25 Kanal-Kilometer nordöstlich von Brunsbüttel, ist der Autofahrer nicht mehr in der tiefen und flachen Marsch, sondern auf den westlichen Ausläufern des so genannten Mittelrückens der schleswig-holsteinischen Geest.

Zwischen den Brücken-Schwestern gibt es natürlich auch noch die Kanalquerung im Verlauf der Autobahn, die die meisten Autofahrer kennen und nutzen, zumal, wenn sie nach Sylt oder Dänemark wollen. Die A 23 hat die Strecke über Hanerau-Hademarschen und Albersdorf in ihrer Bedeutung als Verbindung in den Norden seit 1981/90 abgelöst.

Eine der – hier seltenen! – Brücken muss unweigerlich auch nutzen, wer aus Richtung Rendsburg, Schleswig oder Husum kommend etwa nach Büsum will. Hier windet sich die Eider in ungezählten Schleifen durch eine marschähnliche Niederung gelassen Richtung Nordsee. Zu ihren beiden Seiten vollziehen Deiche geduldig jede Windung mit – denn bis zur Fertigstellung des Eidersperrwerks 1973 lag die Eider im Gezeitenbereich der Nordsee.

Wer dann, ob von Brunsbüttel oder von Husum her, bei Friedrichskoog-Spitze am Deich steht oder in Büsum ein Fahrgastschiff für eine Tagestour auf die Insel Helgoland besteigt, hat Geest, Marsch und Eiderniederung hinter sich und wiederum eine andere Landschaft vor sich: das Wattenmeer, das Land vor dem Land, das im Rhythmus der Gezeiten trocken fällt und sechs Stunden später wieder völlig von der Nordsee überspült wird. Hier wird am augenfälligsten, was für die ganze Region wörtlich ebenso wie im übertragenen Sinne gilt: Alles ist ständig in Bewegung, in Veränderung. Seit alters her.

Wer bis hierher den Eindruck gewonnen hat, dass Dithmarschen demnach wohl eine Insel sein müsse ... liegt so falsch nicht. Natürlich ist Dithmarschen keine Insel im geographisch-territorialen Sinne und natürlich ist der Nord-Ostsee-Kanal eine künstliche Wasserstraße – und doch gibt der Blick auf die Karte dem eigenen Erleben, der Erfahr-ung Recht: Wasser markiert in allen vier Himmelsrichtungen die Grenzen dieser Landschaft – im Norden die Eider, im Westen die Nordsee, im Süden die Elbe und im Osten der Nord-Ostsee-Kanal und wiederum die Eider.

In gewisser Weise ist Dithmarschen aber auch schon vor der Fertigstellung des Kanals 1895 eine „Insel", denn Sümpfe und Wälder im Osten machen es jahrhundertelang schwierig oder doch mindestens aufwändig und im Einzelfall auch nicht unbedingt erstrebenswert, diesen Landstrich zu erreichen. Was folgt nun aber daraus? Inseln umgibt in unserem Denken und Fühlen schon seit Jahrtausenden ein Nimbus: Sie sind eine Besonderheit, denn sie entwickeln sich nicht selten anders als das mehr oder weniger nahe Festland. Ihre Abgeschiedenheit bringt ihnen Vor- und Nachteile, sie ist aber auf jeden Fall verantwortlich für so manche Eigenheit, ob im Gang der Geschichte oder im Charakter ih-

An der Kanal-Fähre bei Burg

Eider
Wesselburen
Heide
DITHMARSCHEN
Büsum
Süderpiep
Meldorf
Marne
Brunsb
/orland
km
NIEDERSACHSEN

rer Menschen. Denken wir nur an den Mythos von Atlantis oder an die lange kultur- und literaturgeschichtliche Tradition der Insel als einer Versuchsanordnung für eine alternative gesellschaftliche Entwicklung oder als Spielraum einer gesteigerten Selbstwahrnehmung.[1]

Aber so hoch müssen wir gar nicht greifen, wenn wir Dithmarschen hier als eine Insel betrachten. Ohne den steten Blick auf das „Festland" wird es nicht gehen. Aber wir wollen uns bewusst machen, dass die Geschichte des Menschen immer auf das engste abhängig ist von den Gegebenheiten der Region, in der er sich befindet, gar niederlässt. Die er als die seine erkennt und der er seine Lebensgrundlage abringt, beinahe so, als befände er sich auf einer Insel. Um Dithmarschen für diesen Zweck scharf in den Blick zu bekommen, gleichsam unter die Lupe zu nehmen, hilft uns die Metapher der Insel.

Unter unserer Lupe haben wir bereits gesehen, dass in Dithmarschen – auf kaum 1.450 qkm – vier Landschaftstypen zusammenkommen: Wattenmeer, fruchtbare Marsch, baum- und felderreiche Geest mit ertragsstarken Böden und die Eiderniederung. Wasser und Wind sind abgesehen vom Menschen die Kräfte, die diese Landschaft seit Tausenden von Jahren bis heute formen und immer wieder umformen. Die Menschen, die hier leben, müssen sich gegen beide Kräfte all die Jahrhunderte hindurch immer aufs Neue behaupten; sie verstehen es aber auch, sich beide zunutze zu machen. Mit ihrer Unterstützung haben sie sich ihre Existenzgrundlage(n) aufgebaut.

Die vier Landschaftstypen sind an sich schon reizvoll und ein genaues Hinsehen wert. Aber nun kommt auch noch hinzu, dass diesem Land seine Geschichte auf vielerlei Weise eingeschrieben ist. Wenn wir unsere Region eben eine Insel genannt und darauf hingewiesen haben, dass sie jahrhundertelang aus natürlichen Gründen nicht leicht zu erreichen war, ließe sich daraus ja schlussfolgern, dass diese Tatsache vielleicht auch Einfluss auf die Geschichte Dithmarschens gehabt haben könnte. Tatsächlich geschieht es immer wieder, dass die Dithmarscher sich nicht nur um ihrer Lebensgrundlage willen aktiv mit ihr verbünden, sondern sie auch im Zuge der politischen Geschichte wiederholt für sich einsetzen. Manche Entwicklung, manche Entscheidung, mancher Kriegsverlauf lässt sich durchaus mit der Natur und mit der Insel-Situation erklären.

Kehren wir vorläufig zurück an die Kanalbrücke von Brunsbüttel. Steil geht es hinab auf dem jenseitigen Ufer und selbst noch von halber Höhe geht der Blick weit über das flache Land. Zur Rechten sieht der Autofahrer in der Ferne eine hohe Wand, grün im Sommer, graubraun im Herbst. Bäume allein können es nicht sein, dafür ist die Wand von der B 5 aus gesehen doch zu mächtig. Wer überrascht oder neugierig genug ist, abzubiegen und den schmalen Straßen zu folgen, findet sich nach einigen Kilometern am Fuß eines Walles. Wären wir hier am Meer, fiele uns als Vergleich ein Kliff ein. Nun ist vom Meer hier weit und breit

Hochbrücke von Grünental: Die Bahn verdeutlicht die Größe des Bauwerks

Am Klev-Rand kurz vor Hopen

nichts zu sehen, und doch ist unsere Assoziation nicht falsch! Das Meer hat diesen langgestreckten Wall geformt. Viereinhalbtausend Jahre ist das her; der Steilhang, Klev(e) genannt – richtig, Kliff klingt darin an – ist eine der ältesten Landschaften Dithmarschens und ein Schlüssel zu seiner Geschichte und seiner Entwicklung.

… und Blick vom Klev hinunter in die Marsch. Die Kante des Klev ist der Rand der eiszeitlichen Moräne: Bis hierhin haben die Gletscher ihr Material vorgeschoben.

Geht's noch nicht los? höre ich Sie fragen.

Doch, jetzt geht's los. Vielmehr: Wir sind schon mittendrin. Aber Sie wissen noch gar nicht, was ich im Sinn habe?!

Ohne ein wenig Vorbereitung würde uns vieles entgehen – frei nach Goethes hintergründigem Diktum, man sehe nur, was man wisse. Wir klären also ein paar Voraussetzungen und dann fahren wir durch das Land. Hin und wieder mache ich Ihnen Vorschläge für eine Erkundungstour, aber es steht Ihnen selbstverständlich völlig frei, von diesen Routen abzuweichen und einfach anzuhalten, wo Sie es schön finden. Oder gleich eigene Wege auszuprobieren.

Am Ende wird es mich jedenfalls freuen, wenn Sie sich sagen: Es steckt mehr in dem Land, als ich auf den ersten Blick gedacht hätte.

Ein paar praktische Hinweise vorweg

Sie werden die Wander- und Freizeitkarten 2 und 3 des Landesamtes für Vermessung und Geoinformation Schleswig-Holstein im Maßstab 1:50.000 sehr schnell als wertvolle Wegbegleiter zu schätzen lernen. Sie sind unglaublich detailreich und führen Sie in der Regel metergenau an Ihr Ziel. Selbst ein so verhältnismäßig kleines Naturdenkmal wie die windgeschorene Weißbuche von Arkebek ist auf diese Weise mühelos aufzufinden. Erhältlich über Ihren lokalen Buchhandel oder über www.LVermGeoSH.schleswig-holstein.de. Okay, GPS geht natürlich auch.

Nehmen Sie es unbedingt ernst, wenn auf diesen Karten eine Verbindung von hier nach da wie eine Straße aussieht, laut Legende aber ein Radweg ist. Wenn Sie beispielsweise von Hademarschen her gleich hinter der Grünentaler Brücke nach rechts abbiegen, weil Sie in das Gieselautal wollen ... landen Sie auf einem schmalen Wirtschaftsweg aus zwei Reihen leicht erhöhter Betonplatten ohne Ausweichbuchten. Wenn Ihnen dann auf halber Strecke einer dieser modernen Traktoren entgegenkommt, bei denen schon die Reifen höher sind als Ihr Auto, dann haben Sie keine Chance: SIE sind es, der zurücksetzen muss. 300 Meter rückwärts auf zwei Betonstreifen und einen vielbeschäftigten Landwirt vor sich? Na, ich weiß nicht ...

Was lernen wir daraus übrigens? Dithmarschen ist eine überschaubare Region. Sie zeigt umso mehr von sich, je geduldiger man sich ihr nähert. Steigen Sie also um aufs Fahrrad – denn es entgeht Ihnen viel zu viel, wenn Sie mit dem Auto unterwegs sind. Auf www.echt-dithmarschen.de, www.museum-albersdorf.de/touren und auf den Internet-Seiten einzelner Orte finden Sie Hinweise auf Fahrradverleihe, E-Bike-Ladestationen, lokale Rundwege und vieles mehr.

Je näher Sie der Küste kommen, desto intensiver wirkt die Sonneneinstrahlung. Prüfen Sie also vor jeder Tour und insbesondere vor Deich- und Wattwanderungen oder Schiffstörns über das Wattenmeer, ob Sie Sonnenhut und Sonnenschutzmittel im Gepäck haben. Ich will nachher nicht hören, dass ich Sie nicht gewarnt hätte!

Und ein Letztes: Abgesehen von Karten und Sonnenschutz werden Sie den historisch-touristischen Führer „HISTOUR-Dithmarschen", herausgegeben von Dithmarschen Tourismus e.V. und dem Verein für Dithmarscher Landeskunde e.V. im Verlag Boyens, ständig bei sich haben wollen. Das Buch im Fahrradtaschentauglichen Format liefert kurze Informationen zu rund 300 Naturdenkmalen, Sehenswürdigkeiten und Erinnerungsorten. Ergänzt werden diese Informationen durch Schau- und Lerntafeln vor Ort.

Weil Dithmarschen aber süchtig macht, werden Sie mehr wissen wollen. Deshalb finden Sie am Ende unserer Erkundungen Literaturhinweise.

DIE GESCHICHTE

Dithmarschen, so scheint es dem Gast, ist leicht zu erfassen: Je näher er dem Meer kommt, desto flacher wird das Land: endlose grüne Flächen, landwirtschaftlich genutzt, und nichts, was den Blick bis zum Horizont irgend stören würde, darüber ein hoher Himmel, in den Sommermonaten gern gesprenkelt mit Ansichtskartenwölkchen. Dieses Bild bleibt haften. Nach einem bösen Wort – das nur von Binnenland-Bewohnern stammen kann! – sind die norddeutschen Marschen die Gegend, in der man mittwochs schon sehen kann, wer donnerstags zum Essen kommt.

Wohl kaum einem, der auf diesen schnurgeraden Wegen der Nordsee zustrebt, ist bewusst, dass er sich auf historischem Grund bewegt: nämlich ehemaligem Meeresboden. Es liegt ja nahe, die Bezeichnung Dithmarschen mit dem Marschland in Verbindung zu bringen. Die Forschung geht heute auch wieder davon aus, dass in der landschaftlichen Beschaffenheit der Ausgangspunkt des Namens liegt. Historische Dokumente verzeichnen im 9. Jahrhundert den Namen „Thiatmaresgaho" und im 11. Jahrhundert „Thietmaresca". Wenn wir davon ausgehen, dass darin das altsächsische „thiad" = deutsch/Volk sowie das aus dem Lateinischen geliehene „mare" = Meer (oder Moor) stecken, dann wird aus „Thiatmaresgaho" etwa Land/Volk am Meer oder Marschenland. Das passt zum unbedeichten Land am Meer, das an seiner östlichen Flanke von Mooren begrenzt wird. Einer auf das 9. Jahrhundert zurückgehenden Interpretation von „Thiatmaresgaho" als -ga = Gau des Thietmar/Dietmar[2] wird hingegen heute kein Glaube mehr geschenkt; sie beruht auf der Gauorganisation des Karolingischen Reiches.[3]

Wir haben aber eben schon erfahren, dass Dithmarschen keineswegs ausschließlich aus Marschland besteht, sondern nur die westliche Hälfte. Aus der Tatsache, dass sich die meeresnahe (Marsch-)Hälfte dem Bilderschatz unserer persönlichen Erinnerung so viel tiefer einprägt als die östliche Geest, dürfen wir natürlich nicht ableiten, dass das wohl schon immer so war und dass deshalb der Name ... schließlich steht ja keine Marketing-Agentur am Anfang der Geschichte. Aber mit dem ehemaligen Meeresboden haben wir doch einen Schlüssel zur Erklärung in der Hand: Die immense Fruchtbarkeit des Bodens, die sich nur aus dieser Entstehungsgeschichte erklären lässt, hat es im Laufe der Zeit mit sich gebracht, dass die Marsch zu einem Schwerpunkt der politischen und wirtschaftlichen Geschichte geworden ist.

Aber es hieße den Namen überzustrapazieren, wollte man ein wie auch immer begründetes Übergewicht herauslesen. Wie der Blick in die Historie zeigen wird, braucht Dithmarschen für seine Existenz als „Insel" beide Landschaften. Also müssen wir fragen:

Wann beginnt die Geschichte von Dithmarschen?

Unser anthropozentrisches Denken verleitet uns allzu häufig dazu, Geschichte auf die Anwesenheit und Kulturtätigkeit des Menschen in einer Region zu begrenzen. Dass das aber vielleicht etwas zu einfach ist, ahnen wir nach kurzem Nachdenken, denn eine Landschaft entwickelt und verändert sich auch ohne den Menschen; schließlich hat die Erde eine lange Geschichte ohne Menschen hinter sich – die wir nicht einfach Vorgeschichte nennen können. Zuerst sind es die natürlichen Kräfte, die eine Landschaft – auf der Oberfläche und in der Tiefe – formen: Wasser, Wind, Temperaturen, geophysikalische Kräfte. Der Mensch kommt erst in eine Landschaft, wenn er in den von ihr gebotenen Bedingungen seine Lebensgrundlage finden kann. Er richtet sein Leben dann an dem aus, was er vorfindet. Mit seinen jeweiligen technischen Fähigkeiten formt er auch um, indem er beispielsweise rodet und Felder anlegt. Aber an den großen Zügen seiner Landschaft kann er nichts ändern. Mancher Weg, den wir heute nutzen, ist schon vor Jahrtausenden entstanden, einfach weil die Landschaft es unseren Vorfahren geraten sein ließ, genau hier diesen Weg zu wählen – weil er den wenigsten Widerstand, den festeren Boden, die flachste Bachquerung bot. Gleiches gilt für Siedlungen, Verteidigungsanlagen, Kultstätten und so weiter. Das ist uns zwar kaum einmal bewusst, aber wenn wir diese Wege (zurück)verfolgen, wird uns klar, wie nahe uns die Vergangenheit nach wie vor ist.

Wann beginnt also die Geschichte einer Region, eines Landes? Wann beginnt demnach die Geschichte von Dithmarschen? Mit den ältesten Ausgrabungen oder doch erst mit den ersten schriftlichen Aufzeichnungen? Wenn wir uns den eben verfolgten Gedankengang ganz und gar zu Eigen machen, folgt daraus die Einsicht, dass jede Entwicklung nur auf der Grundlage alles Vorausgegangenen möglich ist. Also müssen wir nach dem „Beginn" der Geschichte Ausschau halten in einer Zeit lange vor der Ankunft des Menschen. Wer Genaueres über diese Zeit wissen will, sei verwiesen auf den Anfang des Abschnittes „Die Landschaft" (ab S. 97); an dieser Stelle soll der Hinweis genügen, dass Schleswig-Holstein und damit auch Dithmarschen in ihrer heutigen Gestalt ohne die Eiszeiten (Glaziale) und die folgenden Meeresspiegelschwankungen gar nicht existieren würde. Die Marsch ist noch viel jüngeren Datums: Erst vor etwa 4.000 Jahren hat das Meer damit begonnen, die heutige Marsch nach und nach freizugeben.

Aus unserer Perspektive ist die Frage, wann die Geschichte „beginnt", aber vielleicht doch weniger interessant als jene nach den menschengemachten Ereignissen, die eine Region prägen. Im Hinblick auf Dithmarschen stoßen wir dabei immer wieder auf einen engen Zusammenhang zwischen Landschaftsgestalt und historischer Entwicklung. Wir wollen ja wissen, warum Dithmarschen geworden ist, wie und was es ist. Mal sehen, welche Antworten wir hier finden.

Ein Überblick bis zum Ende des Mittelalters

4.000 v. Chr. bis ca. 2.200 v. Chr. **Jungsteinzeit**
Trichterbecher-Kultur: erste ausgebildete Bauernkultur.
Einsatz des Hakenpfluges.
Megalithgräber (z.B. Brutkamp bei Albersdorf, ca. 3.500 v. Chr., Dellbrücker Kammer u.a.)
Flint als wichtigstes Alltagsmaterial (für Scher-, Schneid- und Spaltwerkzeuge)
Viehhaltung: Schweine, Rinder, Schafe

Ab ca. 2.500 v. Chr. **Übergang zur Bronzezeit**
Ende der Megalithgrab-Kultur, zunehmend Einzelbestattung (frühe Bronzebeigaben)
Waldweide führt erstmals zu Auflichtung vorhandener Wälder
Ausbreitung großer Heideflächen (bis ca. 500 v. Chr.): Verschlechterung der Bodenqualität und Beginn von großflächiger Moorbildung.

Ab ca. 2.200 v. Chr. **Bronzezeit**
Das Meer zieht sich westwärts vom Klev zurück. Intensivierung der Landnutzung (Getreideanbau).
Verarbeitung von Bronze (lässt auf etablierten Fernhandel schließen) und Verhüttung von Eisen, damit wachsender Holzbedarf und weitere Auflichtung von Waldbeständen.
Häufige Siedlungsverlegungen aufgrund Verschlechterung der Bodenqualität infolge der Monokulturen.

Ca. 800 v. Chr. **Übergang zur Eisenzeit**
Extensiver Getreideanbau.
Zögerliche Durchsetzung von Eisen als neuem Metall; in der Folge durch neue Werkzeuge arbeitsökonomische Fortschritte.

600 v. Chr. bis 700 n. Chr.	**Eisenzeit** Zunehmende Ausbeutung heimischer Raseneisenerzvorkommen Hausbau: dreischiffig, mit getrenntem Wohn- und Stallteil. Siedlungen rücken dichter an die Geestgrenze. Dithmarscher Marschen zunehmend als Wirtschaftsflächen genutzt.
Im 1. Jh.	Vorsichtige Besiedlung der neu entstandenen, später so genannten alten Marsch; erste Wurten.
Ca. ab 410	Ausdünnung der Bevölkerung in ganz Schleswig-Holstein: Völkerwanderung in den Süden und Invasion Englands
Anfang 8. Jh.	Beginn der Wiederbesiedlung Schleswig-Holsteins
809	Bau der Esesfeldburg bei Itzehoe als Außenposten des Fränkischen Reiches unter Karl d. Großen
811	Eider wird Grenzfluss zwischen dem Dänischen und dem Fränkischen Reich
826	Kirchenvisitation erwähnt eine Kirche in Meldorf: die erste in Dithmarschen. Ein archäologischer Nachweis steht noch aus.
um 842	Bau der Stellerburg westlich des heutigen Weddingstedt, genutzt bis Ende des 10. Jh.
1032	Vergebliche Belagerung der Bökelnburg durch die Slawen
1127	Erzbischof Adalbero v. Hamburg-Bremen initiiert neue Missionsbemühungen in Schleswig-Holstein von Meldorf aus
Um 1140	Erste urkundliche Erwähnung von Barlt, Büsum und Lunden
1144	Ermordung von Rudolf II., dem letzten Stader Grafen, auf der Bökelnburg (überliefert in einer Urkunde König Konrads III.). Damit endet die Herrschaft der Stader Grafen.
1148	Heinrich der Löwe unterwirft Dithmarschen.
1185/88	Heinrich der Löwe versucht, von Norddeutschland aus seine Herrschaft neu aufzubauen. Zugleich betreibt Adolf III. von Holstein die Durchsetzung seiner Rechte in Dithmarschen, hat aber ebenfalls nur vorübergehend Erfolg.
1201–1225	Kurzzeitige Herrschaft Dänemarks über Nordelbien
1227	Versuch der Wiedereroberung seitens der Dänen endet mit der Niederlage von Bornhöved.
1265	Vertrag zwischen Dithmarschen und Hamburg zur Schlichtung des Strandrechts. Erste urkundliche Erwähnung von Burg
1281	Urkunde benennt 15 Kirchspiele in Dithmarschen, zugleich erste urkundliche Erwähnung von Albersdorf und Delve
1319	Gerhard III. scheitert mit dem Versuch, Dithmarschen zu unterwerfen. Schlacht bei Wöhrden. Erste urkundliche Erwähnung des Dominikanerklosters in Meldorf.
1323	Friedensschluss zwischen Gerhard III. und Dithmarschen. Erste urkundliche Erwähnung der Kirchspiele Hemme und Neuenkirchen. Geistliche Gerichtsbarkeit geht vom Bremer Erzbischof auf das Hamburger Domkapitel über.

1403 Graf Albrecht u. Herzog Gerhard VI. versuchen die Eroberung von Dithmarschen.

1426/28 Gründung des Kirchspiels Barlt (als letzte Pfarrei in Dithmarschen).

1430er Jahre Fehde zwischen den Norderkirchspielen und den „Südstrandern“

1434 Norderkirchspiele kommen erstmals zu Beratungen bei Heide zusammen. Bau einer Kapelle in Heide.

1435 Meldorfer Kirchturm brennt ab: Hilfeersuchen an Hamburg, weil der Turm auch als Seezeichen dient.

1447 Erste Zusammenkunft des Selbstverwaltungsgremiums „Achtundvierziger“ erst als Schiedsgericht, zunehmend als (außen)politisches Organ. Erste Fixierung des Dithmarscher Landrechts

1467 Erster Nachweis für den Heider Markt

1468 Vertrag zwischen Dithmarschen und Lübeck; die guten Beziehhungen halten 90 Jahre.

1473/74 Dithmarschen erkämpft sich Privilegien des dänischen Königs, aber Christian I. erlangt kurz danach die Belehnung mit Dithmarschen durch Kaiser Friedrich III.

1477/79 Neufassung des Dithmarscher Landrechts

1481 Friedrich III. nimmt die Belehnung zurück, aber Christians Sohn Johann I. behält die Inbesitznahme im Auge.

1497 Kampf um Seezölle auf Helgoland

1498/99 Bewaffnete Auseinandersetzungen mit Eiderstedt

1500 Schlacht bei Hemmingstedt: Die Dithmarscher besiegen die Truppen des dänischen Königs.

Ab 1510 Wiederholte Versuche, die Aufnahme Dithmarschens in die Hanse zu erlangen; die stete Fürsprache der Lübecker reicht aber nicht.

1523 Bruch mit dem Hamburger Domkapitel durch die Entscheidung, die Kirchspiele sollten künftig für sich selbst verantwortlich sein.

1524 28. November: Ankunft des Reformators Heinrich von Zütphen in Meldorf; 10. Dezember: Hinrichtung nach Gefangennahme am Vortag. – Die Reformation macht danach in Dithmarschen nur langsame Fortschritte.

1529 Lunden erhält Stadtrechte.

1533 Landesversammlung führt offiziell die Reformation in Dithmarschen ein. Daraus ergeben sich viele Änderungen in den Rechtsvorstellungen (vgl. 1537 und 1554).

1537/38 Landesbeschluss zur Abschaffung der Geschlechterbundbriefe und Befreiung der Geschlechtsangehörigen von den bisherigen Aufgaben und Pflichten. Umsetzung aber nur schleppend.

1537 Ermordung des Achtundvierzigers Peter Swyn, der diesen Beschluss aktiv unterstützt hat.

1539 Kloster in Lunden abgerissen

1554	Das Prinzip der Blutrache wird abgeschafft und durch die Todesstrafe ersetzt.
1557	Herzog Adolf arbeitet Eroberungspläne aus.
1559	Wiederaufnahme der Pläne: zunächst allein, auf Druck dann gemeinsam mit Herzog Johann und dem dänischen König – die „Letzte Fehde“: Kapitulation der Dithmarscher am 14. Juni = Ende der Bauernrepublik
1559/71	Dreiteilung von Dithmarschen zwischen den Herzögen Adolf von Gottorf und Johann von Hadersleben sowie dem dänischen König Friedrich II. – 1567 Neufassung des Landrechts
1559	Trennewurther Koog fertiggestellt
1581	Aus der Dreiteilung wird nach dem Tod Herzog Johanns eine Zweiteilung in Norder- und Süderdithmarschen.

Zu den ältesten noch in der Landschaft sichtbaren Zeugnissen der menschlichen Anwesenheit in unserer Region gehören die imposanten Megalithgräber der Jungsteinzeit.[4] Einige der eindrucksvollsten Beispiele finden wir in einem großzügigen Umkreis von Albersdorf. Ob es sich bei diesen Anlagen tatsächlich um Gräber oder eher um Beinhäuser handelte, ob sie einmal oder mehrfach belegt wurden: Diese Fragen sind nur für jede Anlage individuell zu beantworten. Auch über die Alltagskultur der Steinzeit-Menschen ist unser Wissen vergleichsweise dürftig. Mehr wissen wir tatsächlich erst aus den Jahrhunderten um die Zeitenwende. Bei den Schriftstellern der griechischen und römischen Antike – der Zeitraum entspricht der Eisenzeit – finden wir eher summarische Darstellungen des norddeutschen Raums und seiner Menschen. Die Römer kommen als Eroberer und zeigen sich überrascht von den so völlig anderen Lebensumständen und den daraus erwachsenen Alltagsgewohnheiten. Erstaunen, Ratlosigkeit und hier und da auch Herablassung werden in Plinius des Älteren „Naturgeschichte“, Tacitus‘ „Germania“ oder anderen Texten spürbar. Keiner von ihnen vergisst, an-

Nachbau einer steinzeitlichen Kultstätte im Archäologisch-Ökologischen Zentrum Albersdorf.

lässlich der Beschreibung der Küste den rätselhaften Wechsel von Ebbe und Flut zu erwähnen. Hier Plinius d.Ä. (23 oder 24–79 n. Chr.):

> Es gibt aber auch im Norden [Völker], die wir gesehen haben, nämlich die der Chauken ... In gewaltiger Strömung ergießt sich dort der Ozean in Zwischenräumen zweimal bei Tage und bei Nacht auf ein ungeheures Gebiet, indem er den abwechselnden Streit der Elemente bedeckt, von dem man im Zweifel sein kann, ob er zum Lande gehört oder ein Teil des Meeres ist. Dort hat ein elendes Völckchen hohe Hügel im Besitz, die wie Rednerbühnen von Menschenhand errichtet sind, entsprechend den Erfahrungen von der höchsten Flutgrenze: auf die sind demgemäß die Hütten gesetzt. Ihre Bewohner gleichen Segelnden, wenn die Fluten das umliegende Land bedecken, aber Schiffbrüchigen, wenn sie wieder zurückgewichen sind, und sie machen bei ihren Hütten Jagd auf die mit dem Meer fliehenden Fische ...
>
> Plinius d. Ä.: Naturgeschichte, Buch XVI

Diese Sicht kann beispielhaft stehen für jeden, der von außerhalb ins Land kommt und mit seinen Eigenheiten nicht vertraut ist. Nun hat Plinius d. Ä. nicht explizit von Dithmarschen gesprochen, aber aufgezeichnet hat er diese Beobachtung – und er legt wie zitiert Wert darauf, selbst vor Ort gewesen zu sein – im Zusammenhang mit den Chauken, dem den Friesen benachbarten Stamm. Es gilt als gesichert, dass Dithmarschen um die Zeitenwende herum vor allem von den Chauken besiedelt wird.

Deutlich wird also schon bei Plinius, wie sehr die Lebensweise abhängig ist von den natürlichen Gegebenheiten. Machen wir uns daraufhin noch einmal die landschaftliche Gestalt Dithmarschens bewusst. Bei der Annäherung hatten wir den Eindruck, auf eine Insel zu kommen. Behalten wir Plinius' Beschreibung im Kopf, wenn wir nun eine mittelalterliche Quelle, im 15. Jahrhundert ins Plattdeutsche übersetzt, lesen:

> Datt Landt tho Ditmarschen van der Side der Elve, welck iß ein groth fletende Water, datt in de Westersehe geidt, iß bina unwindtlick, mit Schepen daran tho kamen; unnd de Elve hefft twie des Dages naturlicken, van dem Upgange der Sonnen wente wedder thom Upgange, Ebbe unnd Floth. Datt Landt tho Dithmarschen strecket sick in de Lenge bi dem Flote der Elve, unnd wen idt Floth iß, so wasset de Elve wente an den Dam, unnd wen itt Ebbe iß, so vorringett sick dat Water unnd lopt weg bi eine halve Mile Weges van den Dammen, unnd blifft also dassulve Landt sunder Water. Unde dat Landt, dar dat Water also avergeit, blifft fucht, weeck unnd schlipperich, so datt men noch tho Vothe noch tho Perde darhen kamen mach. Ock kann men tho Schepe nicht wohl darhen kamen, unnd wenner dat Water wech flüdt, so bliven de Schepe up dem Drögen, unnd men kann dar ock nene grote Schepe anbringen, wen itt schon voll Floth iß. Umme den willen, kann man van der Elve Sidt dar nicht woll to ankamen, alleene mit groter Veelheidt ane ehren Danck moth men van der Süderside tho en theen. Van der Nordersidt iß datt fletende Water, de Eider, ot ock Ebbe unnd Floth hefft, und flüdt twischen de Ditmarschen unnd Fresen, unnd bevestiget datt Landt van der Elve wente thor Tilenborch. Thor Tilenborch wente tho Alverstorp sind wöste Marsche, dar men nicht vell wanderen kann. Vorder, van der Nordensidt, van dem Lande tho Holsten, dar iß ein gantz bredt Weg mit drögen Vothen in ehr Landt tho theende. Unde van der Ostersidt iß de Wilstermarsch, dar iß ock ein enge Thogank in Ditmarschen. Dat Landt tho Ditmarschen, iß in velen Winkelen gantz vaste, unnd mit Marschlande bewaredt (paludibus custodita), de mit velen Namen genömedt sin, Süderherstede, Bocklemburg, Norderherstede, Alverstorpe, Tellingstede. Disse Caspell sin lichtlich thostoredt (leviter destruendae), wente de sin im Drögen belegen, sunder Befestinge: sunder de ander Caspell in Süderstrandt, Eidderlande, Brunsbüttel unnd Marne. Datt groteste Caspell Meldorp iß lichtlick vorstoredt, also ock de Caspel beneden der Hemme gelegen Hemminkstede, Lunden unnd Weddingstede in der Nordthemme; doch moet men mit groter Gewaldt den Ort antasten. Aver de gantze Gewaldt unnd schir dat gantze Herte des Landes iß im

Nordtstrande, in einem Deel des Caspells Meldorp, Oldenwurden, Weßlingenburen, Busen, Nigenkerke unnd Hemme. In dissen Caspeln wanen de Besten, Vornemesten unnd Rikesten, unnd men kan swarliken to ehn kamen.
Chronicon Holzatiae.

„... to ehn kamen“ – zu ihnen kommen – ist also gar nicht so einfach: Im Süden die Elbe, im Westen die gezeitenbewegte Nordsee, die eine Landung zu Schiff sehr schwierig macht, im Norden die Eider und im Osten schwer durchdringbare Sümpfe, Moore und Wälder sowie kleine Flüsse. Lediglich auf dem Mittelrücken gibt es eine natürliche Landverbindung, über die man trockenen Fußes nach Dithmarschen kommen könne – das ist in kurzen Worten der Inhalt des plattdeutschen Textes. Sein Autor kann es sich nicht versagen, ein gewisses Bedauern darüber einfließen zu lassen: Wenn er in den letzten Zeilen betont, die Besten, Vornehmsten und Reichsten der Dithmarscher wohnten in den Kirchspielen („Caspelln“) nördlich von Meldorf, dann will er wohl auch sagen: Sie wohnen so, dass es kaum möglich scheint, das Land zu erobern, um sie auszuplündern.

Weiße Flecken auf einer Landkarte mögen Herrscher bekanntlich gar nicht. Wenn Dithmarschen sich im Mittelalter jahrhundertelang seine Souveränität, seine Selbstständigkeit bewahren kann, liegt das also nicht nur an der abgeschiedenen Lage. Tatsächlich ist es auch die landschaftliche Gestalt, die die Bewohner von Dithmarschen in ihrem Freiheitswillen immer wieder unterstützt, indem sie sie schützt. Gutgerüstete königliche Heere müssen das ebenso erfahren wie beutelustige Söldnerhaufen.

Eroberung, Christianisierung und die ersten Kirchen

Die Archäologie hat Plinius' Beobachtungen über Häuser oder Hausgruppen auf Erhebungen oder künstlich aufgeworfenen Hügeln bestätigt. Grabungsfunde aus Tiebensee, Süderbusenwurth oder Ostermoor ermöglichen Einblicke in die Wohnstallhaus-Kultur zur Zeit der frühen römischen Kaiser.[5] Ablesbar ist aus der Verteilung und Menge der Fundstellen auch, dass viele Einwohner die Region, in erster Linie die Marsch, im Laufe des 4. und 5. Jahrhunderts verlassen haben müssen. Wenn sich auch keine überzeugende Begründung für diese Entsiedlung geben lässt, ist doch festzuhalten, dass diese Unrast just in die Zeit der beginnenden Völkerwanderung und der Auswanderung von Teilen der Angeln und Sachsen aus dem Osten Schleswig-Holsteins in das heutige England fällt. Eine Wiederbesiedlung Schleswig-Holsteins wird vom 8. Jahrhundert an erkennbar.

In diesen Jahrhunderten der großen Völkerbewegungen ändern sich die politischen Verhältnisse fundamental. Wandernde Gruppen besetzen Räume, in denen sich ein Machtvakuum auftut, andere Gruppen sehen sich daraufhin oder um einem Druck auszuweichen überhaupt erst veranlasst, auf die Wanderung zu gehen. Ein Beispiel für Letztere ist der Teil der Friesen, der aus den (heutigen) Niederlanden und Ostfriesland aufbricht und sich nördlich der Eider niederlässt. Das ist nicht zuletzt eine Reaktion auf die Entstehung eines neuen Machtfaktors zwischen Westfalen und Burgund: Das kurzlebige Merowinger-Reich wird von den machtbewussten Karolingern aufgesogen und in das Fränkische Reich umgeformt. Nach dem Tod seines Bruders Karlmann im Jahr 771 baut Karl (747–814), später „der Große“ genannt und zum Kaiser gekrönt, das Reich konsequent in zahlreichen Kriegen nach Norden und Süden aus.

Sein hartnäckigster Gegner im Norden sind die Sachsen im heutigen Westfalen, in Niedersachsen und im südlichen Schleswig-Holstein. Nach jahrzehntelangen Kriegszügen gelingt es Karl, die Sachsen endgültig zu besiegen (im Jahr 798), und nach Verhandlungen mit dem dänischen König die Eider als Grenze zwischen dem Frankenreich und Dänemark festzulegen (811). Die Dithmarscher werden aufmerksam verfolgt haben, was sich da vor ihrer Haustür abspielt. Zumal Karl bei Itzehoe im Jahr 809 die Esesfeldburg errichten lässt, mutmaßlich als Beobachtungsposten für die unruhige Grenzregion und zugleich als Sitz des Grafen, der als sein Vertreter die örtliche Macht ausüben soll. Und noch etwas Entscheidendes ändert sich: Mit Karl kommt das Christentum als staatlich gewollte Religion in das Land nördlich der Elbe.

Aber das Gewollte ist selten das auch gleich und nachhaltig Umgesetzte. Die Bemühungen seitens der Kirche, den Dithmarschern den neuen Glauben nahe zu bringen, beginnen schon im 8. Jahrhundert. Um das Jahr 826 gibt es dann auch bereits eine Kirche: in Meldorf. Aber das ist zunächst doch eher eine Absichtserklärung denn ein Ausdruck des bereitwillig aufgenommenen Glaubens. Deutlich wird das an der Tatsache, dass der symbolmächtig Johannes dem Täufer geweihte Bau für die folgenden etwa 250 Jahre die einzige Kirche in Dithmarschen bleibt. So zieht sich die Missionierung im eigenen Volk eine Weile hin.

Auf sich selbst gestellt?

Was nun den von den Franken eingesetzten Grafen angeht: Er wird zweifellos an den regelmäßigen Beratungen und Gerichtsversammlungen – mutmaßlich ebenfalls in Meldorf mit seinem für mittelalterliche Maßstäbe großen Marktplatz – teilnehmen. Aber schon Mitte des 9. Jahrhunderts verliert die Esesfeldburg ihre Funktion als Grafensitz an die Hammaburg im heutigen Hamburg. Damit sind die Dithmarscher, wenn sie auch zum Fränkischen Reich gehören, vermutlich erstmal wieder unter sich.

Dass in diesem Unter-sich-Sein schon der Ursprung des später unbedingten Willens zur Souveränität liegt, könnte man behaupten – nur belegen lässt es sich nicht. Ebenso muss es Vermutung bleiben, dass die Dithmarscher nach dem Bedeutungsverlust der Esesfeldburg sich beim heutigen Städtchen Burg die Bökelnburg hart am Rand des Klev errichten, um von dort aus die Umgebung kontrollieren zu können. Eine Burg in Dithmarschen? So richtig mit Zugbrücke, Kettengeklirr und Rittern in eisernen Rüstungen? Nicht doch. Im frühen Mittelalter versteht man in unseren Breiten unter einer Burg einen Ringwall aus Erde, Klei und Grassoden mit Platz für Häuser im Innenraum. Ringwallburgen und lineare Wallanlagen gehören in dieser Zeit zu den wichtigen lokalen Verteidigungssystemen; es gibt Dutzende von ihnen in Schleswig-Holstein.[6] Sie sind sowohl als Zufluchtsburgen vor Slawen oder Wikingern als auch als Anlagen zur Sicherung des umgebenden Raums interpretiert worden. Aus der erhöhten Lage auf dem Rand des Klev dürfen wir für die Bökelnburg wohl auf eine grenz- oder zugangssichernde Funktion schließen. Wann genau der Ringwall aufgeworfen wird, ist bislang nicht bekannt; die Anlage ist grob auf das 9. Jahrhundert, also die Karolinger-Zeit zu datieren.

Zweimal gerät die Bökelnburg in den Mittelpunkt der dithmarsischen Geschichte. In der Tat versuchen sich die Slawen, die im Jahr 1032 wieder einmal eine Plünderungstour durch Schleswig-Holstein unternehmen, an einer Belagerung der Burg, bleiben aber ohne Erfolg. Dass dann tatsächlich im Jahr 1144 Graf Rudolf von Stade in der Burg erschlagen wird, ist

Weil die Bökelnburg seit 200 Jahren als Friedhof dient, sind ihrer archäologischen Erschließung enge Grenzen gesetzt. Im Hintergrund ist der Burgwall deutlich zu erkennen.

In der Stellerburg: Blick nach Norden

nicht verbürgt.[7] Sicher scheint, dass sich die Dithmarscher nach einer Mißernte über Abgabeforderungen empören und zum Widerstand entschließen; dass Graf Rudolf ermordet wird und mit ihm die Herrschaft der Stader Grafen in Dithmarschen endet, ist jedenfalls durch Urkunden belegt. Im Übrigen hätte Rudolf es auch wissen können, denn diese Vorgehensweise hat bei den zu rustikalen Lösungen neigenden Dithmarschern Tradition: Wie die Überlieferung berichtet, haben sie sich zweier seiner Amtsvorgänger auf gleiche Weise entledigt.[8]

Dass wir über Funktion und Alltag der Bökelnburg nur wenig wissen, liegt daran, dass ihr Innenraum seit 200 Jahren als Friedhof dient. Ganz anders sieht es aus mit der zweiten Ringwallanlage in Dithmarschen, der Stellerburg westlich von Weddingstedt am Abhang zur Marsch. Ihr mächtiger Wall (mit einer Sohlenbreite von bis zu 25 Metern und einer Höhe bis zu sechs Metern) und die Tatsache, dass es sich um die nördlichste Ringwallburg sächsischen Typs handelt, lassen vermuten, dass die Anlage zur Sicherung der Grenzregion gedacht ist. Als weiteres Indiz passt dazu das Datum ihrer Entstehung etwa um 842: weil ja die Eider seit 811 die Grenze zwischen dem Fränkischen Reich und Dänemark bildet. Aber diese Zusammenhänge müssen Spekulation bleiben. Archäologische Untersuchungen und Bewertungen seit den 1930er Jahren haben Hinweise auf zwei Tor-Einfahrten und mehr als 20 Häuser im etwa 50 mal 70 Meter großen Innenraum ergeben.[9]

Verstehen wir die Bökelnburg hingegen eher als Fluchtburg, wird daran indirekt deutlich, dass die Einwohner von Dithmarschen wohl tatsächlich keine große Unterstützung vom Landesherrn erwarten können, wenn der Angriff des Feindes droht. Das Frankenreich ist in sehr kurzer Zeit sehr groß geworden – zu groß, als dass wirklich überall Vertreter des Herrschers eine umfassende Verwaltung errichten und eine militärgestützte Herrschaft durchsetzen könnten.

Die dithmarsischen Geschlechter

Nominell sind die Franken die weltlichen Herren des Landes, die geistliche Oberhoheit liegt beim Erzbistum von Bremen. Tatsächlich sind aber beide Gewalten viel zu weit weg, um Einfluss auf das tägliche Geschehen nehmen zu können. Die Menschen in Dithmarschen nehmen ihr Geschick in die eigenen Hände – obwohl und weil sie immer wieder in die Auseinandersetzungen zwischen den Herren von Dänemark, von Holstein und von Bremen hineingerissen werden. Sie bilden die besagte Insel, wenn es um die Sicherung des Landes geht, aber die begehrlichen Blicke von jenseits der Sümpfe und Wälder machen deutlich, dass sie doch keine Insel sind. Im Jahr 1148, vier Jahre nach der Ermordung Graf Rudolfs, erobert der junge Welfen-Herzog Heinrich der Löwe (ca. 1129–1195) zusammen mit einem Bruder des Ermordeten Dithmarschen. Er setzt einen gewissen Reinold als seinen Stellvertreter und Grafen ein, aber den eingesessenen Familien gelingt es offenbar, wichtige Angelegenheiten in den eigenen Händen zu behalten.

Hier ist nun von einer dithmarsischen Besonderheit zu sprechen, nämlich von der Ordnung der Gesellschaft. So viel wir wissen, leben die Männer und Frauen in hierarchisch klar gegliederten Gruppen. Sie verfügen über keinen eigenen Besitz an Hof, Land oder sonstigem Vermögen, sondern bilden eine Kollektiv-Gemeinschaft unter der Führung eines entscheidungsberechtigten Haupt-Manns, dem angesehensten oder durchsetzungsstärksten Mann einer solchen Siedlungsgemeinschaft. In manch einem Ortsnamen wird diese mittelalterliche Verfasstheit bis heute erkennbar: Volse-men-husen im Süden und Wenne-manns-wisch im Norden beziehen sich auf die Mannen – „men“ – des jeweiligen lokalen Oberhaupts.

Zu Beginn des Hohen Mittelalters ist dann in der Marsch zu beobachten, wie sich jeweils mehrere Siedlungsgemeinschaften zu einem größeren Verband zusammenschließen, einem so genannten Geschlecht. Dem Begriff Geschlecht kommt in der Dithmarsischen Geschichte nicht die gleiche Bedeutung zu, die er heute für uns hat: Die Angehörigen sind nicht (alle) genealogisch miteinander verwandt. Bei der Bildung einer solchen Gemeinschaft geht es vielmehr um Aufgaben, die nur eine Gemeinschaft bewältigen kann: die Sicherung der Lebensgrundlage für die Siedlungsgemeinschaft und die Verteidigung des Landes gegen das Meer und gegen Aggressoren. Im Mittelpunkt steht also wie schon bei der kleineren Einheit die Idee der Arbeits-, Erwerbs-, Kampf- und gegebenenfalls Fehdegemeinschaft unter einer unbestrittenen Führung. Anders ausgedrückt: Die Angehörigen einer solchen Siedlungsgemeinschaft bilden eine auf Gegenseitigkeit beruhende Hilfs- und Rechtsschutzgemeinschaft, geeint durch einen Schwur.

Diese Hierarchie ist übrigens nicht mit der Leibeigenschaft zu verwechseln, die sich später in der frühen Neuzeit im östlichen Schleswig-Holstein ausbildet. Nicht nur, dass es in Dithmarschen zu keinem Zeitpunkt einen vergleichbaren Adel oder Großgrundbesitz gibt, sondern auch, dass die Angehörigen der Geschlechter (freilich eng begrenzte) persönliche Pflichten und Rechte behalten.

Im Mittelalter kann die Wahrung der Rechte sowohl im eigenen Volk als auch gegenüber Auswärtigen praktisch nur mit der Hilfe des Schwerts und/oder auf der Grundlage des Fehderechts gelingen. Wie wir seit Schulzeiten wissen, umfasst diese Praxis das Recht, Sühneleistungen für den einem Angehörigen – ob der Familie oder in unserem Fall des Geschlechtes – zugefügten Schaden von dem Verursacher selbst einzufordern, erforderlichenfalls durch die Anwendung von (Waffen-)Gewalt. Es liegt auf der Hand, dass damit auch ein illusionsloser Blick auf die Welt und ihre täglichen Realitäten verbunden ist. Unter den herrschenden kargen Lebensbedingungen haben Treue, Pflichterfüllung, Gehorsam und die Verteidigung des gemeinsamen Besitzes notwendigerweise einen hohen Stellenwert. Wer andererseits seinen Pflichten nicht nachkommt, von den Regeln abweicht – beispielsweise ist die freie Partnersuche undenkbar – oder ein Verbrechen begeht, das die Allgemeinheit belastet, kann aus dem Geschlecht verstoßen werden. Der/die Verstoßene ist fortan rechtlos; er/sie hat dann nur die Möglichkeit, sich einem anderen Geschlecht anzuschließen. Ohne Gruppenbeistand ist keine Selbstbehauptung, kein Überleben möglich.

Die Organisationsform erweist sich als so schlagkräftig und erfolgreich, dass bald auch auf der Geest solche Verbände entstehen. Alles in allem hat die Forschung 160 Geschlechternamen ermittelt.[10] Sehr bald entwickeln sich die Geschlechter zu Interessenverbänden in einem sozusagen vorpolitischen Raum; wir würden heute „pressure group“ dazu sagen.

Schutz vor der Nordsee: Erste Wurten und Deiche

Wir sind ein wenig vorausgeeilt. Dass diese Geschlechterverbände über eine Siedlung hinausgehen, hat seinen besonderen Grund vermutlich vor allem in einer Aufgabe, die die landschaftliche Gestalt der Region stellt: Die Forschung geht davon aus, dass sich der Zusammenhalt nicht nur aus dem Zwang zur Wahrung von Rechten ergeben hat, sondern auch aus der Aufgabe von Deichbau und Deichschutz entwickelt – die im Mittelalter nur die vereinigte Muskelkraft eines großen Aktionsverbandes leisten kann. Hinzu kommt die Kultivierung des gewonnenen Landes, die ebenfalls im Interesse der Gemeinschaft liegt.

Wenn Plinius d.Ä. von Häusern auf Erhebungen oder künstlichen Hügeln berichtet, ist klar, dass es dabei nicht um die Geest, sondern um die seit dem Rückzug des Meeres vom Klev entstehende Marsch als Lebensraum geht. Dass die Siedler immer mal wieder mit Überflutungen rechnen müssen, liegt einerseits an den ständigen Meeresspiegelschwankungen um die Zeitenwende und in den frühen Jahrhunderten danach. Aber wir müssen noch etwas bedenken: Die Marsch, über die wir in diesen Jahrhunderten reden, ist (noch) nicht die, die wir heute vor uns sehen. Die Küste verläuft in dieser Zeit etwa auf der Linie von Marne über Busenwurth, Meldorf, Wöhrden – die beide jeweils einen Hafen haben! – und Reinsbüttel nach Wesselburen. Alles Land westlich davon ist erst vom 16. Jahrhundert an durch die Tatkraft des Menschen dazugekommen.

Auf Erhebungen zu wohnen, ist also die sicherste Methode, einigermaßen trockene Füße zu behalten, Haus und Besitz zu schützen. Von Menschenhand aufgeworfene Hügel heißen Warften oder Wurten; mancher Ortsname wie Süderbusenwurth verweist so auf die Entstehung der Siedlung. Auf diesen Hügeln stehen zunächst einzelne Häuser oder Höfe, bald aber auch auf deutlich ausgedehnteren Erhebungen kleine Siedlungen. In Norderdithmarschen erkennen wir sogar eine regelrechte Reihe von Wurtendörfern (im Verlauf der L 153 dicht hinter der damaligen Küste) von Wöhrden über Wellinghusen und Hassenbüttel nach Wesselburen. In der Regel stammen runde oder ovale Wurten aus dem frühen Mittelalter, langgestreckte rechteckige hingegen aus dem Hohen Mittelalter.

Um auch die Wirtschaftsflächen rund um die Höfe zu schützen, wären weiträumigere Maßnahmen erforderlich. Ob die Marschbewohner schon im frühen Mittelalter Deiche gebaut haben, wissen wir nicht. Archäologische Nachweise für die Sicherung der Felder und Weiden mit der Hilfe von Deichen haben wir jedenfalls erst aus dem Hohen Mittelalter.

Die Sicherung des vom Meer freigegebenen Marschlandes ist die wichtigste Aufgabe, die sich den Menschen stellt; wenn man so will, ist ja selbst diese Altmarsch eine aktiv vom Menschen geschaffene Landschaft, weil er sich um ihre Befestigung und Sicherung bemüht, statt sie sich selbst zu überlassen. Das bemerkenswert Dithmarsische daran ist, dass sich nicht nur die Einwohner zur überörtlichen Gemeinschaftsarbeit zusammenfinden, sondern dass dahinter eine - modern gesprochen - umfassende Raumplanung erkennbar wird. Zwar beginnen manche Wurtenbewohner unabhängig von übergeordneten Erfordernissen schon früher damit, ihre Wurt mit der benachbarten zu verbinden und dann einen Deich aufzuwerfen, um auch das unmittelbar umliegende Land zu schützen. So entsteht unter anderem der erste Ringdeich um Wesselburen. Doch setzt sich im 12., spätestens im 13. Jahrhundert der Gedanke durch, dass größere Verkehrs- und Wirtschaftsflächen durch lineare Deiche zu schützen wären, die diese lokalen Wälle und Ringdeiche miteinander verbinden. In Norderdithmarschen wird der erste lange Deich zwischen Wöhrden, Wesselburen und Hemme aufgeworfen, stellt also eine Verbindung von vormaligen Wurten dar.

Vor allem im östlichen Schleswig-Holstein wird mit Städtegründungen und der Nutzbarmachung wüster Flächen im 12. und 13. Jahrhundert der so genannte Landesausbau energisch vorangetrieben. Vielleicht liegt den Bemühungen in Dithmarschen ein Transfer von entsprechenden Gedanken aus dem Osten zugrunde; wahrscheinlicher ist aber, dass den Menschen dieser - aktuell formuliert - sorgsamere Umgang mit Ressourcen vom Land selbst nahegelegt wird. Es gibt auch keine eindeutige Antwort auf die Frage, ob hinter den ersten Deichbauten allein die Menschen bzw. die Geschlechter stecken oder ob hier und da vielleicht doch die Grafen der Landesherren die Maßnahmen anregen oder anordnen.

Politik und Macht der Kirchspiele

Wir sind in der Zeit um 1200 angekommen. Dithmarschen hat wechselnde Herrschaften erlebt, es dabei aber verstanden, die fremden Machtansprüche in Schranken zu halten. In der gleichen Zeit nehmen die Menschen die Herausforderung an, die sich aus der landschaftlichen Gestalt ergibt. Mit der Selbstbehauptung gegenüber fremden Machthabern einerseits und dem Erfordernis eines aufwändigen Flutschutzes andererseits wird jedem Einwohner der Wert des Landes ganz unmittelbar bewusst.

Wie aber wird das Alltägliche organisiert, wenn fremde Machtstrukturen erfolgreich zurückgedrängt werden? Zwar wissen wir kaum etwas über den Grad der Christianisierung im 12. Jahrhundert. Aber einer Urkunde aus der Zeit um 1140 entnehmen wir, dass die Kirche ihr Netz über Dithmarschen auswirft: Weddingstedt, Tellingstedt und Süderhastedt werden als Kirchspiele erwähnt. Das verwundert nicht: Wo die Verwaltung durch die Landesherren im Mittelalter eher schwach ausgeprägt ist, stellt die Kirche die einzige organisatorische Struktur bereit, an der sich die Menschen orientieren können - bisweilen durchaus vergleichbar einer kommunalen Einrichtung im Sinne unserer modernen Verwaltung. Man kann es auch andersherum formulieren: In der Ausbreitung des Glaubens sehen die weltlichen Landesherren den verlässlichsten Weg zur Etablierung organisatorischer Strukturen. Es liegt vielleicht nahe, deswegen auch davon auszugehen, dass die Gründung dieser Kirchspiele dem übergeordneten Prinzip einer sinnvollen Verteilung in der Region genügen sollte.[11] Und es steht zu vermuten, dass die Kirchspiele insofern auch an so weltlichen Dingen wie dem Deichbau ihren Anteil haben.[12]

Vielleicht noch wichtiger ist aber, dass sie es auch sind, die Dithmarschen durch die unruhigen Zeiten steuern. Dass die Dithmarscher Mitte der 1180er Jahre gegen den Landesherren – nach dem Sturz Heinrichs des Löwen wieder der Erzbischof von Bremen – eine eigene Außenpolitik betreiben und bei einem Verwandten des dänischen Königs um Beistand nachsuchen, versteht der dänische König ganz richtig als Hinweis auf offene Machtverhältnisse. Und weil im Heiligen Römischen Reich Deutscher Nation, dem Nachfolgestaat des Fränkischen Reichs, gerade wieder der Streit zwischen den Staufern und den Welfen tobt und das Hauptaugenmerk auf der Politik in Italien liegt, nutzt der dänische König die Gunst des Augenblicks und erobert sich das gesamte Land nördlich der Elbe. Nicht aber, dass die Dithmarscher wegen ihrer Anfrage eine Verantwortung für diese Entwicklung träfe: Auch sie haben damit – schon wieder – einen neuen Landesherren.

Aber auch dieser Wechsel der Verhältnisse hat keinen Bestand. Die dänische Herrschaft endet 1225, einer Rückeroberung bereiten die Holsteiner mit ihrem Sieg in der berühmten Schlacht von Bornhöved 1227 ein für Jahrhunderte die Weichen stellendes Ende. Die Herrschaftsrechte an Dithmarschen fallen ein weiteres Mal zurück an den Erzbischof von Bremen.

Ein anderes Beispiel der Außenpolitik ist der Vertrag von 1281 zwischen 13 Kirchspielen auf dithmarsischer sowie Hamburg und Lübeck auf der anderen Seite, der den wechselseitigen Schutz von Kaufleuten regelt. Spätere Verträge zwischen dithmarsischen Kirchspielen und auswärtigen Städten gelten dem Umgang mit Gütern gestrandeter Schiffe – Strandraub ist im Mittelalter ein lukrativer Berufszweig! –, der Sicherheit von Kaufleuten oder der Abgrenzung von Handelsrechten. Damit geht es wie in Lübeck immer auch um die Interessen der mächtigen Familien. Sie sitzen in den Beratungskollegien. Neue Mitglieder kommen wiederum aus diesen Familien, was auch bedeutet, dass der Einfluss der Geschlechter noch im 14. Jahrhundert nur bescheiden ist.

Im 12. und 13. Jahrhundert stellt die dithmarsische Kirche ihren Führungsanspruch auf eine breitere Basis. Zum einen werden aus den vorhandenden Kirchspielen neue Kirchen ausgegründet, zum anderen werden die Kirchen wie auch andernorts vorwiegend in Stein errichtet. In Zeiten, da Wohnhäuser aus Holz auf Pfosten und mit lehmverputzten Wänden gebaut werden, stellt der Stein nicht zuletzt ein Stück Symbolpolitik dar, das sich allen Landeskindern mitteilt: gebaut, um lange zu bleiben, unabhängig von allem Wandel. Manch ein Kirchengebäude, das wir im Land sehen, geht im Kern auf einen Bau des Hohen Mittelalters zurück.

Wo sich Macht auf diese Weise konzentriert, sind auch all jene, die an dieser Macht teilhaben wollen. Es liegt nahe, dass Mitglieder der führenden Familien in den parallel zu den Kirchen aufstrebenden Gemeinden den Ton angeben. Hier wird das Vermögen für Bau, Reparatur und Unterhalt der Kirchen verwaltet. Zwei, gelegentlich auch vier Kirchenpfleger, symbolträchtig im Niederdeutschen als Sluter (auch Schlüter = Schließer, also Schlüsselgewaltige) bezeichnet, werden für diese Arbeit gewählt. Wer dieses Amt innehat, besitzt im wahrsten Sinne des Wortes eine Schlüsselposition: Von hier aus lässt sich gut Einfluss nehmen.

Weil den Kirchspielen allmählich auch politische Funktionen zuwachsen, etabliert sich neben den Slutern noch das bis zu 20 Laien umfassende Gremium der Kirchspielsgeschworenen. Sie nehmen die Gerichtsbarkeit wahr und entwickeln sich nach und nach zu Beratungskollegien in allen inneren und auswärtigen Angelegenheiten. Denn die Dithmarscher müssen sich weiter behaupten: gegen die Nordsee, gegen eine Überwältigung durch fremde Herrschaft, gegen beutegierige Marodeure aus der näheren und weiteren Umgebung. Eines kommt zum anderen und es ist leicht einzusehen, dass die durchaus unterschiedlichen Kräfte sich eine Weile lang gegenseitig stärken: Die erfolgreiche Abwehr der Nordsee als Ergebnis einer Gemeinschaftsleistung lässt die Dithmarscher auch Zuversicht für den Umgang mit auswärtigen Kräften oder Feinden schöpfen. Oder umgekehrt. Im Ergebnis wächst jedenfalls das Selbstbewusstsein der Dithmarscher im Laufe des Hochmittelalters.

Das ist zu dieser Zeit nicht mit Hochmut zu verwechseln. Vielmehr scheinen Geduld, gelassenes Selbstvertrauen und taktisches Geschick die Schlüssel zu sein, die diese relative Unabhängigkeit und die erfolgreiche Selbstbehauptung erst ermöglichen. Deutlich wird das gleich bei mehreren Herausforderungen, die im 13. und 14. Jahrhundert zu bestehen sind.

So werden die Dithmarscher 1319 wieder in einen größeren Konflikt hineingezogen. Unter der Führung Gerhards des Großen unternehmen die Holsteinischen Grafen einen Überfall. Sie nutzen dazu den einzigen landfesten Übergang von Hademarschen nach Albersdorf. Im Land wenden sie sich dann – erinnern wir uns an den vorhin zitierten Auszug aus dem „Chronicon Holzatiae" – nach Norden, weil dort die reicheren Bauern wohnen, die größere Beute zu holen ist. Nun wäre es ja leicht, diese einzige Landbrücke zwischen Hademarschen und Albersdorf effizient zu verteidigen, aber es geschieht Erstaunliches: Der Heerhaufen trifft auf keinen Widerstand. Dazu muss man wissen, dass es auf Dithmarscher Seite kein Oberkommmando gibt, keine verabredete Taktik für den Widerstand gegen Eindringlinge. Gegenwehr ist zunächst einmal Sache der Gemeinde, die angegriffen wird; das ist vermutlich eine Folge der Organisation in Geschlechtern. Die Dithmarscher lassen also den Feind ins Land kommen und greifen erst an, wenn sie sich im taktischen Vorteil sehen. So kann Gerhard bis

[Wie die Oldenwöhrdener Gerhard den Großen besiegen.]

Die geschlagenen Ditmarser suchten die Kirche zu Oldenworden, so gut sie konnten, wie eine Burg zu bevestigen. Auch ist der Ort selbst von Natur etwas vest, und rund umher mit Wasser umflossen, so daß sie den Feinden bereits etwas zu schaffen machen konnten, ehe sie noch in denselben gelangeten. Allein so wenig die Befestungswerke auf der Geest hatten Widerstand thun können: so wenig konnte sich auch Oldenworden halten. Bloß in der Kirche suchten die bedrängten Schutz, wo ihnen die ergrimmten Feinde nicht gleich nachkommen konnten, sie aber mit Beten und Flehen zu Gott und der Jungfrau Maria, beschäftiget waren. Hier wurden sie nun von der holsteinischen Armee belagert, aber auch in die äußerste Noth gebracht, wie Gerhard der Große seinen Leuten Befehl ertheilete, Feuer ans Gotteshaus zu legen, und dasselbe mit allen, die darinn waren, zu verbrennen. Anfangs gaben die Ditmarser die beßten Worte; sie fleheten nur um Barmherzigkeit, und versprachen, des Grafen Unterthanen und getreue zinsbare Leute werden zu wollen, wenn er ihrer schonete: aber umsonst; der Graf trauete ihnen nicht, und befahl, noch mehr Feuer anzubringen. Hierüber fieng das Bleydach der Kirche an zu schmelzen; und Neokorus, der selbst aus Oldenworden, oder, wie es jetzo gemeiniglich heißt, Wöhrden gebürtig war, versichert, daß noch zu seinen Zeiten, wenn man in dieser Kirche gegraben hätte, Stücke von Bley gefunden worden. Das geschmolzene Bley tröpfelte jetzo auf die Belagerten herab; sie fühleten davon Schmerzen, die unerträglich waren, und sie ganz außer sich brachten; und da ihr Tod hier doch unvermeidlich war, so beschlossen sie, lieber durchs Schwerdt zu fallen, als lebendig zu verbrennen, wobey sie ihr Leben zugleich ihren unbarmherzigen Feinden theuer zu verkaufen gesonnen waren. Sie brachen daher die vermachte Kirchthüre mit Gewalt auf, und fielen heraus. Die holsteinische Armee befand sich bey diesem Ausfalle nicht ganz vor der Kirche, sondern einige Theile desselben waren gegenwärtig auf den Dörfern und in den Häusern, wo sie Kasten und Schränke aufschlugen, und sich dem Plündern ergaben. Ueberdem kamen die übrigen Ditmarser, wie sie das desperate Gefecht der Ausgefallenen vernahmen, aus ihren Graben, und den sonstigen Winkeln, wo sie sich versteckt gehalten hatten, hervor; diese fasseten wieder Muth, sie stritten auf allen Seiten getrost wider ihre Feinde, umringeten und erlegeten sie. So schlugen sie einen Theil nach dem andern, und nach und nach das ganze Heer.

Johann Adrian Bolten: Ditmarsische Geschichte. Zweyther Theil. [1782] Leer: Schuster 1979, S. 381–383.

Wöhrden vorrücken. Dessen Einwohner verschanzen sich in der (steinernen) Kirche, aber als der Heerhaufen Feuer um den Bau legt, gehen sie zum Gegenangriff über: Sie wagen den Ausfall und erschlagen alle Feinde, derer sie habhaft werden.[13]

Der doppelte Einfall von 1403/04 läuft ähnlich ab. Der Gegner kommt über Albersdorf ins Land, wendet sich nach Norden und geht zur Plünderung über. Die Dithmarscher bleiben auch noch ruhig, als Graf Albrecht, der Anführer der Eindringlinge, mit dem Bau eines befestigten Hauses beginnen lässt, der Marienburg bei Dellbrück acht Kilometer östlich vor Meldorf. Sein vorläufiges Ende findet der Eroberungsversuch von 1403, als Albrecht durch einen Unfall zu Tode kommt. Der zweite Überfall im folgenden Jahr endet mit der Niederlage der Eindringlinge unter Herzog Gerhard, als diese beim Rückzug den Engpass in der Süderhamme durchqueren müssen – und dabei von den Dithmarschern aufgerieben werden.

Im Laufe des 14. Jahrhunderts erfolgt der letzte Schub in Sachen Kirchspielgründung. Denkbar ist, dass Hemme und Lunden auf Betreiben der Geschlechter entstehen, die nicht nur ihre eigenen Kirchen haben wollen, sondern auch auf einen größeren Einfluss bei der Gestaltung der politischen Angelegenheiten zielen. Mit Hemmingstedt und Nordhastedt entstehen auch auf der Geest zwei neue Kirchspiele.

Wichtig ist bei alledem, dass die politische Entwicklung Dithmarschens untrennbar mit der wirtschaftlichen Expansion verbunden ist – oder umgekehrt. Vor diesem Hintergrund von wechselseitig sich verstärkenden Entwicklungen und weil sie die einzige einigermaßen konstante Institution vor Ort darstellen, sind die Kirchspiele auch als „Keimzellen der Republik“[14] bezeichnet worden.

Die Bauernrepublik

Republik? Diese „Republik“, häufig zur Vereindeutigung auch Bauernrepublik genannt, ist ein erstaunliches Stück regionaler Selbstbehauptung in einem Umfeld, das von wirtschaftlich und militärisch deutlich mächtigeren Nachbarn und Möchtegern-Machthabern beherrscht wird. Aber wie schon beim Begriff der Geschlechter dürfen wir auch hier nicht unser heutiges Verständnis zugrundelegen. Republik heißt hier nicht, dass es ein von allen Bewohnern Dithmarschens gewähltes Gremium als Legislative gäbe. Republik heißt hier aber immerhin: Selbstverwaltung aus dem Volk für das Volk, allerdings im Interesse der ohnehin schon Mächtigen.

Zunächst einmal führt das nur schwach ausgeprägte föderative Element auch dazu, dass die Interessen einzelner Kirchspiele in Widerspruch zu einander geraten können. In der Wachstumsphase des 14. Jahrhunderts ist das mehr als einmal der Fall; kein Wunder also, wenn die Dinge bisweilen auf eine offene Konfrontation zulaufen. Sachliche und wohl auch persönliche Differenzen stehen am Anfang einer der größten Auseinandersetzungen, die um 1430 beginnt: Weil auch die Hamburger Schritt für Schritt ihre Rechte auszubauen versuchen, entsteht in Dithmarschen Uneinigkeit darüber, wie mit diesen Ansprüchen umzugehen sei. Eine Partei tritt für Frieden und Handel ein, die andere will eine Begrenzung der Hamburger Bestrebungen – und überfällt, um dem Standpunkt Nachdruck zu verleihen, kurzerhand den Hamburger Hafen.

Die Meinungsverschiedenheiten verschärfen sich zu einer veritablen innerdithmarsischen Krise. Die Kirchspiele in Norderdithmarschen schließen sich überwiegend der Friedenspartei an, die im Süden setzen auf Konfrontation mit Hamburg. Insbesondere sind sie in den elbmündungsnahen Gemeinden nicht bereit, von den altüberkommenen Strandrechten zu lassen (die eben auch die Bergung und Aneignung von Ladung gestrandeter Schiffe beinhalten). Nun ergibt sich das Problem, dass sich die Vertreter der Kirchspiele aus Norderdithmarschen zu ihren Besprechungen nicht mehr in Meldorf treffen können: Meldorf, traditioneller Versammlungsort und insofern so etwas wie die Hauptstadt von Dithmarschen, jedenfalls der einzige Ort mit Stadtrechten, hat sich den „Südstrandern“, also den Kirchspielen im Süden angeschlossen. Zu ihrem neuen Treffpunkt wählen die Gemeinden des Nordens deshalb einen Platz nahe einer bislang kleinen Siedlung: Das ist im Jahre 1434 das erste Auftreten von Heide in der dithmarsischen Geschichte.

Was im ersten Augenblick nach Kirchturmspolitik aussieht, dürfen wir wegen der daraus erwachsenden Folgen doch nicht geringschätzen. Meldorf kann den Image- und Statusverlust durch seinen Sinneswandel im folgenden Jahr - 1435 schließt es sich dem Vertrag zwischen Norderdithmarschen und Hamburg an, trennt sich also von den „Südstrandern" - nicht ungeschehen machen: Heide ist in Zukunft der Ort, an dem sich die Vertreter von Norderdithmarschen treffen; hier werden bald auch alle für ganz Dithmarschen wichtigen Entscheidungen vorbereitet und getroffen - bis heute, wenn auch der heutige Kreistag nicht gerade die Nachfolge-Organisation der Achtundvierziger ist ...

Die Achtundvierziger? Das ist die politische Institution, die untrennbar zur Bauernrepublik gehört. Zunächst einmal: Der Süden wird von nun an noch eine ganze Weile lang seinen eigenen Weg gehen. Der hamburgfreundlichen Politik des Nordens werden sich die Südstrander auch später, Meldorf hin oder her, nicht anschließen und sie verharren auch in der Beobachterrolle, als der Norden 1447 zum nächsten Entwicklungsschritt ansetzt. Genaugenommen sind es zwei Schritte: Im Februar nimmt die Landesversammlung, bestehend aus den Kirchspielen des Nordens und Meldorf, das Dithmarscher Landrecht an. Dabei handelt es sich allerdings nicht um eine Neufassung rechtlicher Vorschriften aus Anlass der neuen Gemeinschaft Norderdithmarschen, sondern um die Fixierung tradierter Rechtssätze zwar in einem Dokument, aber doch in der Form, in der sie bislang schon im Umlauf sind. Wohlgemerkt: Es geht hier um innerdithmarsisches Recht, nicht etwa um die Anwendung von Vorschriften, die der Landesherr formuliert hat! Gleichwohl ist diese Verschriftlichung ein Schritt auf dem Weg zu einer Vereinheitlichung.

Um die Wahrung des solchermaßen fixierten Rechts zu sichern, wird - und das ist der zweite Schritt - ein neues Gremium ins Leben gerufen: das Kollegium der 48 Richter und Ratgeber, auf Lebenszeit gewählte Vertreter aus den Großbezirken mehrerer Kirchspiele, den so genannten Döfften. Jede der vier Döffte im Norden stellt zwölf Mann für das Richterkollegium; die fünfte Döfft, in der die Kirchspiele Süderdithmarschens zusammengeschlossen sind, bleibt diesem Gremium fern. Es hätten demnach 60 Männer sein sollen, doch durch den Verzicht des Südens werden die später legendären „Achtundvierziger" daraus. Der Süden reagiert auf diese Neuerung mit einem eigenen Kollegium von 24 Männern für die Angelegenheiten des Südens.

Im Laufe der folgenden Jahrzehnte ziehen die Achtundvierziger mehr und mehr Aufgaben an sich. Beispielsweise entwickeln sie sich zu einem ständigen Ausschuss in Sachen Außenpolitik, was im gleichen Atemzug für die einzelnen Kirchspiele einen Verlust an Eigenständigkeit bedeutet. Mit einer Stimme sprechen zu können, erweist sich in einer Kontroverse mit dem dänischen König Christian I. als Vorteil. In Verhandlungen mit ihm erwirken sie sich Privilegien, aber kurz darauf gelingt es Christian I., sich von Kaiser Friedrich III. mit Holstein, Stormarn und Wagrien belehnen zu lassen. Weil das ein Ende der relativen Selbstständigkeit bedeuten würde, verweisen die Dithmarscher darauf, dass sie mitnichten herrenlos seien, sondern nach wie vor zum Erzbistum Bremen gehörten. Das ist formal ja auch richtig, sagt an dieser Stelle aber doch eher etwas über die Schläue der Dithmarscher denn über ihre Loyalität - weil sie wissen, dass sich das Erzbistum auch künftig nicht weiter um sie kümmern wird. Immerhin nimmt der Kaiser auf Bremische Intervention hin die Belehnung zurück. Punktsieg für die Souveränität.

Was auch etwas über das Selbstverständnis sagt: Der wichtigste Bündnispartner für Dithmarschen ist in diesen Jahrzehnten die freie Reichsstadt Lübeck, Haupt der Hanse, die den dänischen König ebenfalls auf Distanz zu halten bestrebt ist. Diesem defensiv definierten Bündnis zum gegenseitigen Schutz tritt später auch der frühere Gegner Hamburg bei. Das Bündnis mit Lübeck hält bis zum Ende von Dithmarschens Selbstständigkeit 1559.

Es ließen sich mehr Beispiele dieser Art anführen,[15] doch genug der Details. Es ist deutlich geworden, dass Dithmarschen in Zeiten, da Verträge häufig das Papier nicht wert sind, auf dem sie stehen, geschickt zu lavieren versteht.

Die Schlacht bei Hemmingstedt

Wir können uns vorstellen, dass die Rücknahme der eben erwähnten Belehnung das Interesse des dänischen Königs an einer Inbesitznahme nicht schmälert. In den 1480er Jahren findet er in seinem Reich keine Unterstützung für kriegerische Pläne. Erst als Christians Nachfolger Johann I. Lübeck im Jahr 1497 auffordert, das Bündnis mit Dithmarschen aufzukündigen, wird es wieder ernst. Zwar erteilt der Kaiser seinen Fürsten eine Abmahnung, aber die Dänen interessiert das nicht mehr: Sie rüsten zum Krieg.

Was sich dann in den Februar-Tagen des Jahres 1500 ereignet, hat in der Geschichte Dithmarschens den Rang von Faktum und Legende zugleich. Und wer sich darüber informiert, hat das Gefühl, ein Schachspiel zu beobachten: Die Dänen wissen, dass die Dithmarscher dazu neigen, den Feind erstmal ins Land kommen zu lassen, um dann aus heiterem Himmel zuzuschlagen, und die Dithmarscher wissen, dass die Dänen das wissen. Was ist also zu tun?

Die Einzelheiten sind bekannt,[16] deshalb seien hier nur die wichtigsten Fakten zusammengestellt. Der dänische König bietet für den Feldzug nicht nur reguläre Truppen auf, sondern heuert auch einmal mehr die Schwarze Garde an, eine stehende, stets gewaltbereite Söldnertruppe. Zu diesen etwa 4.000 Mann stoßen Adlige aus Jütland und den Herzogtümern, ferner Ritter aus diversen norddeutschen Territorien und schließlich eine Landwehr mit zwangsrekrutierten Bauern aus Schleswig und Holstein, alles in allem weitere etwa 8.000 Mann.

Am 11. Februar setzt sich diese Heeresmacht in Bewegung, im Tross geschätzte 1.000 Wagen zur Versorgung der Truppe und zum Abtransport der erwarteten reichen Beute. Denn was könnten 6.000, allenfalls 7.000 Dithmarscher auf der Gegenseite dieser kampferprobten Macht schon entgegensetzen?

Wagemut, wie sich zeigen wird. Während die königlich-herzoglichen Truppen erst einen Scheinangriff auf Heide unternehmen und dann auf Meldorf vorrücken, ringen die Dithmarscher, die sich in Wöhrden versammelt haben, noch um die richtige Taktik. Wie in den Jahrhunderten zuvor gibt es keinen vorbestimmten und unbestrittenen Befehlshaber. Derweil ermordet die königliche Truppe in Meldorf den Großteil der Zurückgebliebenen: Alte, Frauen, Kinder – im Mittelalter ein durchaus übliches Vorgehen. Weil die Truppe des dänischen Königs von Anfang an auf keinen Widerstand stößt, fühlt sie sich nach dieser Heldentat bereits als Sieger.

Und König Johann I. ist ungeduldig. Nach dem Gemetzel vom 14./15. Februar legt er den Termin für den Aufbruch Richtung Heide auf den 17. Februar fest – gegen den Rat seiner Heerführer, die vor schlechtem Wetter warnen. Die Dithmarscher erfahren von dem Termin. In diesem Augenblick des Zagens macht offenbar der gebürtige Niederländer Wulf Isebrand(t) aus Oldenwöhrden den Vorschlag, den Weg nach Heide mit einer Schanze zu verlegen. In

Die Schlacht bei Hemmingstedt im Panorama: von links kommen die Angreifer, rechts die Schanze der Verteidiger

Dusenddüwelswarf

Die Rückseite des Denkmals mit der Inschrift „Wahr di Garr, de Bur de kumt"

der Nacht zum 17. Februar werfen 300 bis 400 Dithmarscher diese Schanze etwas südwestlich des heutigen Hemmingstedt auf und postieren oben die eigene Artillerie.

Von nun an läuft alles gegen die Eindringlinge: Tauwetter und Regen setzen ein und machen den – obendrein schmalen – Weg praktisch unpassierbar, die Artillerie ist am Ende des Zuges postiert und hat Meldorf womöglich noch gar nicht verlassen, als die Spitze bereits auf die Schanze trifft, die Garde ist überrascht von der furchtlosen Gegenwehr, auf die sie trifft, und die Ritter in ihren schweren eisernen Rüstungen sind wegen der Wetterbedingungen zu nichts mehr zu gebrauchen. Hinzu kommt noch, dass die Landwehr und die Artillerie der Eindringlinge vom Ende des Zuges her nachdrängen, so dass die Ordnung verloren geht. Und die Dithmarscher machen sich die Landschaft zunutze: Sie öffnen die Siele, so dass das gerade auflaufende Nordseewasser die Gräben überflutet und den schon aufgeweichten Boden in eine Wasserwüste verwandelt. Indem sie auf diese Weise die landschaftliche Gestalt für sich nutzen, haben die Verteidiger nun leichteres Spiel: Sie fallen über den bewegungsunfähig gewordenen Feind her und besiegen die personell und militärisch deutlich besser ausgestatteten Kräfte. Johann I. und seinen Befehlshabern bleibt nur die Flucht.

In außenpolitischer Hinsicht erreicht Dithmarschen mit diesem unerwarteten Sieg den Höhepunkt seiner Macht und seines Ansehens. Aufgrund seiner (land)wirtschaftlichen Stärke kann es diese Position auch die kommenden Jahrzehnte hindurch sichern. Beide Seiten, vor

Mangels besserer Kenntnisse sieht es so aus, als komme **WULF ISEBRAND(T)**, der Retter der Dithmarscher in der Schlacht von Hemmingstedt, mehr oder weniger aus dem Nichts – das ist der Stoff, aus dem Helden sind. Geboren um 1460 in den Niederlanden, ist er wohl schon mehrere Jahre lang mit der Dithmarscherin Anneke Muhlen verheiratet und als Bauer in Oldenwöhrden ansässig, als er erstmals 1499 als Angehöriger eines Heider Aufgebotes aktenkundig wird. Über die Frage, wie, wann und warum er zur Führung der Dithmarscher Verteidigung in der Schlacht von Hemmingstedt kommt, lassen sich nur Mutmaßungen anstellen. Es steht die Vermutung zur Diskussion, dass er Ende des 15. Jahrhunderts Erfahrungen in Söldnerheeren gesammelt hat, so dass er die Vorgehensweise des Gegners einschätzen und in die Verteidigungstaktik einkalkulieren kann. Er überlebt die Schlacht, was auch die Angabe, die erbeutete dänische Flagge sei anschließend in der Kirche von Oldenwöhrden ausgestellt worden, ein bisschen wahrscheinlicher macht. Im Jahre 1506 erliegt er einer grassierenden Seuche.

Links und rechts dieser Ereignisse schweigen die Quellen. Dass es in Dithmarschen – mit der Ausnahme einer Klinkerfigur am Schulzentrum Albersdorf, die eher die Idee wehrhaften Selbstbewusstseins vermittelt – keine Denkmale für den Retter des Landes gibt, mag damit zusammenhängen, dass wir auch nicht wissen, wie er aussah.[17]

allem aber auch unbeteiligte Parteien wie die Hansestädte verstehen die Auseinandersetzung zumal als grundsätzliches Kräftemessen zwischen bäuerlichen, gegebenenfalls auch bürgerlichen Vertretern auf der einen und dem Adel mit dem König an der Spitze auf der anderen Seite. Das 16. Jahrhundert wird viele solcher Konfrontationen bringen.

Mindestens ebenso wichtig ist aber seine Bedeutung für das Selbstbewusstsein der Dithmarscher: In diesem historischen Augenblick entsteht der Mythos von den vermeintlich unterlegenen Bauern des freien Dithmarschen, denen es mit Schläue und Willensstärke gelingt, den Fürsten ihre Grenzen aufzuzeigen. Der Mythos besteht aus zwei Teilen: dem unerwarteten Sieg und der Person Wulf Isebrand(t). Von heute aus betrachtet ähnelt die Mythisierung ein wenig jener, die der so genannten Schlacht am Teutoburger Wald (Varusschlacht) im Nachhinein zuteil wurde: Vermeintlich unzivilisierte germanische Barbaren besiegen die in jeder Hinsicht besser ausgestatteten Römer, deren Zivilisiertheit sich in ihrer Kampferfahrung und der resultierenden (hochmütigen) Siegesgewohntheit ausdrückt. Der Mythos erweist sich als ausgesprochen langlebig und wird immer noch stärker, je mehr Zeit vergeht. So prägt der Sieg der Dithmarscher ihr Selbstverständnis auch noch lange nach dem Verlust der Selbstständigkeit 1559.[18]

Vom Marienland zur Reformation

Wie es die Legende will, stürzen sich die Verteidiger mit dem Ruf „Help Maria milde“ von der Schanze herab auf ihre Feinde.[19] Das ist ein interessanter Hinweis; schon anlässlich der Belagerung der Kirche von Wöhrden 1319 hatten wir davon gehört, dass die Eingeschlossenen zu Maria gebetet hätten. Nun ist auf jeden Fall Skepsis geboten, wenn solche Details im Nachhinein berichtet werden. Aber selbst wenn er es mit der historischen Wirklichkeit an dieser Stelle nicht so genau nähme, kann der Chronist ein solches Detail nicht einfach aus der Luft greifen. Tatsächlich ist ja die Christianisierung nach der Eroberung des Landes durch die Franken nur langsam vorangekommen. Mit der Gründung neuer Kirchspiele vom 11. Jahrhundert an aber zeigt sich an der Weihe der Kirchen, dass der Marienglaube so fest Fuß gefasst hat, dass auch vom Marienland[20] gesprochen wird: Nicht weniger als fünf Kirchen sind ihr in Dithmarschen geweiht – Eddelak, Barlt, Hemmingstedt, Hemme und Delve – und in weiteren finden wir Mariendarstellungen in Malerei und Schnitzwerk. „Nicht einfach aus der Luft greifen“ heißt hier auch: Wenn der Marienglaube im 14. Jahrhundert in Dithmarschen so fest verwurzelt ist, dann sind den Menschen auch alle Fest- und Gedenktage im Bewusstsein. Ihren Sieg über das Heer Gerhards des Großen errin-

Norddeutsche Backsteinkunst für einen norddeutschen Mythos: die Wulf-Isebrand-Figur in Albersdorf

Die St.-Marien-Kirche in Hemmingstedt

gen die Belagerten von Wöhrden der Überlieferung zufolge am Vorabend des Festes Mariä Geburt. Im 15. Jahrhundert schließlich figuriert sie auch prominent im Prunksiegel der Landesgemeinde Dithmarschen; deshalb ist Maria geradezu als „Staatsheilige" der Bauernrepublik[21] bezeichnet worden.

Nun ist die Heiligenverehrung im Mittelalter kein Lippenbekenntnis, sondern gelebte Beziehung: Gläubige wenden sich an „ihre" Heiligen, weil sie sich von ihnen Hilfe bei der Bewältigung von Alltag und emotionalen Krisen erwarten. Das gilt auch für eminent politische Inanspruchnahme, wie sie sich in der Verwendung als Siegelbild ausdrückt. Deutlich wird das, als die nächste Krise heraufzieht. Nach dem Sieg von Hemmingstedt arbeiten die Dithmarscher am Ausbau weiterer Freiräume für ihre Selbstständigkeit. Schon in der zweiten Hälfte des 15. Jahrhunderts kommt es wiederholt zu Unstimmigkeiten zwischen der pröpstlichen Verwaltung in Hamburg und den Achtundvierzigern, die sich gegen Übergriffe zu wehren und Rechtsfälle den Kirchspielsgerichten zuzuordnen suchen. Diese Differenzen sind rein politischer Natur und deuten nicht etwa auf nachlassende Frömmigkeit. Manifest wird das nicht nur in dem Versuch, der Jungfrau Maria nach dem Sieg von Hemmingstedt das versprochene Kloster zu erbauen, sondern auch in dem Augenblick, als die Dithmarscher die Meinungsverschiedenheiten mit der pröpstlichen Behörde eskalieren lassen. Im Verhalten der Achtundvierziger während dieser Krise werden vor allem politische und ethische Motive sehr deutlich. Als der von den Dithmarschern gezielt angesteuerte Bruch mit dem Domkapitel im August 1523 vollzogen wird, betonen die Regenten ausdrücklich ihr hergebrachtes Selbstverständnis als Marienland.[22]

Wohlgemerkt: Das Bekenntnis ist formuliert aus der Perspektive der Regenten. Wieder einmal erweisen sie sich als Meister der Taktik. Denn es ist nicht etwa so, dass hinter dieser Loslösung die heraufziehende Reformation sichtbar würde. Mit dem Bekenntnis zu Maria betonen sie ja implizit ihre Ablehnung des neuen Glaubens – und wenn sie auch keine gewählten Mandatsträger sind, wissen sie doch, was sie ihrem Volk und dessen emotionalen Bedürfnissen schuldig sind.

Wegdrängen lässt sich der neue Glaube – zu dessen konstitutiven Bestandteilen immerhin die Absage an den Marienglauben gehört! – aber auch nicht mehr. Erste Fürsprecher sind bereits tätig: Nicolaus Boie, Kirchherr in Meldorf, hat in Wittenberg studiert und bei der Gelegenheit auch die persönliche Bekanntschaft mit Martin Luther gemacht. Boie ist es, der 1524 aus dem Erzbistum Bremen, formal ja nach wie vor Landesherr in Dithmarschen, den dort nicht wohlgelittenen Reformator Heinrich von Zütphen ins Land holt.

Mit diesem Ruf tritt die Verkündigung des Evangeliums in Dithmarschen in eine neue Phase.[23] Umgehend tritt mit dem Prior des Meldorfer Augustinerordens quasi von Berufs wegen der erste Gegenspieler auf den Plan. Er erwirkt von den Achtundvierzigern die Anweisung an Boie, den Mönch am Predigen zu hindern und zu vertreiben. Allerdings haben die Regenten keine Möglichkeit, die Umsetzung dieser Anweisung zu erzwingen, denn die Kirchspiele stellen nach wie vor eine eigene Macht dar. Heinrich von Zütphen predigt und findet begeisterte Zuhörer. Das können sich die Regenten kaum bieten lassen, aber mit dem, was nun geschieht, hat Kirchherr Boie wohl nicht gerechnet: Ein Teil der Achtundvierziger stiftet die Gefangennahme und Entführung von Zütphens an. In der Nacht vom 9. auf den 10. Dezember wird er nach Heide verschleppt, im Laufe des 10. Dezember wird gegen ihn verhandelt, aber das Urteil steht schon vorher fest. Noch am gleichen Tag stirbt er, keine 14 Tage nach seiner Ankunft in Meldorf, den Märtyrertod auf dem Scheiterhaufen.

Wie zweischneidig diese Sache ist – sowohl der Ruf eines Reformators nach Meldorf als auch das gewaltsame Vorgehen der Achtundvierziger –, wird deutlich an der Tatsache, dass Boie bei alledem unbehelligt bleibt. Als Luther-Schüler sorgt er auch nach dem Mord weiter für die Verbreitung der reformatorischen Gedanken: durch eigenes Predigen und auch durch die erneute Heranziehung auswärtiger Geistlicher. Zwar gewinnt der neue Glaube Anhänger, aber ein gewisser Nachdruck entsteht erst, als sich die Lübecker – wir erinnern uns daran, dass sich die Regenten gern am Verhalten der souveränen Hansestädter orientieren – zur offiziellen Annahme des lutherischen Glaubens entscheiden.

Im gleichen Jahr 1530 wird in Dithmarschen der erste Scharfrichter angestellt. Und mit Johann Schneck heiratet in Heide der erste Prediger. An der Erkenntnis, dass auch vieles am neuen Glauben auf ein Bedürfnis im Volk stößt, führt für die Regenten schon bald kein Weg mehr vorbei: Am 31. Mai 1533 wird die Reformation per Beschluss der Landesversammlung offiziell in Dithmarschen eingeführt.

Wie es mit der Bauernrepublik weitergeht

Wenn also veränderte Kräfteverhältnisse und die Einwurzelung von Gedankengut von jenseits der dithmarsischen Grenzen erkennbar werden, heißt das noch lange nicht, dass die Regenten stillschweigend ihren Einfluss aufgeben würden. Gerade einmal zehn Jahre nach der Lösung vom Hamburger Domkapitel, die sie mit dem Bekenntnis zum traditionellen Glauben verknüpfen, setzen sie sich mit einer tollkühnen Volte an die Spitze der Bewegung, die sie nicht aufhalten können. Ihr oberstes Gebot ist nach wie vor die Sicherung der Souveränität des Landes – was nach der Entwicklung der vergangenen 100 Jahre nichts anderes bedeutet als die Sicherung der eigenen Macht.

Dankbar ergreifen die Dithmarscher kurz vor dem Bruch mit dem Hamburger Domkapitel im Frühjahr 1523 die Möglichkeit, sich durch ein Bündnis mit Herzog Friedrich von Gottorf gegen dessen Neffen, den dänischen König Christian II., abzusichern und sich die Souveränität bestätigen zu lassen. Einige Monate später bringt die Loslösung vom Hamburger Domkapitel etliche Neuordnungen mit sich. Die Aufsicht über das Kirchenwesen obliegt künftig vier Superintendenten. Weil die eben erwähnten Boie und Schneck zwei von ihnen sind, deutet sich hier auch schon eine geistliche Neuorganisation für Dithmarschen an: Nichts weniger als der Aufbau einer eigenständigen Landeskirche ist das Ziel. Aufgabe der Superintendenten soll es sein, eine Kirchenordnung für Dithmarschen zu formulieren. Schon vorab wird festgelegt, dass die geistliche Gerichtsbarkeit nun in die Zuständigkeit der Kirchspiele fällt und dass kirchliche Abgaben ab sofort an die Kirchspielsgeschworenen fließen, also an die eigene Kirche.

Dass alle vier Superintendenten zugleich angesehenen Regentenfamilien angehören, belegt das Bemühen, die Kirchenangelegenheiten in die eigenen Hände zu bekommen. Insofern wird auch hier das Streben nach Sicherung der Souveränität deutlich erkennbar. Dass die Regenten viele Erfolge bei der Erweiterung ihrer Kompetenzen verbuchen, führt offenbar aber auch dazu, dass die Geistlichkeit unversöhnlicher denn je auf Anmaßungen reagiert.

In dieser Konfrontation bahnt sich etwas sehr Grundsätzliches an. In Dithmarschen wird das deutlich an der Tatsache, dass die in der lokalen Tradition verwurzelten Rechtsvorstellungen mit den neuen Grundsätzen und Ideen, die von jenseits der Grenzen ins Land kommen – sei es durch ein sich wandelndes Staatsverständnis, wovon noch zu reden sein wird, sei es durch die Reformation – kaum mehr in Einklang zu bringen sind. Im Zuständigkeitsbereich des deutschen Kaisers ist das Fehderecht mit dem Ewigen Reichslandfrieden bereits 1495 außer Kraft gesetzt worden. Dahinter steckt der Versuch, das Macht- bzw. Gewaltmonopol in die alleinigen Hände der staatlichen Obrigkeit zu bringen. Im süddeutschen Raum machen die Bundschuhverschwörungen nach 1513 und der Bauernkrieg 1525 deutlich, dass ein Ringen um die Machtverhältnisse beginnt – und sich die Waagschale auch schon zu Gunsten der Obrigkeit neigt.

Womit wir wieder beim Scharfrichter sind. Als eine obrigkeitliche Amtsperson signalisiert er die Abkehr von der jahrhundertealten Selbstjustiz des Fehderechts. In Dithmarschen aber ist die eigenmächtige Wahrnehmung des

Wer auf Sandstraße/ Goosweg Lunden Richtung Osten verlässt, kommt nach kurzem an einen Bahnübergang. Unmittelbar daneben steht ein schlichter Feldstein mit der Inschrift „Peter Swyn 1481–1537“. Dort soll sich der Mord ereignet haben. Der Hof von Swyn lag etwas weiter nördlich in der Mitte des Straßendorfes Lehe.

PETER SWYN kommt 1481 oder 1482 als Sohn des Achtundvierzigers Reymer Swyn zur Welt. Bei Hemmingstedt gehört er zu den Kämpfern auf der Seite der siegreichen Dithmarscher. Im Jahr 1508 ist er maßgeblich an der Tötung eines Mädchens aus Lunden beteiligt, das ein uneheliches Kind zur Welt gebracht hat; hier wird die Verwurzelung in alten dithmarsischen Rechtsvorstellungen erkennbar. Wann er Mitglied der Achtundvierziger wird, lässt sich bislang nicht sagen. Im Jahr 1512 jedenfalls wird er erstmals als Leiter einer diplomatischen Mission (nach Bremen) sichtbar. 1524 steht er zwar auf der katholischen Seite, aber als Diplomat nimmt er eine eher vermittelnde Position ein. Auch in den folgenden Jahren wird sein diplomatisches Geschick immer wieder erkennbar, so bei Verhandlungen mit Hamburg. Nach der Entscheidung für die Reformation setzt er sich für den Aufbau der Landeskirche und den Beschluss zur Abschaffung der Geschlechterbundbriefe ein. Er wird daraufhin am 14. August 1537 bei Lunden von Mitgliedern des Geschlechtes der Russebolingmannen ermordet. Seine Mörder mögen in seinem Vorgehen nicht nur Verrat gesehen haben – obwohl er nichts anderes tut, als sich für das geltende Recht einzusetzen –, sondern auch den Versuch, die Position der Regenten zu Lasten der Geschlechter zu stärken. In der Grabschrift jedenfalls wird er wegen seiner Verdienste um Dithmarschen als pater patriae gewürdigt.

Rechts mit bewaffneter Hand eine Bastion der Geschlechter. Dass diese überhaupt in Gefahr geraten kann, zeigt, wie mächtig der Veränderungsdruck in nur wenigen Jahren geworden ist.

Sich mit neuen Rechtsauffassungen beschäftigen zu müssen und sich gleichzeitig von einer neuen und selbstbewussten Geistlichkeit in Frage gestellt zu sehen, rüttelt am hergebrachten Selbstverständnis der Geschlechter. Die Auseinandersetzung zwischen den lutherischen Geistlichen und den Geschlechtern begleitet fast die gesamte Zeit, in der sich beide Seiten um den Aufbau der Landeskirche bemühen. Kommt hinzu, dass die Geschlechter nicht mit dem Gremium der Achtundvierziger gleichgesetzt werden dürfen: Was im Interesse der Geschlechter liegt, müssen die eher auf taktisches Lavieren und auch persönliche Fehden orientierten Regenten nicht automatisch gutheißen.

So kommt es, dass die heraufziehende Zeit manchen Riss quer durch die Familien und die Geschlechter gehen lässt. Zu welchen dramatischen Zuspitzungen es kommen kann, verdeutlichen Lebensweg und -ende des Regenten Peter Swyn aus dem Geschlecht der Wurtmannen. Lange steht er auf dem Boden der hergebrachten Ordnung. Als aber die Achtundvierziger 1533 die Entscheidung für die Reformation treffen, setzt er sich für die neue Ordnung ein. Dass damit die Geschlechterbundbriefe außer Kraft gesetzt werden, schmälert die altüberlieferten Rechte der Geschlechter ganz empfindlich. Kurz nach der Verkündung dieses Landesbeschlusses fällt Swyn einem Anschlag zum Opfer. Nichts könnte die Orientierungsprobleme in der Herrschaftskrise der 1530er Jahre besser illustrieren als dieser Mord an einem, der verstanden hat, dass das Neue nicht aufzuhalten ist.[24]

Während sich die Dithmarscher mit ihren innenpolitischen Problemen herumschlagen, ändern sich die Machtverhältnisse unmittelbar vor ihrer Haustür dramatisch. Überall in Europa ist in diesen Jahrzehnten zu beobachten, dass die Fürsten auf die Schaffung territorialstaatlicher Herrschaften und auf Erwerb oder Sicherung persönlicher Souveränitätsrechte bedacht sind. Kleinstterritorien oder Landschaften können sich diesem Zug kaum noch wirksam widersetzen – was, nebenbei bemerkt, den

Sieg der Dithmarscher von 1500 umso eindrucksvoller macht. Es hat mit dieser Entwicklung mindestens ebenso zu tun wie mit der Tradition des Familienerbrechts im Oldenburger Haus, dass der dänische König Christian III. im Jahr 1544 eine Landesteilung in Schleswig und Holstein vornimmt, um die Ansprüche seiner jüngeren Brüder Herzog Adolf und Herzog Johann d.Ä. zu befriedigen. Sie teilen das Land zwischen Südjütland, Fehmarn und Steinburgs Elbmarschen unter sich auf, verabreden aber eingedenk des Ripener Privilegs von 1460, wonach Schleswig und Holstein ungeteilt bleiben sollen, eine gemeinsame Herrschaft unter jährlich wechselndem Vorsitz. Diese Landesteilung hat noch keine unmittelbaren Folgen für Dithmarschen. Zwar denkt Christian III. kurz an einen Feldzug - denn Dithmarschen ist für ihn ein weißer Fleck auf der Karte -, doch findet er im eigenen Land keine ausreichende Unterstützung. Zähneknirschend hält er sich also an die Vereinbarungen von 1523.

Die „Letzte Fehde" und ihre Folgen

Aber nach dem Tod Christians III. am 1. Januar 1559 macht sich Herzog Adolf umgehend und in aller Heimlichkeit an Vorbereitungen, um Dithmarschen zu überfallen. Als Heinrich Rantzau, Statthalter des Königs in den Herzogtümern, davon erfährt, informiert er sowohl den König als auch seinen Vater Johann Rantzau davon. Johann Rantzau macht Herzog Adolf deutlich, dass er sich mit einem Alleingang den Unwillen des Königs Friedrich II. zuziehen werde. Schließlich ist es ein gemeinsam vom König und den Herzögen Adolf und Johann d.Ä. aufgestelltes und ausgerüstetes Heer, das am 22. Mai - natürlich über die Landbrücke zwischen Hademarschen und Albersdorf - nach Dithmarschen einmarschiert.

Der Feldzug geht als die „Letzte Fehde" in die Geschichte Dithmarschens bzw. Schleswig-Holsteins ein. Diesmal haben die Dithmarscher dem personell und militärisch überlegenen Heer des Königs - der symbolkräftig persönlich an dem Unternehmen teilnimmt, obwohl der Oberbefehl bei dem kriegs- und verhandlungserfahrenen, 68 Jahre alten Johann Rantzau liegt - nichts entgegenzusetzen. Und das wissen sie auch von vornherein. Knapp 12.000 Dithmarscher stehen etwa 18.000 Mann auf der königlichen Seite gegenüber. Das Erstaunliche ist: Als einzige Vorbereitung werfen die Dithmarscher in den Wochen vor Kriegsbeginn wieder einmal einige Schanzen auf - im Vertrauen auf die guten Dienste, die diese Verteidigungstechnik 59 Jahre zuvor geleistet hat.

Das königliche Heer wendet sich nach Süden, erobert Meldorf und Brunsbüttel und dreht dann wieder nach Norden. Weder vom Erzbistum Bremen, zu dem Dithmarschen formal immer noch gehört, noch von den verbündeten Lübeckern kommt Hilfe. Nach einigen kleineren Scharmützeln kapitulieren die Dithmarscher am 14. Juni. Sang- und klanglos endet 1559 die Zeit der selbstständigen Bauern.

Wir sind geneigt zu sagen: Das haben sie nun davon. Der Sieg von Hemmingstedt scheint die Dithmarscher mit einem Selbstvertrauen ausgestattet zu haben, das Zweifel an der eigenen Stärke gar nicht mehr aufkommen lässt - als würde jedesmal ein Wulf Isebrand erstehen oder das Wetter auf die eine oder andere Weise helfen. Es ist nicht undenkbar, dass die tief im Marienglauben verwurzelten Dithmarscher das tatsächlich so sehen - und darüber die Anpassung an die rasant schnellen Veränderungen verschlafen. Zwar scheinen die Achtundvierziger davon auszugehen, dass sich die Souveränität von Dithmarschen am ehesten durch eine starke zentralistische Führung bewahren lässt, was im Hinblick auf die erwähnte Territorialstaatsbildung auch nicht verkehrt ist. Aber im Hinblick auf ihre militärische Organisation ziehen sie daraus keine Schlüsse. Es mutet uns allzu modern an, wenn wir davon ausgehen müssen, dass sie nur an ihrer eigenen Macht interessiert sind und darüber für alle anderen Notwendigkeiten links und rechts des Weges blind werden.

Weil sie sich auf ihrer Insel sicher wähnten, sind sie nun keine Insel mehr.

Wege durch Dithmarschens Geschichte vor 1559

Es gibt gute Argumente für die Behauptung, dass das Mittelalter in Dithmarschen im Jahr 1559 zu Ende geht. Wenn wir in der Schule auch gelernt haben, den Beginn der Neuzeit etwa auf das Jahr 1500 zu legen und die großen Entdeckungsfahrten der Portugiesen und Spanier als Auftakt dazu zu betrachten, so steht für Dithmarschen doch erst das Jahr 1559 zur Diskussion: In diesem Jahr wird seine mittelalterliche Verfasstheit – mit dem Landrecht und seinen drakonischen Regelungen, mit der Macht der Geschlechter und schließlich der relativen Selbstständigkeit unter einer selbstgeschaffenen Herrschaft – abgelöst durch eine neue gesellschaftliche Ordnung. Der neue Landesherr wird viel genauer hinsehen als das Erzbistum und alle Angelegenheiten in seinem Sinn neu regeln, nicht zuletzt im fiskalischen Interesse.

Für die Landschaft sind die Jahrtausende nach der letzten Eiszeit die formative Periode. Für die vom Menschen bestimmte Geschichte lässt sich für unsere Region Gleiches sagen vom Mittelalter; seine Auswirkungen sind überall mehr oder weniger deutlich sicht- und spürbar. Also unternehmen wir eine Rundfahrt durch Dithmarschen, um mal nachsehen, wo Zeugnisse dieser vielen Jahrhunderte zu entdecken sind.

Der Brutkamp von Albersdorf.

Eines der eindrucksvollsten Großsteingräber finden wir in Dellbrück östlich von Meldorf auf halbem Weg nach Albersdorf. Dellbrück ist wenig mehr als eine Reihensiedlung entlang der B 431 und von Meldorf her haben wir sie schon fast passiert, wenn zur Rechten die schmale Straße Eckschapp abgeht. Kein Schild weist an der B 431 darauf hin, dass hier wenige Schritte von

Dellbrücker Kammer: Das Einstiegsloch ist deutlich erkennbar.

der Straße entfernt die so genannte Dellbrücker Kammer steht, ein erweiterter Dolmen aus der jüngeren Steinzeit. Auf sechs Tragsteinen ruhen zwei Decksteine, ein siebter Stein an der Rückseite (Südwesten) lässt ein halbhohes Einstiegsloch frei.

Weiter geht die Fahrt über die sanft hügelige B 431 nach Albersdorf. Wer sich an der Dellbrücker Kammer gefragt hat, wie die Menschen der Steinzeit – denen ja unsere Werkzeuge und Maschinen nicht zur Verfügung standen – solche Grabanlagen überhaupt errichten konnten, der bekommt hier eine Antwort: im Archäologisch-Ökologischen Zentrum Albersdorf, einem Steinzeitpark mit behutsam-pädagogischem Antrieb. Nachbauten verschiedener Wohn- und Wirtschaftsgebäude aus dem norddeutschen Raum stehen im Zentrum des Parks. Eine „Baustelle" zeigt, dass zur Errichtung der monumentalen Gräber eine ganz ähnliche Technik angewendet wird wie einige Jahrhunderte später beim Bau der Pyramiden von Gizeh: Schwere Lasten, in unserem Fall die Decksteine, werden über schiefe Ebenen und Rollen in die Höhe und an ihren Platz gehievt.

Nach dem Besuch des Steinzeitparks fahren wir wenige hundert Meter weiter hinein nach Albersdorf. Über die Wulf-Isebrand-Straße erreichen wir die Grab-Anlage Brutkamp. Seine sechs

Wer gelenkig genug ist, kann sich die Grabkammer von Linden-Pahlkrug auch von innen ansehen.

Rekonstruktion eines Hauses im Steinzeitpark Albersdorf.

Die „Baustelle" im Archäologisch-Ökologischen Zentrum Albersdorf

Tragsteine stecken zwar großenteils im Erdboden, sind aber schon sehr beeindruckend – wenn da nicht der mächtige Deckstein mit seinem Umfang von fast zehn Metern und seinem Gewicht von rund 23 Tonnen wäre. Mit diesen Maßen ist der Stein von Albersdorf eines der größten Geschiebestücke, das die Gletscher nach Schleswig-Holstein gebracht haben.

Zu den ältesten sichtbaren Zeugen des frühen Mittelalters gehören natürlich die beiden Ringwallburgen von Burg und Stelle-Wittenwurth. Der Wall von Burg ist gut erhalten, denn der Innenraum wird seit 1818 als Friedhof genutzt. Wenn wir uns dem Städtchen über die Hafenstraße nähern, erkennen wir deutlich, dass der Ringwall unmittelbar am Geestrand errichtet wurde. Vom Parkplatz hinter der Gemeindeverwaltung erreichen wir in wenigen Gehminuten den Eingang zum Friedhof an der Südseite des Walls. Wir können den Innenraum auf dem Wall zwar einmal umrunden, aber eine Vorstellung davon, wie es in der Zeit um 1100 im Innenraum ausgesehen haben mag, bekommen wir nicht. Wenn wir in der Burg einen Beobachtungsposten für den Zugang nach Dithmarschen und den Verkehr auf der Burger Au vermuten wollen, können wir von Unterkünften, Werkstätten und Speichergebäuden ausgehen. So viel immerhin legen auch die Umstände der Ermordung Graf

Der Schalenstein von Bunsoh (l.o. zum Größenvergleich eine Person) besteht aus Sandstein, daher war es den Menschen zu Ende der Jungsteinzeit möglich, ihn auf der Oberseite mit rund 150 Eintiefungen (Schalen, Hände) und Zeichen (Speichenrad) zu versehen. Das macht ihn zu einem Solitär in Dithmarschen.

Von der Wallkrone geht der Blick über den Innenraum der Bökelnburg.

Auf der Wallkrone der Bökelnburg

Rudolfs von Stade in der Burg nahe: Wie die erwähnte Legende es will, drangen die Mörder unter Kornsäcken verborgen in den Innenraum ein, wo sie dann zur Tat schritten. Solch dramatisches Geschehen ist dem Ort heute freilich in keiner Weise anzusehen ... Wer sich dabei allzu sehr an das Trojanische Pferd erinnert fühlt, sollte wissen, dass Listen dieser Art zu allen Zeiten zum Repertoire von Auseinandersetzungen gehörten.

Wir fahren über Kuden und Eddelak Richtung Marne. Vor Eddelak überqueren wir spürbar den Warferdonn, einen Teil der nach dem Rückzug des Meeres entstandenen Nehrung, auf der dann eine Düne aufgewachsen ist. In Marne biegen wir Richtung Norden auf die B 5 ein. Die Bundesstraße folgt grob der mittelalterlichen Küstenlinie, was für uns von Interesse ist, weil wir hier und da noch die alten Dorfwurten erkennen können, beispielsweise in Trennewurth etwa fünf Kilometer nördlich von Marne, oder in Busenwurth nach weiteren fünf Kilometern.

Um die namengebende Wurt von Trennewurth zu sehen, müssen wir im Ort von der B 5 nach rechts abbiegen und dann nach wenigen Metern nach rechts in den Füchtweg einbiegen. Wenn wir nach etwa 150 Metern auf den Ort zurückblicken, ist die Erhebung deutlich zu erkennen. Würden wir unter den auf der Wurt stehenden Häusern graben, stießen wir auf Klei und Mist als Material der Erhöhung. Wir biegen anschließend wieder nach rechts auf die Dorfstraße ein und kommen nach etwa einem Kilometer

Die St. Marien-Kirche von Barlt; die Feldsteine der Gründung sind gut erkennbar.

Am Abzweig von Trennewurth nach Barlt: Raps im Mai

an einen Abzweig nach Barlt. Wir folgen dem Hinweis auf die L 173 und erreichen den südlichen Ortseingang. Barlt, eine klassische Reihen- oder Straßensiedlung, ist das letztgegründete Dithmarscher Kirchspiel, entstanden 1426/28 auf Betreiben der Barlter selbst. Die St. Marien-Kirche in der Ortsmitte wurde noch in Feldsteinmauerwerk begonnen, also mit Material, das die Moränen gebracht haben, dann aber in Ziegelbauweise fortgesetzt. Der Dachstuhl von 1458 ist vollständig erhalten und einer der ältesten datierten in Schleswig-Holstein.

Meldorf: die dem Markt zugewandte Südseite der St. Johannis-Kirche

Unser Weg führt nun nach Meldorf. Im Ortskern ist die Grenze zwischen Geest und Marsch deutlich zu erkennen: Der Dom, eigentlich St. Johannis-Kirche, wurde auf einem Geestvorsprung errichtet, die Bundesstraße nutzt den äußersten Rand des Geest-Untergrundes und das Landwirtschaftliche Museum, wo wir parken können, markiert unmittelbar links der B 5 schon den Beginn des Marschlandes. Das alles finden wir in einem Abstand von allenfalls 300 Metern Luftlinie. Wir können davon ausgehen, dass der erhöhte Geestvorsprung der Grund dafür ist, warum die Kirche genau hier errichtet wurde.

Von unserem Parkplatz gelangen wir über die (auf die Geest ansteigende!) Markttwiete zum Nordermarkt mit dem Meldorfer Dom zu unserer Rechten. Die Bezeichnung Dom rechtfertigt sich nur durch die in dieser Region kaum erwartete Größe der Kirche; sie war aber nie, auch im Mittelalter nicht, Bischofssitz. Die Forschung des frühen 20. Jahrhunderts hat sich gewünscht, karolingische Ursprünge der St. Johannis-Kirche zu finden, und hat einige Grabungsbefunde

Gewölbemalerei im nördlichen Querschiff: die Erschaffung der Tiere

Das Dithmarscher Landesmuseum an der Bütjestraße, im Vordergrund der Nordflügel, an der schattigen Wand des Südflügels das Dithmarscher Wappen (vgl. S. 96).

auch entsprechend interpretiert. Spätestens seit einer archäologischen Untersuchung zu Beginn der 1990er Jahre steht aber fest, dass dabei eher der Wunsch der Vater des Gedankens war: Das vorhandene Bauwerk geht im Kern auf eine zwischen 1250 und 1300 errichtete Kirche zurück.[25] Bei einer umfassenden Renovierung 1879/82 ist das mittelalterliche Innere weitgehend erhalten geblieben, während das Äußere nach den Stil-Vorlieben der Zeit völlig verändert wurde. Abbildungen aus der Zeit vor 1879 zeigen uns ein sehr viel trutzigeres Bauwerk mit kleineren Fenstern; man kann sich gut vorstellen, dass die Kirche im Mittelalter mehr als einmal auch Fluchtort der Meldorfer gewesen sein muss.

Im Inneren der dreischiffigen Basilika fallen uns vor allem das Chorgitter, der Schreinaltar aus dem frühen 16. Jahrhundert mit Szenen aus der Leidensgeschichte – im zentralen Feld die Kreuzigung, in den Klappflügeln unter anderen das Verhör und die Auferstehung –, im Süderschiff eine Kreuzigungsgruppe aus der Zeit um 1417 und schließlich die kunstgeschichtlich interessanten Gewölbemalereien im nördlichen Querschiff auf. Die Forschung datiert sie auf das frühe 14. Jahrhundert. Seit der Restaurierung 1992 sind diese Szenen – aus der Ur- und Schöpfungsgeschichte, dem Neuen Testament und … dem Leben der Maria! – wieder gut erkennbar.[26] Beim Küster, der links neben dem Eingang in die Kirchenhalle seinen Werkraum hat, bekommen wir eine kleine Broschüre, die uns mehr erzählt über den Bau und seine kunstgeschichtlichen Schätze. Aber Achtung, auch der Küster braucht eine Mittagspause: Zwischen 12.00 und 14.00 Uhr ist der Dom geschlossen!

Wenn wir vor verschlossenen Türen stehen, können wir die Zeit mit einem Rundgang durch Meldorf oder einem Besuch im Dithmarscher Landesmuseum überbrücken. Als erstes aber bemerken wir die Größe des Platzes rund um die Kirche. Seine Maße und die Baufluchten gehen sicherlich auf die Bedürfnisse und Nutzungsgewohnheiten im Mittelalter zurück; wir erinnern uns daran, dass Meldorf der Tagungsort der Landesversammlung war, bis die Stadtoberen 1434 ihren taktischen Fehler begingen. Die vom Markt ausgehende Burgstraße könnte auf eine mittelalterliche Burg zurückdeuten, aber ein archäologischer Nachweis dafür hat sich bisher nicht gefunden. Eindeutiger ist die Straßenbezeichnung Klosterhof östlich des Marktes; ungefähr hier hat das vermutlich im 13. Jahrhundert gegründete Dominikanerkloster gestanden.

Dass das Dithmarscher Landesmuseum seinen Sitz in Meldorf hat – und nicht etwa in Heide –, passt zur Geschichte Meldorfs als jahrhundertelangem Hauptort Dithmarschens und auch zu dem freundlich-musealen Charakter, den sich das Städtchen zu bewahren weiß. Im Nordflügel des Gebäudes sind Zeugnisse und Schaustücke der Dithmarsischen Geschichte von den Anfängen bis ins 19. Jahrhundert ausgestellt. Die rekonstruierte Gerichtsstube („Pesel“) des Marcus Swin ist hier zu sehen, aber auch Zeugnisse der regionalen Alltags- und Wohnkultur aus späteren Jahrhunderten, eine Holzfigur (aus dem 17. Jahrhundert) aus der Tradition des Rolandreitens oder auch prunkvolle Epitaphien und kleinere kirchenhistorische Kunstwerke.

Vor allem im Hinblick auf die Zeit nach 1559 hat Meldorf viel zu bieten, deshalb kehren wir später noch einmal zurück. Vorerst verlassen wir den Ort auf der B 431 in Richtung Albersdorf. Auf dieser Straße waren wir schon einmal unterwegs, als wir uns bei Dellbrück die „Dellbrücker Kammer“ angesehen haben. Wir fahren auch diesmal wieder in die Straße Eckschapp hinein und stellen das Auto ab, lassen aber das Steinzeitgrab buchstäblich rechts liegen. Wir folgen dem Wirtschaftsweg. Nach einer scharfen Linkskurve überqueren wir die Südermiele, wo zur Linken ein Wäldchen beginnt. An der folgenden Rechtskurve betreten wir das Wäldchen und wenden uns nach links. Nach etwa 80 Metern stoßen wir auf Erdwälle mit einem Hügel in der Mitte. Wieder müssen wir unsere ganze Phantasie zur Hilfe nehmen: Es handelt sich um die Wallringe und den zentralen Hügel, auf dem Graf Albrecht im Verlaufe seines Eroberungsversuchs 1403 mit dem Bau der Marienburg begann. Im 15. Jahrhundert ist eine Burg allerdings kein runder Erdwall mehr, sondern eine Art befestigtes, eventuell zweistöckiges Haus auf einem Hügel, einer so genannten Motte. Mit Hilfe dieser Turmhügel-Burg wollte Albrecht den Zugang nach Meldorf kontrollieren. Aber aller Auf-

Deutlich sichtbar: der Turmhügel für die Marienburg

Die Sarzbütteler Landwehr

wand war vergebens: Wie erwähnt scheiterten die Holsteiner mit ihren Eroberungsplänen schon 1404. Die Marienburg wurde an die Dithmarscher übergeben und von diesen umgehend zerstört.

Schräg gegenüber der Straßeneinmündung Eckschapp beginnt auf der anderen Straßenseite ein Wirtschaftsweg, der Einheimischen eine Abkürzung auf dem Weg von Meldorf nach Sarzbüttel bietet. Wenn wir etwa 150 Meter hineingehen, finden wir auf der linken Wegseite ein welliges Stück Land mit lockerem Baumbestand. Die steilen Gräben und die dazwischen liegenden Wälle gehören zu einer mittelalterlichen Landwehr. Diese Landwehr diente zur Sicherung des Wegübergangs von Dellbrück nach Sarzbüttel: Die steilen Gräben ermöglichten den Sicherungskräften die Kontrolle darüber, wer den Landweg passierte, und im Angriffsfall mussten Ross und Reiter konditionell gut trainiert sein, wenn sie bei diesem Auf und Ab nicht Gleichgewichtsprobleme bekommen wollten.

Wir fahren zurück nach Meldorf und biegen wieder nach rechts auf die B 431 ein. Nach etwa vier Kilometern führt ein unscheinbarer Wirtschaftsweg nach links in die Felder; wenn wir zu schnell unterwegs sind, übersehen wir das Hinweisschild „Dusenddüwelswarf" beinahe. Dieser Weg bringt uns zu einem Info-Pavillon und dem Denkmal, das aus Anlass der 400. Wiederkehr der Schlacht von Hemmingstedt am 17. Februar 1900 eingeweiht wurde. Der damalige Leiter des Dithmarscher Landesmuseums hatte sich seit 1894 um die Errichtung eines Denkmals bemüht. Was dann unter der Federführung des Kieler Architekten Wilhelm Voigt entstand, ist als eine Mischung von Steingrab und Opferaltar ... nun, ja: beschrieben worden. Tatsächlich entzieht sich diese Ikonographie unserem Verständnis heute völlig: In der Mitte einer ringförmigen Balustrade steht eine Art Opfertisch, auf den ein monumentaler Granitblock gehievt wurde. Von einer eiszeitlichen Moräne an das Barlter Kleve geschoben, wurde der Stein hierher gebracht (was den Preis für das Denkmal übrigens erheblich in die Höhe getrieben hat). Es ging bei alledem wohl eher um die zeitgenössischen vaterländischen Hoch-Gefühle und schiere Monumentalität als Ausdruck von Machtbewusstsein denn um etwas, das der historischen Sache gerecht geworden wäre. Und zu allem Unglück steht das Denkmal auch nicht dort, wo die entscheidende Schlacht stattfand.[27] Interessanter ist da schon der im Jahr 2000 errichtete Info-Pavillon, der das Geschehen von 1500 anhand einer großen Modell-Installation geschickt vor Augen führt.

Und wo hat nun also die Schlacht stattgefunden? Zwar hat die Archäologie bislang diverse Knochen- und Waffen-Funde zutage gefördert, aber wo genau die berühmte Schanze eigentlich errichtet wurde, ist nicht ganz klar. Vermutet wird sie bis heute etwa eineinhalb Kilometer nördlich des Denkmals im Verlauf der alten Landstraße von Meldorf nach Hemmingstedt (leicht westlich der heutigen B 5). Um mehr Licht in die Sache zu bringen, wurde erst jüngst die Gründung eines informellen Arbeitskreises unter dem Dach des Vereins für Dithmarscher Landeskunde angeregt, in dem sich historische Experten, Militärtaktiker, Vermessungstechniker und Archäologen zusammenfinden sollen. Zur exakten Lokalisierung werden über dessen Arbeit hinaus aber weitere archäologische Grabungen unerlässlich sein.[28]

An der alten Landstraße nach Hemmingstedt: Hier muss es irgendwo gewesen sein. Beeindruckend, hm?

Relikt der 400jährigen Teilung: Am südlichen Ortseingang von Heide finden wir einen Grenzstein zwischen Norder- und Süderdithmarschen

Wir kehren auf die B 431 zurück und durchqueren Hemmingstedt. In der Nähe des Ortseingangs von Heide entdecken wir – wenn wir scharfe Augen haben – rechts neben der Straße eine schlanke Granitsäule: einen Grenzstein zwischen Norder- und Süderdithmarschen, als solcher identifizierbar nur durch das schon arg verwitterte ND für Norderdithmarschen knapp unter der Spitze der etwa 1,20 Meter hohen Stele. Welch unscheinbarer Zeuge der 400 Jahre währenden Trennung des Landes! Mit seiner Errichtung ging das Mittelalter zu Ende.

Wir folgen der Straße weiter und kommen ins Zentrum von Heide. Zu unserer Rechten tut sich ein gigantisch weiter Platz auf: der Marktplatz von Heide. Seine schiere Größe von etwa 4,7 Hektar macht ihn zum größten Marktplatz Deutschlands. Für das heutige Marktgeschehen ist er natürlich völlig überdimensioniert. Aber nach 1434 war er Schauplatz sowohl der Landesversammlungen als auch der allsonnabendlichen Beratungen und Gerichtssitzungen der Achtundvierziger. Hier wurde Heinrich von Zütphen, das Gesicht der Reformation in Dithmarschen, zum Märtyrertod verurteilt, und hier beschlossen die Achtundvierziger gut acht Jahre danach die Einführung des reformierten Glaubens.

In den Zeiten der Landesversammlungen und der Achtundvierziger-Treffen wird diese Größe erforderlich gewesen sein, denn die Swyn und Nanne, die Russe und Holm, die Clawes und Reymer, die Boye und Hans' kamen natürlich zu Pferde und sicherlich meistens auch mit einem Wagen nach Heide. Die Pferde mussten von den Pferdeknechten abgerieben, mit Wasser versorgt und vom Schmied eventuell neu beschlagen, die Wagen abgestellt, beaufsichtigt und womöglich repariert werden, die Pferdelenker wünschten den Staub der Landstraßen mit einem kräftigen Bier herunterzuspülen und dann die Gelegenheit zu nutzen, um ein neues Paar Ochsen oder Pferde zu handeln, und vor dem Beginn der eigentlichen Versammlungen waren darüber hinaus auch noch Absprachen zu treffen ... doch, man kann sich schon mit wenig Phantasie vorstellen, wie turbulent es zu Zeiten auf dem Platz zugegangen sein muß. Zwei Pferde (pro Wagen) brauchen mehr Platz als heute ein Auto, wenn es denn nicht ohnehin sowieso vier Pferde waren ... Heutzutage wird der Platz alle drei Jahre zu einer Art mittelalterlichem Leben wiedererweckt: mit dem Volksfest „Heider Marktfrieden", das alte Handwerke und Bräuche inklusive Bauernhochzeit (nach)erlebbar macht. Sein Name bezieht sich auf den vom Dithmarscher Landrecht geregelten Marktfrieden, der während der Landes- oder Achtundvierziger-Versammlungen das ungestörte Handelsgeschehen garantierte.

So wenig es dem Platz heute – da er ganz prosaisch als Park- und sonnabends auch als Marktplatz dient – anzusehen ist: Hier wurde wirklich Geschichte gemacht. Einen kleinen Hinweis auf diese große Geschichte stellt die St. Jürgen-Kirche in der Südwestecke des Platzes dar. Sie entstand als Ausgründung des Urkirchspiels Weddingstedt. Sie wurde erstmals 1438 erwähnt, aber es ist gut möglich, dass an dieser Stelle schon länger eine Kapelle stand, die dann im Zusammenhang mit den repräsentativen Bedürfnissen der Achtundvierziger neu errichtet wurde. Jedenfalls entstand der Bau in seinen Grundzügen (und seiner heutigen Länge) schon vor der Reformation. Während der Letzten Fehde 1559, in deren Verlauf manches Haus und manches Dorf zu Asche wurde, brannte auch die damalige Kirche aus. Nur die Außenmauern widerstanden dem Feuer und wurden beim Wie-

Heide: St. Jürgen-Kirche

deraufbau verwendet; der heutige Westgiebel wurde 1739 ergänzt. Auch in der Kirche erinnern einige Ausstattungsstücke an die mittelalterliche Geschichte, aber nicht in jedem Fall ist klar, ob sie auch von vornherein zur Ausstattung gehörten. Zu den ältesten Stücken zählt die Kanzel, die um 1590 entstanden sein dürfte. Ein Kuriosum ist der barocke Hochaltar von 1699: Er ist höher als der Kirchenraum. Abhilfe wurde geschaffen mit einer Aussparung in der Decke: Die den Altar bekrönenden Figuren, unter anderen zwei Engel mit Palmwedeln, sind nur zu sehen, wenn man unmittelbar vor dem Altar steht und den Blick steil nach oben richtet.

Zwischen den Grabplatten in den Anlagen rund um die Kirche fällt ein Sühnestein von 1567 auf, der an einen Mord erinnern soll. Etwas südwestlich der Kirche steht ein Brunnen, dessen Bronzereliefs eine – irreführend beschriftete – Karte der ehemaligen Döfft-Bezirke und Szenen aus der Geschichte Dithmarschens wie beispielsweise eine Versammlung der Achtundvierziger zeigen.

Ja, auf diesem Platz wird der Reformator Heinrich von Zütphen verhört worden sein und möglicherweise war er sich über das Urteil auch von vornherein im Klaren. Aber wo er schließlich den Märtyrertod starb, darüber gehen die Meinungen auseinander. Zwei Plätze stehen der Phantasie zur Wahl. Der eine ist der Nordfried-

... und eine Reliefplatte am Brunnen neben der Kirche

Der Sühnestein von 1567

Heider Nordfriedhof: Im Schnittpunkt der Lindenalleen steht das Denkmal für Heinrich von Zütphen.

Hinter dem Grün ist die Süderholmer Schanze nur zu ahnen.

hof an der Heistedter Straße; in der Nähe der Kreuzung seiner beiden prominenten Lindenalleen steht ein gespaltener Findling – angeblich dort, wo der Scheiterhaufen gestanden hat. Der andere Ort liegt ein Stück weiter nordöstlich an der gleichen Straße Richtung Ostrohe: der so genannte Galgenberg, ein hügelüberdecktes Bronzezeit-Grab.

Am Ostrand des heutigen Heide gibt es zwischen der Fieler Niederung im Norden und dem Süderholmer Moor (im Süden) eine schmale Landbrücke. An dieser Stelle haben sich Reste einer mittelalterlichen, im 17. Jahrhundert erweiterten Schanze erhalten. Der feste Boden bildet den Übergang von den Geestvorsprüngen, auf denen Heide und Weddingstedt liegen, zur Altmoränenlandschaft im Osten. Hier in der Süderhamme fand 1404 wie schon erwähnt der Holsteinische Heerführer Gerhard VI. nach seinem erfolglosen Eroberungsversuch den Tod: Der Übergang ist eine naturgegebene Engstelle, die die Eroberer mangels anderer Möglichkeiten nutzen mussten. Und weil die Verteidiger das wussten, konnten sie den Feind an dieser Stelle bequem in die Enge manövrieren. An die Schanze kommen wir allerdings nur unter Mühen heran, denn sie liegt hinter dem Lagerplatz des städtischen Bauhofs; wir sehen sie nur in der Entfernung unter Bäumen.

Weil die Geschichte von Heide mit dem ausgehenden Mittelalter überhaupt erst richtig beginnt, gibt es hier über den Markt und die Schanze hinaus nicht so sehr viele sicht- und fühlbare Relikte der großen Dithmarscher Geschichte. Wir verlassen den Ort daher und fahren auf der alten B 5, der Husumer Straße, ein paar Kilometer Richtung Norden nach Weddingstedt. Nach Meldorf gehört Weddingstedt zu den ältesten Kirchspiel-Orten in Dithmarschen. Dem Kirchengebäude aus dem 12. Jahrhundert ist das auch anzusehen: Es wurde überwiegend aus Feldsteinen und verbindendem Mauerwerk errichtet; die Feldsteine sind am Rundturmstumpf (am westsüdwestlichen Ende) und in der Gründung des Hauptgebäudes deutlich erkennbar. Am Turmstumpf sind auch Reste eines Portals und einer Wendeltreppe erkennbar. Bemerkenswert ist ferner der romanische Rundbogenfries an der Südseite des Gebäudes unmittelbar unter der Traufe, übrigens der einzige in Dithmarschen. Wie die Kirche von Heide brannte auch die von Weddingstedt 1559 aus und wie die von Heide wurde sie – mit der Ausnahme des Turms – in den alten Mauern wiedererrichtet; dementsprechend gibt es drinnen auch keine mittelalterlichen Ausstattungsstücke.

Wir fahren ein kleines Stück zurück Richtung Süden und folgen vor dem Ortsausgang von Weddingstedt dem Hinweis nach Neuenkirchen. Nach wenigen Kilometern finden wir am linken Straßenrand ein unscheinbares Hinweisschild, das uns nach rechts auf einen schmalen Weg zur Stellerburg weist. Nach einer scharfen Rechtskurve stehen wir vor der Südseite ihres Walles. An dieser Stelle können wir den Wall auch (mit der Hilfe von in die Erde eingelassenen Trittstufen) vorsichtig erklettern. Wie flach das umgebende Land tatsächlich ist, erschließt sich oben, denn die gerade mal vier bis sechs Meter Höhenunterschied vom Wallfuß, immerhin zwischen zwölf und 25 Meter breit, zur Krone sorgen dafür, dass der Blick von hier aus weit und frei nach Ost wie West schweifen kann. Was den etwa 2500 qm großen Innenraum der Burg angeht,

Die Feldsteine für den Turmstumpf und die Gründung der Weddingstedter Kirche sind mit den eiszeitlichen Moränen nach Dithmarschen gekommen. In der südlichen Wand sind sie unter dem romanischen Rundbogenfries (direkt unter der Dachtraufe) gut zu erkennen.

brauchen wir ebenso viel Phantasie wie in der Bökelnburg: Vor uns liegt ein sich selbst überlassenes und deshalb völlig vom Wildwuchs überwuchertes Rundoval, das nach Norden hin – wo im Mittelalter das eine der beiden Kastentore den Zugang mit Ochse und Wagen ermöglichte – immer flacher wird. Zur Rechten deutet ein Einschnitt im Wall ungefähr die Stelle an, wo sich das Ost-Tor befunden hat. Hier in der südöstlichen Ecke standen die erwähnten rund 20 Häuser; wo aber ihre Eingänge lagen, wie die Dächer ausgesehen haben, ob es Herdstellen gab und wie die Burg bis zu ihrer Aufgabe (nach dem Jahr 963) genutzt wurde, lässt sich aus den Befunden nur unvollständig erschließen. Und nichts von alledem ist heute zu sehen. Kaum zu glauben, dass die Burg einmal eine Art Verkehrsknoten gewesen sein muss – so still liegen die umgebenden Marschwege und der nahe Ruthenstrom in der Frühnachmittagssonne. Tisch und Bank vor dem südlichen Wall laden zu einem Picknick ein.

Nach unserer Picknick-Pause wenden wir und fahren zurück nach Weddingstedt und weiter auf der K 43 nordwärts. Lunden und das benachbarte Lehe kurz vor der nördlichen Grenze von Dithmarschen sind wichtige Orte in der mittelalterlichen Geschichte Norderdithmarschens: Hier haben sich die in der Umgebung des einst mächtigen Kirchspiels wohnenden Geschlechter einen gemeinsamen Friedhof rund um die Kirche angelegt. Insgesamt 66 Abdeckplatten und Stelen aus Wesersandstein erzählen bis heute in Inschriften, figürlichen, häufig allegorisch gemeinten Reliefs und Wappen von diesem besonderen Abschnitt der Dithmarscher Geschichte. Sandstein ist ein leicht zu bearbeitendes und dennoch widerstandsfähiges Material. Wer zwischen den frei zugänglichen Grabsteinen und -platten herumgeht, bemerkt, dass viele der (verwitterten und/oder vermoosten) Reliefs wiederkehrende Motive aufweisen, so Mensch, Löwe, Stier und Adler als Verkörperungen der vier Evangelisten sowie Symbole der Endlichkeit menschlichen Lebens; auf der Rückseite des Steins der Jerremannen von 1619 sind das beispielsweise ein kaum noch erkennbarer Totenkopf und eine Sanduhr – Symbole der Vergänglichkeit, die viele Jahrhunderte überstanden haben und erst heute in der Folge unseres achtlosen Umgangs mit unserer Umwelt ihrer eigenen Vergänglichkeit anheimfallen.

Bei den Grabstellen handelt es sich nicht um Einzel-, sondern um Familiengräber einer ein Geschlecht führenden Familie; dementsprechend markieren die Steine Grüfte. Von den zu Beginn des 19. Jahrhunderts noch verzeichneten

In der Stellerburg: Hier in der Südostecke der Burg sind viele Hinweise auf Häuser gefunden worden.

Auf dem Geschlecher-Friedhof in Lunden: Der Sühnestein für Peter Swyn mit der Mord-Szene in der unteren Hälfte des Steins.

19 Grüften sind 13 erhalten geblieben. Anlässlich einer Beisetzung wurde die betreffende Grabplatte mit der Hilfe von Pferden an den vier in die Platte eingelassenen Eisenringen zur Seite gezogen. Sodann wurde der Sarg durch den schmalen Treppenschacht in die Gruft gebracht, wo er dann neben den schon vorhandenen auf parallel aufgemauerten Steinreihen oder in einer eisernen Stellage über der ersten Reihe abgestellt wurde. Alle wichtigen Geschlechter Norderdithmarschens sind vertreten: die Swynen und die Jerremannen, die Russebolingmannen und die Ebbingmannen, die Vogdemannen, die Sulemannen und viele andere.

Eine Besonderheit ist der Sühnestein für den 1537 ermordeten Achtundvierziger Peter Swyn: Er zeigt in der unteren Hälfte die Mord-Szene, die sich ganz in der Nähe von Lunden abgespielt haben soll: Unten liegt Peter Swyn, über ihm kniet sein dolchschwingender Mörder, hinter beiden steht (mutmaßlich) Swyns Pferd.

Auch die Kirche des Friedhofs ist einen Besuch wert. Ihre ältesten Teile stammen aus der zweiten Hälfte des 12. Jahrhunderts, demnach grob aus der Zeit bald nach der ersten urkundlichen Erwähnung des Kirchspiels 1140. Im Zuge von Erweiterungen – zuletzt entstand um 1470 der Chor – hat die Kirche ihre heutige Form erhalten. Weil der große Brand von Lunden und Lehe 1559 auch das Innere der Kirche verheerte, gibt es kein mittelalterliches Stück in der Ausstattung; das älteste Kunstwerk ist der 40-armige Messingleuchter.[29]

Die Organisation der mittelalterlichen dithmarsischen Gesellschaft in Geschlechtern lässt

Die Sanduhr auf der Rückseite des Jerremannen-Steins.

Die Kirche in Lunden

Altarraum und Orgel in der Kirche von Lunden. Der Messingleuchter vor der Orgel ist das älteste Kunstwerk in der Kirche.

sich heute kaum ohne Erläuterungen verstehen; wir sind schon anlässlich der Wort-Bedeutung darauf gestoßen, denn es handelt sich hierbei eben nicht um einen genealogisch-historischen (Familie mit Blutsbanden), sondern um einen juristischen Begriff (Schwurgemeinschaft). In Lunden wird allen, die mit diesen Eigenheiten nicht vertraut sind, umfassend eingeholfen: Info-Tafeln auf dem Friedhof und im Kirchenraum erläutern die historischen Zusammenhänge, im Gemeindebüro ist eine Broschüre mit den wesentlichen Informationen erhältlich.[30]

Die Straße zwischen Stelle-Wittenwurth und Lunden/Lehe verläuft übrigens auch auf einem Donn (vgl. S. 100). Wer in Lunden die Sand- oder die Schulstraße oder in Lehe den Tietjensweg in Richtung Osten entlanggeht, kann das sanfte Abwärts vom Donn in das dahinter liegende Niederungsgebiet mit bloßem Auge erkennen.

Über Hennstedt und Hollingstedt erreichen wir das Städtchen Delve an der Eider, unsere letzte Station auf dieser Tour. Etwas abseits von der Straße und rundherum von Bäumen umstellt finden wir die kleine Kirche, die um die Zeit der ersten Erwähnung des Kirchspiels 1281 errichtet worden sein dürfte. Ihr gut sichtbares, wenn auch über die Jahrhunderte zweifellos etwas geglättetes Feldstein-Mauerwerk könnte daher sicherlich einiges erzählen. Im Gegensatz zu mancher anderen Kirche finden wir hier auch im Innern Zeugen dieser langen Geschichte: Die Bronzetaufe stammt aus der Zeit der Kirchengründung, die Triumphkreuzgruppe aus dem späten 14. Jahrhundert. Man stelle sich das vor:

In der Reihensiedlung Lehe

Ungewöhnlich: Im Innern der Kirche sind gleich drei Votivschiffe zu bewundern: die Korvette „Goldne Hirsch“ (re), die Bark „Emanuel“ und eine Galiote

Ein Bauernsohn aus Delve, der sich im Februar 1500 den Landesverteidigern von Dithmarschen anschließt, hätte vor oder nach der Schlacht bei Hemmingstedt vor dieser Gruppe beten können ... so, wie wir sie heute sehen. Was der Bauernsohn nicht gesehen hätte, wären die gleich drei Votivschiffe, unter ihnen die Korvette „Goldner Hirsch“: Sie sind erst im 18. und 19. Jahrhundert zur Ausstattung hinzugekommen.

Die Kirche in Delve wurde im Wesentlichen aus Feldsteinen errichtet.

Ein Überblick von 1581 bis 1867

Wohl ist die Geschichte der stolzen Selbstständigkeit 1559 zu Ende, nicht aber die Dithmarscher Geschichte. Die Menschen in Dithmarschen behalten den Kopf oben und wissen sich ihre Rechte und Möglichkeiten zu sichern, wie der Blick auf die drei Jahrhunderte bis 1867 zeigt.

1581	Aus der Dreiteilung von 1559 wird nach dem Tod Herzog Johanns eine Zweiteilung in Norder- und Süderdithmarschen.
1582	Bestätigung des Pferdemarkts in Heide: Herzog Adolf stärkt damit das Wirtschaftsleben des Ortes.
1585	Bau eines Damms zwischen der Insel Büsum und dem Festland: Beginn der Landfestmachung von Büsum
1608	Marner Neuer Koog
1608/09	Anlage des Wardammkooges: Büsum endgültig landfest. In Büsum arbeitet Neocorus an seiner Chronik.
1615	Der Gottorfer Herzog beansprucht erstmals gewonnenes Deichvorland für sich, um es an Interessenten zu verkaufen oder zu verpachten.
	Aufhebung des Zunftzwangs in Norderdithmarschen: Gewerbefreiheit
1618 / 1620	Kretjenkoog und Meldorfer Koog geschlossen
1623	Ankunft des Dreißigjährigen Krieges: Musterungen und Anwerbungen in Süderdithmarschen
1626/27	Einquartierungen – zum Unwillen der Süderdithmarscher
1629	Lübecker Friede zwischen dem Feldherren Wallenstein und dem dänischen König Christian IV. nach dessen Niederlage 1626
1634	11. Oktober: Die Sturmflut „Grote Manndränke" wütet in Nordfriesland; u.a. zerbricht die Insel Alt-Nordstrand. In Dithmarschen sind die Schäden deutlich geringer.
1643/45	Schwedisch-Dänischer Krieg: Plünderungen und Kontributionen, Einquartierungen
1645	Friede von Brömsebro; Dänemark geht geschwächt aus dem Krieg hervor.
1657-1660	Dänisch-Schwedischer Krieg schwächt Dänemark ein weiteres Mal.
1673/74	Nach schweren Sturmfluten erhalten die Einwohner von Brunsbüttel die Erlaubnis, den Ort auszudeichen und landeinwärts neu zu errichten.
1696	Bau des Hedwigenkoog: gegen überkommenes Recht und gegen den Protest der benachbarten Gemeinden
1700–1719/20	Nordischer Krieg. Wirtschaftlicher Niedergang, viele Orte in Dithmarschen verschuldet oder zahlungsunfähig
1712	Pest in Dithmarschen
1713	Hornviehseuche in Dithmarschen
1717/18	Schwere Sturmfluten, v.a. am 25.12.1717, führen vor allem in Norderdithmarschen zu diversen Deichbrüchen.

1722	Büsumer Neuenkoog geschlossen
1736	6. August: Brand von Wesselburen: 127 Gebäude in Schutt und Asche
1737	Christian VI. lässt zur Landesverteidigung eine Miliz aufstellen
1738	Wesselburen: Einweihung der neuerrichteten St. Bartholomäus-Kirche
1740	Revolte der Süderdithmarscher, die sich dem Exerzierdienst in der Miliz von 1737 verweigern
1760ff.	Allmähliche Produktivitätssteigerung in der Landwirtschaft, u.a. aufgrund der Verkoppelung.
1762	Gottorfer Herzog Carl Peter Ulrich wird in St. Petersburg Zar Peter III., kurz danach abgesetzt und ermordet (vermutlich auf Betreiben seiner Gattin, die als Katharina II. den Thron einnimmt). Zu den Reformen der kommenden Jahre gehören eine neue Justizverordnung (1765) und die Einrichtung regelmäßiger Visitationskommissionen.
1773	Vertrag von Zarskoje Selo, in dessen Folge Norder- und Süderdithmarschen zwar eigenständige Einheiten bleiben, aber doch nach mehr als 200 Jahren wieder unter einem Landesherren vereint werden: Dithmarschen gehört nun zum dänischen Gesamtstaat.
1773ff.	Mit einzelnen Reformen in der kommunalen Selbstverwaltung versuchen die neuen Machthaber, die althergebrachte Selbstverwaltung einzugrenzen.
1777-1784	Bau des Schleswig-Holstein-Kanals von Kiel über Rendsburg und den Eiderlauf nach Tönning
1780ff.	Bevölkerungszuwachs als Folge der Verbesserung der wirtschaftlichen Verhältnisse
1787	Kronprinzenkoog geschlossen
1800	Karolinenkoog. Königliche Verordnung über die Deichaufsicht: Deichsinspektoren nehmen die Aufsicht wahr.
1806	Dithmarschen wird in die Napoleonischen Kriege hineingezogen. Wirtschaftliche Rezession, nicht zuletzt aufgrund der Kontinentalsperre.
1813	Der dänische Staatsbankrott verschärft die Rezession.
	Seegefecht zwischen dänischen und englischen Kanonenbooten vor Büsum
1815	Friedrich VI. führt die Herzogtümer Holstein und Lauenburg in den Deutschen Bund; Schleswig gehört nicht zum alten Deutschen Reich, kann also nicht ebenfalls und ohne weiteres Mitglied werden. Das ist der Ausgangspunkt der Verfassungsdiskussion der folgenden Jahrzehnte.
1825	3./4. Februar: Schwere Sturmflut an der Nordseeküste; die Deiche erweisen sich vielerorts als zu niedrig.
1830ff.	Intensivierung der Verfassungsdiskussion in Schleswig-Holstein in der Folge der Freiheitsbewegungen
1831	Gründung der „Dithmarscher Zeitung“ (Heide)
1839	Ende der Zollfreiheit für Dithmarschen
1845	Christianskoog geschlossen

1848	Norder- und Süderdithmarschen erkennen die so genannte Provisorische Regierung in Kiel an.
1848-1851	Kriegerische Auseinandersetzungen: Dänemarks Nationalstaatsbestrebungen geraten in Konflikt mit den regionalen Traditionen in Schleswig und Holstein. Aber die Herzogtümer müssen sich schließlich unterwerfen.
1853/54	Friedrichskoog geschlossen
1856	Entdeckung ölhaltiger Sande bei Hemmingstedt
1860ff.	Produktivitätssteigerung in der Landwirtschaft durch verstärkte Maschinisierung (Dampfmaschinen)
1863	Augustenburger Erbprinz proklamiert als Herzog Friedrich VIII. seinen Regierungsantritt in Schleswig und Holstein: neuer Konflikt mit Dänemark
1864	Deutsch-Dänischer Krieg. In der Folge muss Dänemark die Herzogtümer abgeben.
1865	Entdeckung des Ölkreidevorkommens in Hemmingstedt
1866	Deutsch-Österreichischer Krieg endet mit der Niederlage Österreichs.
1867	Schleswig und Holstein werden zur preußischen Provinz Schleswig-Holstein

Unter den Fürsten

Wie gesagt: Weiße Flecken auf der Karte schätzen Fürsten gar nicht. Aber für die Dithmarscher kommt es doch nicht ganz so dick, wie sie es vielleicht befürchtet haben, denn wieder geschieht Bemerkenswertes: Die Sieger von 1559 sinnen nicht auf Vergeltung, sondern lassen Milde walten. Ihnen scheint völlig klar zu sein, dass Dithmarschen für sie wertlos wäre, wenn sie die Männer in die Gefangenschaft abführten. Also werden nur Geiseln genommen, 24 an der Zahl.

Stattdessen nehmen alsbald Landvermesser ihre Arbeit auf: Das Land soll, ganz wie zuvor Schleswig und Holstein, unter den drei Siegern einigermaßen gleichgewichtig aufgeteilt werden. Eine vorläufige Teilung wird sofort vorgenommen: Der Norden zwischen Tellingstedt und Lunden geht an den Herzog Adolf (auf Gottorf), der Mittelteil zwischen Albersdorf und Wesselburen an Herzog Johann (auf Hadersleben) und der Süden ab Meldorf an den dänischen König. Nach dem Tod Johanns d.Ä. 1581 wird sein Gebiet an die beiden anderen Territorien verteilt. Diese Zweiteilung behält jahrhundertelang Gültigkeit und prägt das Land.

Der erwähnte Zug zur Zentralisierung findet seinen Ausdruck in der Tatsache, dass die Landesteile fortan von je einem Vogt und acht Ratmännern sowie einem (für Protokollführung und Steuern) zuständigen Landschreiber verwaltet werden. Auch hier sind die Sieger klug genug, behutsam vorzugehen: Die neuen Amtsinhaber stammen in der Regel aus den Familien, die schon vor dem 14. Juni 1559 das Land geführt haben. Insofern können die großen Bauern aus den meinungsstarken Geschlechtern ihren Einfluss auch weiter geltend machen. Ein eindrucksvolles Beispiel dafür liefert Markus Swin, ein Enkel des 1537 ermordeten Peter Swyn aus Lunden: Einflussreicher Landbesitzer, studierter Jurist und Mitglied der Achtundvierziger, wird er noch 1559 zum ersten Landvogt des Norderdrittenteils berufen, stellt sich also in den Dienst von Herzog Adolf. Dieses Amt versieht er ziemlich genau 20 Jahre lang; sein berühmter Pesel legt beredt Zeugnis ab von Lebensstil und Selbstverständnis eines der reichsten unter den wohlhabenden Dithmarscher Bauern, darf aber doch wohl nicht als stellvertretend beispielhaft angesehen werden.[31]

MARKUS SWIN, geb. 1523 od. 1524 in Lunden, erstmals 1546 urkundlich bezeugt, dürfte in jungen Jahren Jura und eventuell auch Theologie studiert haben; wo, ist aber nicht bekannt. Im Jahr der Eroberung gehört er bereits dem Regentenkollegium an. Er ist an der Abfassung der Kapitulationsurkunde beteiligt und wird noch 1559 als Landvogt des Norderdrittenteils eingesetzt. Belegt ist in diesem Amt sein wiederholtes Eintreten für die Interessen der dithmarsischen Bauern gegenüber seinem Vorgesetzten, Herzog Adolf. Ruckfrei läuft die Abwicklung seiner Obliegenheiten offenbar nicht, denn mehrfach kommt er um seine Entlassung ein, die ihm aber erst 1573 gewährt wird. Bald darauf amtiert er dennoch wieder; erst 1579 erfolgt der endgültige Abschied. Bereits 1552 lässt er das berühmte Doppelportrait von sich (in spanisch-niederländischer Tracht) und seiner Frau M.[argarete?] (in Dithmarscher Tracht) anfertigen. Wann das Haus in Lehe, für das er den berühmten Pesel (1568) in Auftrag gibt, errichtet wird, ist nicht zweifelsfrei ermittelbar; die Untersuchung von Resten des Ständerwerks deutet auf das Jahr 1560 als Baubeginn. Im Jahr 1582 schenkt Swin der Lundener Kirche den größten Teil seiner umfangreichen Bibliothek. Sein erfolgreiches Leben endet am 11. Juni 1585 in Lehe.

Mit dem Landrecht von 1567 wird zudem das Rechtswesen modernisiert – was auch bedeutet, dass eine Reihe von dithmarsischen Besonderheiten endgültig abgeschafft wird. Unmittelbar zu spüren bekommen die Dithmarscher zunächst aber nur die Auswirkungen, die von der Vermessung und Aufstellung des Grundbesitz-Katasters ausgehen: Die neuen Herren sind natürlich an genauen, pünktlichen und ergiebigen Steuerzahlungen interessiert ...

Im Großen und Ganzen behält diese Struktur lange ihre Gültigkeit. Im Laufe des 17. Jahrhunderts wird die zunächst lockere, eher bedarfsweise agierende Herrschaft durch die Schaffung neuer Ämter und Gremien schrittweise verstetigt. Innerhalb dieser Struktur können sich die Dithmarscher altgewohnte Rechte nach und nach zurückerobern oder auch neue aufbauen. Die ungestörte Ausübung ihrer Kaufmannschaft wird ihnen bereits 1559 zugesichert; das hingegen nur in Ansätzen ausgeprägte Handwerk erreicht jetzt die Neufassung von Ausbildung und Berufstätigkeit durch Zunftregelungen. Und was hergebrachte zollrechtliche Freiheiten angeht, arbeiten die Landesteile zusammen an Lösungen wie dem Bau einer neuen Wegeverbindung nach Holstein im Jahr 1577 – um die Zollforderungen von Gut Hanerau am bisherigen Hauptweg zu umgehen! Den Fürsten ist es recht, solange sie kräftige Einnahmen aus dem Dithmarscher Handel erwarten dürfen.

An ihre Einnahmen denken sie vermutlich auch, als sie ihren neuen Untertanen schon kurz nach der Eroberung sehr nachdrücklich nahelegen, etwas für die vorhandenen Deiche zu tun und auch neue zu bauen. Rufen wir uns dazu in Erinnerung, dass das Dithmarschen der Mitte des 16. Jahrhunderts nicht das Dithmarschen von heute ist: Marne und Meldorf sind Küstenstädtchen und von der Dorfwurt Wesselburen aus kann man das Meer sehen. Büsum ... ist eine Insel!

Neues Land für Dithmarschen

Mit dem Rückzug des Meeres von der Geestkante entsteht in den Jahrhunderten vor der Zeitenwende die alte Marsch. Die Dithmarscher nutzen den fruchtbaren Boden gern – sowohl als Acker- wie als Weideland. Und vor der Deichlinie des 11./12. Jahrhunderts entsteht neuer Anwachs. Aber weil die vorhandenden Flächen für die eigene Versorgung und den Export reichen, macht sich lange niemand Gedanken über die planmäßige Befestigung der nach und nach verlandenden Flächen. Erst jetzt, um die Mitte des 16. Jahrhunderts, fassen die Dithmarscher und vor allem ihre neuen Herren dieses Land schärfer ins Auge.

Am Anfang steht der Trennewurther Koog in Süderdithmarschen, der noch 1559 gewonnen wird. Von nun an schieben die Dithmarscher ihre Küstenlinie planmäßig und Stück für Stück weiter nach Westen. Diese geduldige Landgewinnung ist bis heute nicht abgeschlos-

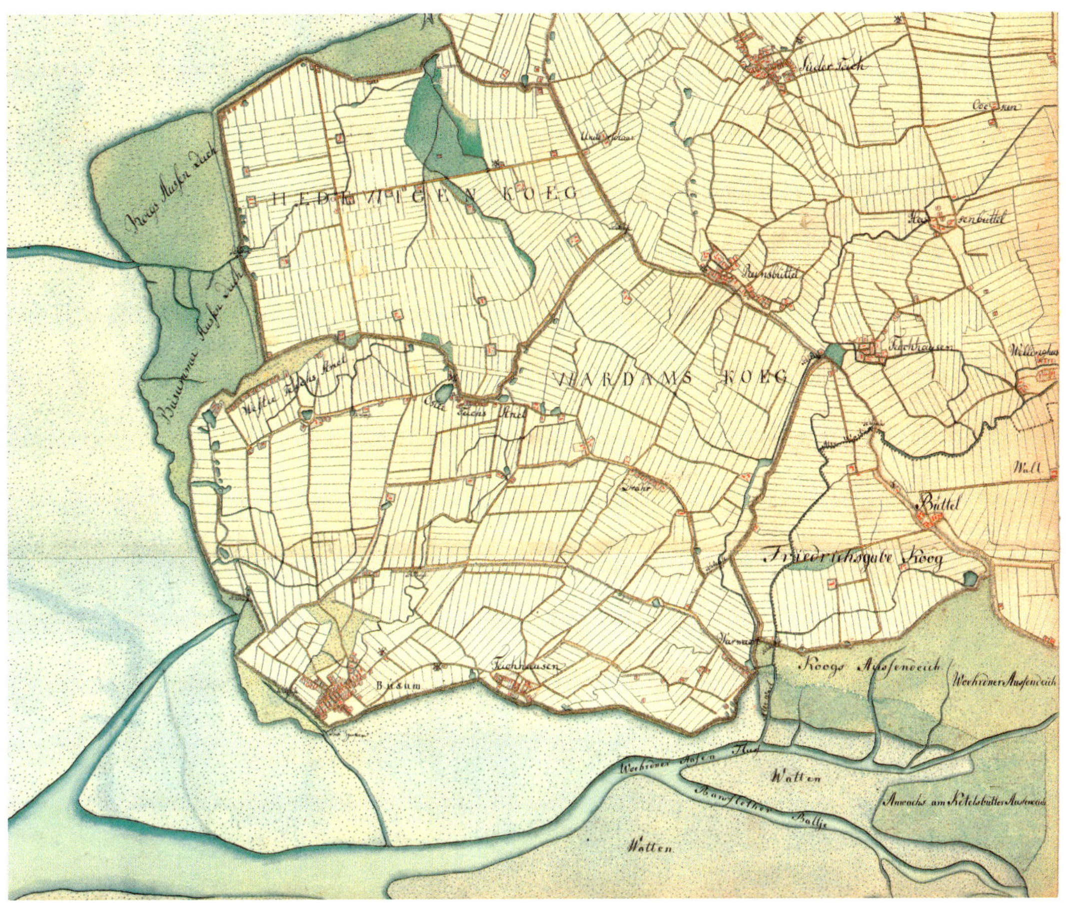

Im Laufe des 16. Jahrhunderts wächst die Insel Büsum auf das Festland zu. Mit dem Bau des Wardammskoogs sorgen die Dithmarscher zugleich für die feste Anbindung der Insel. (Ausschnitt aus: Topographisch Militärische Charte des Herzogtums Holstein 1789–1796, Varendorfsche Karte).

sen, wird allerdings nur noch im Hinblick auf den Küstenschutz betrieben, nicht mehr zur Gewinnung neuer Wirtschaftsflächen. Mancherorts lassen sich die Entwicklungsschritte dieser Landgewinnung heute noch in der Landschaft erkennen. In dieser ersten Ausbauphase entstehen zwischen Marne und Meldorf der Ammerswurth-Marne-Koog (1578–1581) und der Marner Neue Koog (1608), in Norderdithmarschen um 1600 der Heringsander und der Hillgrovener Koog sowie Vorland nordwestlich von Neuenkirchen.

Leben mit Wasser und Wind – 1. Deichbau

Leben in Dithmarschen heißt vor allem: Leben mit Wind und Wasser. An der Küstenlinie kommt beides zusammen. Eine der wichtigsten Aufgaben der Menschen ist hier die Sicherung des Landes, von dem sie leben.

Küstenlinie meint natürlich in erster Linie: Deich. Es hätte überhaupt keinen Sinn, einfach eine Betonwand zu errichten. Das Beispiel der jedem bekannten Tetrapoden von Hörnum auf Sylt – die die Nordsee geduldig unterspült und damit wertlos macht – zeigt, dass der Mensch die Sicherung seiner Lebenswelt nur im Einklang mit ihr hinbekommen kann. Deiche sind ein jahrhundertelang erprobtes Instrument mit den Mitteln der Natur: Erde, Klei, Pflanzen, Stein.

Die frühen Deiche um 1200 werden als Überlaufdeiche mit flachen See- und Landseiten aufgeworfen. Ihre Krone liegt in der Regel kaum höher als 1,50 Meter über der Marsch.

Stackdeich-Installationen: mit Holzanker im Deich-Freilichtmuseum (Büsum)

... und im Nordsee-Museum (Husum)

Denkmal für die Männer des Deichbaus an der Einfahrt zum Meldorfer Sportboothafen (geschaffen von Paul Heinrich Gnekow aus Marne)

Da sind die Wurten mit 3,00 Meter schon deutlich höher.

Der Vorteil einer linearen geschlossenen Deichlinie liegt auf der Hand, lässt sich doch nicht nur Hab und Gut rund ums Haus, sondern auch das Wirtschaftsland im weiteren Umkreis mit einer weitläufigen Wallanlage vor den verderblichen Wassern schützen. Küstenparallele Seedeiche sind aber erst möglich, als die Menschen die technischen Probleme der Durchdämmung von Prielen zu bewältigen lernen. Allerdings staut sich das Wasser nun höher vor den Deichen. Brechen Deichabschnitte, werden weite Teile des dahinter liegenden Sietlandes überschwemmt. Das Land wieder trocken zu legen, stellt die Menschen des späten Mittelalters vor große technische Probleme.

Wo kaum Vorland und nur wenig Erde für den Deichbau zur Verfügung steht, setzt sich im 16. Jahrhundert vorübergehend der Stackdeich durch. Die seeseitige Berme – ein erhöhtes horizontales Deichstück vor dem eigentlichen Deich, das den Druck der Brandung auf den Deichfuß mindert – wird ersetzt durch eine senkrechte und aufwändig mit Holzankern befestigte Holzwand. Weil Stackdeiche allzu leicht unterspült werden und weil zudem die Beschaffung des Baumaterials aufwändig ist, wechselt man schon im 17. Jahrhundert wieder zurück zu Deichen mit einem flachen Profil.

Vom Speicherkoog in den Christianskoog: Nach links ist die alte Deichlinie zu erkennen, am rechten Bildrand neigt sich die Straße nach der Überquerung des alten Deiches in den Christianskoog hinab.

Seither werden ausschließlich Deiche mit einer seeseitig allmählich ansteigenden schiefen Ebene aufgeworfen. Die Idee ist, dass sich die Wasser auf der sehr schwachen Steigung gewissermaßen „totlaufen". Die Deichprofile sind im 19. und 20. Jahrhundert immer flacher geworden, um den Druck des Wassers auf die Substanz des Deiches zu mindern. Dabei gilt jedoch: Je höher die Deichkrone sein soll, desto breiter muss die Deichsohle werden. Das hat zur Folge, dass der jüngste schleswig-holsteinische, auf der Insel Nordstrand errichtete Deich mittlerweile mit einer Deichsohle von stolzen 131 Metern aufwarten kann.

Auf unseren Kreuz- und Querfahrten durch die Marsch stoßen wir immer wieder auf alte Deichlinien und ab und zu auch eine Stöpe – deutlichstes Zeichen dafür, dass die Marsch eine menschengemachte Landschaft ist. Besonders gut erkennbar wird der Übergang von einem Koog in einen anderen beispielsweise im Verlauf der K 30 zwischen dem Speicherkoog und dem Christianskoog.

Aber mit einem Deich als Schutz gegen die Nordsee ist es noch nicht getan, denn Gefahr für das Land droht auch von der Binnenseite. Einer der Schlüssel für den Erhalt des Landes ist seine ständige und gleichmäßige Entwässerung. Weil das Oberflächenwasser aus Quellen und Niederschlägen irgendwohin ab-

Auffahrt zur alten Deichkrone zwischen Speicherkoog und Christianskoog

Es geht auch anders: Eine Stöpe – hier die zwischen Kaiser-Wilhelm- und Dieksander Koog – ist ein im Gefahrenfall verschließbarer (Straßen-) Durchlass in einem Mittel- oder Binnendeich.

Offener Graben bei Süderwisch

Offener Graben bei Ramhusen

fließen muss, haben jede Wiese und jeder Acker Abzugsgräben. Aus ihnen fließt das Wasser in so genannte offene Gräben, von dort in große Gräben, Vorfluter genannt, und von dort in Hauptvorfluter. Diese münden am Siel im Deich, einem Klapptor, das Wasser aus dem Binnenland rauslässt, wenn der Wasserstand vor dem Deich niedriger ist als das Sieltor. Die Landwirte müssen also auch ständig darauf achten, dass die Gräben sauber sind und das Wasser ungehindert abfließen kann. Wenn Wasser aufgrund mangelnder Pflege oder auch aufgrund lang anhaltender Westwinde nicht abfließen kann, laufen niedrig gelegene Teile der Marsch voll. Solche Binnenseen bleiben unter Umständen tagelang stehen.

Ein eigenes Kapitel ist die Geschichte von Büsum. Noch im späten Mittelalter ist das erstmals 1140 erwähnte Kirchspiel Biusne, später auch Büsen, eine Insel mit einigen Wurten. Diese erste urkundliche Erwähnung (durch Adalbert von Bremen) verdankt sie der Tatsache, dass sie in jenem Jahr als Geschenk an das Kloster Hersfeld vergeben wird. Ihre Wurten sind immerhin so umfangreich, dass sie als Süddorp, Midlestorpe und Norddorpe überliefert sind. Neocorus, Autor der ersten dithmarsischen Chronik, berichtet zu Beginn des 17. Jahrhunderts von der Erhöhung der Wurt Norddorpe; archäologische Untersuchungen späterer Tage haben ergeben, dass damit der Kern des heutigen Büsum gemeint ist, sich die alte Insel also weit nach Süden erstreckte. Im Laufe des 15. Jahrhunderts gehen der Süden und die Mitte verloren, im Norden hingegen wächst Land an. Weil sich die Insel auf diese Weise auf das Festland zubewegt, gelingt im 15. Jahrhundert die Andeichung des Neuenkoogs. Aber erst mit dem Bau des Verbindungsdeiches Wardamm wird Büsum 1585 endgültig landfest. Dahinter wächst der Wardammkoog (zwischen den heutigen Orten Reinsbüttel und Oesterdeichstrich), der 1609 geschlossen werden kann.

Die Gewinnung von Büsum in der frühen Fürstenzeit stellt einen der großen Landzuwächse der ersten Ausbauphase dar. An deren Ende steht die Fertigstellung des Meldorfer Kooges im Jahr 1620, der aus Meldorf endgültig ein Landstädtchen macht. All diese Maßnahmen werden zwar vom König angeordnet, dann aber nach dem mittelalterlichen Vorbild genossenschaftlich von den hinter dem neuen Deich wohnenden Anliegern ausgeführt. Einerseits entsteht ihnen daraus großer Aufwand, andererseits auch ein Vorteil: Sie haben das Recht am neuen Boden.

Doch schon am Ende dieser ersten Phase, bei der Eindeichung des Kretjenkooges (1615), deutet sich eine Veränderung an: als die Landesherren sich bemühen, den Anspruch auf den Außendeich als Regal – also als landesherrliches Recht – in die eigenen Hände zu bekommen. Gegen eine „Concession", die ihnen Einnahmen verschaffen soll, oder eine schriftliche Vereinbarung über festgelegte Pflichten überlassen sie das Land zur Nutzung oder Eindeichung dann etwaigen Interessenten. Käufer solcher Rechte

JOHANNES NEOCORUS, eigentlich Johann Adolf Köster (geb. zwischen 1555 und 1560 in Dithmarschen, gest. nach 1630), tritt nach einem Studium in Helmstedt Mitte der 1580er Jahre seine erste Stelle 1587 in Büsum an: zunächst als Schulmeister und dann auch als Diakon. Nach allem, was wir wissen, ist er so temperamentvoll-rustikal und andererseits so gebildet, dass er in den 20 Jahren zwischen 1590 und 1610 großes Ansehen bei den Büsumern genießt; danach scheint er an Anhang zu verlieren. Wie sehr er sich mit seiner Heimat identifiziert, zeigt seine ab 1598 entstehende Geschichte des Landes Dithmarschen, deren Schwerpunkt auf den Ereignissen des 16. Jahrhunderts liegt. Der von ihm eingangs seiner Darstellung beklagte Mangel an Dokumenten ist wohl zurückzuführen auf die Tatsache, dass die meisten Urkunden und Archive nach 1559 an die Dänen abgeliefert werden müssen. Das ändert nichts daran, dass wir nicht nur den erzählten Ereignissen, sondern vor allem auch dem – vor 1827 nur in Handschriften kursierenden! – Buch selbst eine bedeutsame Rolle bei der Tradierung des dithmarsischen Selbstbewusstseins zuschreiben dürfen. Späteren Darstellungen liegt Neocorus' Werk zugrunde.[32] Übrigens wissen wir – wie im Fall von Wulf Isebrand – nicht, wie Neocorus aussah; das Denkmal im Schatten der Büsumer Kirche ist also eine Imagination.

müssen also darauf achten, dem neuen Land ihrerseits Einnahmen abzugewinnen: durch Verpachtung oder Bewirtschaftung in eigener Regie. Die Bedeichung ist also nicht mehr nur Schutz des Landes, sondern auch ein Wirtschaftsgut.

So werden im Laufe der zweiten Ausbauphase die so genannten oktroyierten Köge angelegt (von „oktroi" = schriftliche Vereinbarung mit Auflagen). Als solche entstehen der Hedwigenkoog (1696 nördlich von Westerdeichstrich) und der Friedrichsgabekoog (1714) zwischen Oesterdeichstrich und Wöhrden, die beide den Gewinn von Büsum endgültig befestigen. Nach den schweren Sturmfluten des Winters 1717/18 wird auch der Sophienkoog zwischen Marne und dem heutigen Kronprinzenkoog auf herrschaftliches Geheiß gesichert (1718).

Hier münden (fast) alle Gräben: der Speicherkoog vor Meldorf

DITHMARSCHEN UND DIE WELT – zwei Karrieren

Doch, jenseits der Sümpfe, Moore und Wälder am östlichen Rand Dithmarschens gibt es noch eine Welt. Zumeist kommen Feinde von dort, bisweilen Händler und im 18. Jahrhundert zunehmend auch Verwaltungskräfte. Manche Dithmarscher verlassen ihr Land, um in der Welt ihr Glück zu machen, andere kommen von dort, um sich in Dithmarschen niederzulassen.

Einer, für dessen Begabungen es in Dithmarschen keinen Platz gibt, ist **NICOLAUS REIMERS**, bekannt auch als Raimarus Ursus (was auf seine Herkunft aus dem Geschlecht der Baren, lat. ursus, anspielt). Geboren 1551 in Hennstedt, wächst er in ärmlichen Verhältnissen auf. Erst etwa im Alter von 18 Jahren beginnt er, sich selbst Lesen, Schreiben, Latein und Griechisch beizubringen. Die Mathematik weist ihm die Richtung: Ab 1574 steht er als Landmesser im Dienst des königlichen Statthalters Heinrich Rantzau. Mit dessen Unterstützung erweitert Reimers seine Bildung umfassend und bekommt Zugang zur großen Welt. Im Winter 1585/86 entwirft er sein Weltmodell, das er 1588 unter dem Titel „Fundamentum Astronomicum" in Straßburg veröffentlicht. Bald darauf beginnt ein langjähriger Streit mit dem Astronomen Tycho Brahe, der ihm Plagiatsvorwürfe macht – aus heutiger Sicht scheint es eher am Standesdünkel gegenüber dem Konkurrenten gelegen zu haben. 1591 folgt Reimers einem Ruf Kaiser Rudolfs II. an den Prager Hof, wo er als Mathematiker tätig wird und auch astrologische Aufträge bearbeitet. In der Prager Zeit entsteht neben kleineren Schriften mit den „Astronomischen Hypothesen" (1597) auch die Antwort auf Brahes Plagiatsvorwurf. Reimers' Tod am 15. Oktober 1600 beendet diesen Streit – letztlich zu seinen Ungunsten. Besondere Ironie: Brahe folgt Reimers im Amt des Hofmathematikers, stirbt aber ziemlich genau ein Jahr nach dem bekämpften Konkurrenten.

Den umgekehrten Weg – aus der Welt nach Dithmarschen – wählt fast 200 Jahre später der 1733 geborene **CARSTEN NIEBUHR**. Auch er beginnt als Autodidakt und als Landmesser. Nach seinem Studium der Mathematik und der Astronomie in Göttingen bereist er als Mitglied einer sechsköpfigen königlich-dänischen Expedition zwischen 1761 und 1767 den Nahen und Mittleren Osten. Der Auftrag dieser Expedition ist ganz vom Geist des 18. Jahrhunderts bestimmt: so viel neues Wissen wie möglich zu sammeln, um auf diese Weise die geografischen Kenntnisse über die Region zu vertiefen und neue Aufschlüsse über die Schauplätze des Alten Testaments zu bekommen. Niebuhr fällt dabei in erster Linie die Rolle des Vermessungstechnikers und Kartographen zu. Sein Reise-Ertrag besteht unter anderem in neuen Karten des Nil-Deltas, der Stadt Kairo, des Roten Meeres und des Jemen. Seine sorgfältigen Kopien von Keilschrift-Inschriften sind Jahrzehnte später die Grundlage für die erste gelungene Entzifferung der Keilschrift.[33] Ab 1772 veröffentlicht Niebuhr, der als Einziger von der Expedition zurückkehrt, mehrere Bücher mit Reise-Beschreibungen und Forschungsergebnissen, die in der Wissenschaft seiner Zeit auf großes Interesse stoßen. Vermutlich, um einem neuen Forschungsauftrag aus dem Weg zu gehen, übernimmt er 1778 das Amt des Landschreibers in Meldorf; in dieser Eigenschaft ist er vor allem für die Eintreibung der Steuern von den Dithmarschern verantwortlich. In der Abgeschiedenheit von Meldorf hat er nur mit seinem Vorgesetzten, dem Landvogt Heinrich Christian Boie, freundschaftlichen Kontakt. In den 1790er Jahren beschäftigt sich Niebuhr mit seinem eigenen Kolonisierungsprojekt im Meldorfer Moor.[34]

Walther Witting: Carsten Niebuhr. Öl auf Leinwand, 1908.

Krieg, Not, Pest ... und Zusammengehörigkeit

Dass die vermeintlich glanzvollen Jahre der Selbstständigkeit vorbei sind, heißt noch nicht, dass nun alles seinen kleinen geregelten Gang ginge. Nicht nur, dass Dithmarschen unter seinen neuen Herren auf die eine oder andere Weise immer wieder in die großen Auseinandersetzungen jenseits der eigenen Grenzen hineingezogen wird – in den Dreißigjährigen Krieg (1618–1648), in den Dänisch-Schwedischen Krieg (1657–1660) und den Nordischen Krieg (1700–1721) –, Kriegssteuern, Einquartierungen und Überfälle zu erdulden hat. Nein, die beiden Landesteile müssen auch innere Spannungen aushalten, wenn sie von ihren Herren in Stellung gebracht werden oder die Landeskinder gegen die Obrigkeit aufstehen – wie in der versuchten Meldorfer Revolte von 1740, als die Süderdithmarscher den angeordneten Exerzierdienst endgültig leid sind.

Und mal abgesehen von Krieg und Herrschaftsdiensten: Die Nordsee macht den Dithmarschern unmissverständlich klar, dass die Sicherung des Landes nach wie vor zu den vordringlichen Aufgaben gehört. Die zweite „Grote Manndränke" oder Burchardiflut vom 11. Oktober 1634 richtet in Nordfriesland und auf Eiderstedt große Schäden an; beispielsweise wird die große bogenförmige Insel Alt-Nordstrand (oder Strand) in die heutigen Teile Nordstrand und Pellworm zerrissen. In Dithmarschen bleiben die Schäden überschaubar und wird diese – weiter nördlich verheerende – Flut eher als Menetekel wahrgenommen. Aber zwischen 1717 und 1720 setzt eine Folge von Sturmfluten Dithmarschen ganz erheblich zu. In der Weihnachtsflut von 1717 und der Eisflut von 1718 ertrinken zahllose Menschen, das Wasser dringt an vielen Stellen durch die Deiche und überschwemmt weite Niederungsgebiete. 1720 bricht der Deich bei Lunden an vielen Stellen; das südöstlich gelegene Büsum wird einmal mehr völlig unter Wasser gesetzt.

Alles das geschieht, als Dithmarschen sich gerade von der Pest-Epidemie des Jahres 1712 und der Hornviehseuche von 1713 erholt. Beide Seuchen behindern Handel und Verkehr erheblich. In Unkenntnis der Verbreitungsweisen versuchen einzelne Orte, sich durch Schlagbäume und Wachen abzuschotten – auf dass niemand den Ort betrete, der nicht nachweisen kann, dass er aus einem pestfreien Gebiet kommt.

Und dann sind da noch die verheerenden Brände. Im 17. und 18. Jahrhundert – viele Häuser bestehen nach wie vor großenteils aus Holz und sind mit Reet gedeckt – werden regelmäßig Höfe oder ganze Siedlungen ein Raub des Feuers. Beispiele? Im Jahr 1559 geht der Großteil von Lehe und Lunden unter. 1704 und 1729 brennt die Kirche von Neuenkirchen ab. Im Jahr 1736 trifft es Wesselburen: 127 Gebäude gehen in Flammen auf. Binnen zwei Jahren wird die St. Bartholomäus-Kirche neu aufgebaut und geweiht. Wir werden sie bei unserer nächsten Rundfahrt besuchen.

Wie die Meldorfer Revolte von 1740 gegen den Dienst in der Miliz zeigt, bleiben die Dithmarscher ein robust-selbstbewusstes Volk, wenn sie das Gefühl haben, dass der Obrigkeit das rechte Augenmaß verloren geht. Ein Gefühl von Zusammengehörigkeit scheint im 17. und 18. Jahrhundert auch nie verloren gegangen zu sein – wenn Lasten auch je nach Zugehörigkeit und örtlicher Lage in Marsch oder Geest ungleich verteilt gewesen zu sein scheinen. Jedenfalls drücken Kosten und Steuern für Krieg und Infrastruktur so sehr, dass einige Gemeinden im frühen 18. Jahrhundert unter hohen Zinszahlungen ächzen oder gar zahlungsunfähig werden. Die Herzen der Landesherren rührt das nicht: Sie bestehen auch in dieser Wirtschaftskrise auf die pünktliche Zahlung aller Abgaben.

Im schwer belasteten Norderdithmarschen werden in den frühen 1760er Jahren Änderungen spürbar – von St. Petersburg her, wo der Gottorfer Herzog Carl Peter Ulrich als Peter III. auf dem Zarenthron Platz nimmt. Seine Ehefrau Katharina II., die ihn schon bald vom Thron verdrängt, lässt Reformpläne ausarbeiten und Dithmarschen ab 1767 jährlich von Visitationskommissionen bereisen. Wenn irgendetwas deutlich macht, dass Dithmarschen keine Insel mehr ist – dann doch wohl der Umstand, dass Wegweisendes für unsere Region aus Rußland kommt.

Dass 1773 zusammenkommt, was zusammengehört, hat ebenfalls mit Rußland zu tun. Der Gottorfer Fürst verzichtet auf seine holsteinischen Gebiete und erhält zum Ausgleich Grafschaften im heutigen Niedersachsen. Eine latente Kriegsgefahr – die dann unvermeidlich auch Norder- und Süderdithmarschen gegeneinander gebracht haben würde – wird damit gebannt. Für Dithmarschen bedeutet der Vertrag von Zarskoje Selo, dass nun beide Landesteile zu Dänemark gehören – allerdings noch ohne auch eine Verwaltungseinheit zu bilden.

Wie müssen wir uns ein Dithmarscher Bauernhaus vorstellen?

Der berühmte Pesel des Markus Swin, dessen Rekonstruktion im Dithmarscher Landesmuseum in Meldorf zu besichtigen ist, fasziniert Einheimische, Auswärtige und Kunstfachleute gleichermaßen. Lange ist er verstanden worden als ein typisches Dokument dithmarsischen Lebensstils und Selbstbewusstseins im 16. Jahrhundert. Nimmt man noch die allgemeine Rede von den wohlhabenden Dithmarscher Bauern hinzu, fragt man sich einerseits, ob die Bauern denn so reich waren, dass der Pesel tatsächlich repräsentativ ist, und andererseits, wie denn wohl erst das Haus ausgesehen haben muss, in das diese Stube eingebaut war.

Wie wohnt also der landbesitzende Bauer in Dithmarschen?

Aus einfacheren Formen entwickelt sich in den Jahrhunderten um die Zeitenwende das Wohnstallhaus. Seine Bezeichnung macht deutlich, dass hier verschiedene Funktionen unter einem Dach zusammengefasst werden. In seiner Grundform handelt es sich um ein Langhaus, das durch eine Tür auf einer Längsseite betreten wird und zur einen Seite einen kleinen Wohnbereich mit Herdstelle und Schlafplätzen und zur anderen Seite einen Stallteil aufweist. Zwischen beiden Teilen gibt es keine feste tragende Wand, sondern in der Regel allenfalls Flechtwerk oder einen Vorhang. Solche Wohnstallhäuser sind in Dithmarschen verschiedentlich ergraben worden, u.a. in und um Tiebensee.

Von den drei in Schleswig-Holstein anzutreffenden Grundtypen von Bauernhäusern – dem Niederdeutschen (Fach)Hallenhaus, dem Geesthardenhaus/Dwerhaus und dem Barghaus/Haubarg – stellt das Geesthardenhaus als quergeteiltes Langhaus eine spätmittelalterliche Weiterentwicklung des Wohnstallhauses dar. Längsseite und Dachfläche sind zur Straße hin ausgerichtet. Die Grootdör, durch die die Ernte ins Haus auf die Loo (oder Dreschdiele) gefahren wird, und die Stalltüren liegen auf der Längsseite. Durch den Haupteingang betritt man die quer durch das Haus reichende Diele. Der Wirtschaftsbereich mit der Dreschdiele und den Stallboxen zur einen und mit dem Wohnbereich zur anderen Seite ist durch feste Wände von der Diele getrennt. Außer Küche und Kammer sind im Wohnbereich die Döns – die Wohnstube, in der sich das tägliche Leben abspielt – und eventuell der Pesel – die Gute Stube für besondere Anlässe – sowie die Alkoven (Wandschrankbetten) zu finden.

Auch das Niederdeutsche (Fach)Hallenhaus, das seinen mächtigen Giebel mit der Grootdör der Straße zukehrt, stammt aus dem ausgehenden Mittelalter. Unmittelbar hinter der Grootdör liegt die als Dreschplatz genutzte Deel/Diele, an ihrem Kopfende die Feuer- bzw. Herdstelle. Zu den Seiten der Deel befinden sich unter dem tiefgezogenen Dach Stallboxen, Stauräume für Futter und eventuell Gesindekammern oder auch nur -alkoven. Hinter der Herdstelle liegen quer zur Deel Stuben und gegebenenfalls der Pesel. In einer der zahllosen Varianten des Haustyps ist die Herdstelle aus ihrer zentralen Position in die Küche an einer Seite verlegt; in diesem Fall liegt der Pesel häufig genau auf der Sichtachse der Grootdör. In einer anderen Variante hat das Hallenhaus auch an der anderen Schmalseite eine Grootdör; diese als Durchfahrtshaus bezeichnete Variante bedingt natürlich eine andere Raumverteilung an den Seiten.

Wesentliches Merkmal beider Haustypen ist das Holzständerwerk im Inneren, das in der Regel auf einem Feldsteinfundament steht. Das Reetdach wird vom Ständerwerk getragen; erst seit dem 18. Jahrhundert ruht das Dach zusätzlich oder ausschließlich auf den tragenden Wänden. Ursprünglich bestehen die Wände aus Grassoden, Lehm oder Holz, von der frühen Neuzeit an aber je nach Vorliebe oder Geldbörse des Bauern auch aus gebrannten Ziegeln je Fach. Diese beiden Grundtypen treffen wir in Dithmarschen in vielen Varianten an; Haubarge, wie sie verschiedentlich noch im benachbarten Eiderstedt zu finden sind, hat es in ihrer reinen Form in Dithmarschen nicht gegeben.

Das alles klingt noch nicht so spektakulär und scheint nicht recht zu dem Pesel zu passen. Zwar lassen sich im Verlauf einer Fahrt durch Dithmarschen hier und da noch wuchtige, tiefgezogene Dächer und stattliche Giebel finden – aber die Anwesen wohlhabender und einflussreicher Bauern haben wir uns doch irgendwie anders vorgestellt. Sind wir ein Opfer unserer romantischen Vorstellungen von Vergangenheit? Haben uns die Haubarge von Eiderstedt den Blick auf die Realität verstellt?

Seit etwa 25 Jahren wissen wir detaillierter, wie das Haus von Markus Swin beschaffen war. Erst die Kombination aller in jahrzehntelanger geduldiger Recherche gesammelten Indizien und Erkenntnisse vermittelt uns seither ein zuverlässiges Bild.

Markus Swin übernimmt sein Haus nicht etwa von seinem Vater oder Großvater, sondern errichtet es höchstwahrscheinlich komplett neu, allenfalls unter Einbeziehung älterer Substanz. Die Altersbestimmung von noch vorhandenen, in der heutigen Hofstelle verbauten Originalhölzern deutet auf das Jahr 1560 als Baubeginn. Das passt zu der Tatsache, dass etwa 120 Gebäude des Kirchspiels Lunden/Lehe im Juni 1559 – im Zusammenhang mit der Letzten Fehde? – einem Großfeuer zum Opfer gefallen sind. Im Kern lehnt sich Swins Hausplan an den Typ des Niederdeutschen Hallenhauses an, aber in seiner auf Repräsentation bedachten Außenwirkung bedeuten die massiven Außenwände und der zur Straße gerichtete, im Verhältnis zu den Quergiebeln sehr steile Hauptgiebel eine Orientierung an städtischen Bürgerhäusern. Auch die Dimensionen – die Front ist knapp 20 Meter breit, der Giebel etwa 10,5 Meter hoch – zielen auf Repräsentation. Eine klassische Grootdör gibt es nicht: Mit ihrer Breite von 1,12 Meter weist auch die Tür eher auf Bürgerhäuser. Daraus schließen wir, dass der Landwirt Swin sein Haus nicht für die wirtschaftliche Nutzung gebaut hat.

Durch die Eingangstür gelangt man in die etwa 18 Meter tiefe Deel. Wo im Hallenhaus Stallboxen und Stallräume zu finden wären, hat Swin links und rechts der Deel Privaträume, Kammern, die Küche und eine „Schreibstube" (mit einer repräsentativen Traljentür) untergebracht – auch das ein Hinweis darauf, dass das Haus nicht für landwirtschaftliche Arbeit vorgesehen ist. An dieser Stelle kommt der Pesel ins Bild: Er schließt sich unmittelbar östlich an die Deel an, liegt im Unterschied zu dieser aber als eine Art Hochstube knapp 40 cm über deren Niveau. Seine Eingangstür liegt fast genau auf einer Achse mit der Eingangstür im Westgiebel.

Der mit 8 mal 7,75 Meter annähernd quadratische, fast 3,20 Meter hohe Raum ist für einen bäuerlichen Wohnraum überdimensio-

Der rekonstruierte Pesel im Dithmarscher Landesmuseum (Meldorf)

niert. Typisch für Dithmarschen (wie auch beispielsweise für die Wilstermarsch) ist die Holzvertäfelung. Aber wie die weitere Ausstattung mit fünf großen Fenstern, zwei Betten und einer Schenkschiewe – einer Art Wandschrank mit einem ausklappbaren Anrichtebrett („-schiewe" = Scheibe), in dem Gläser und anderes Gerät zur Bedienung von Gästen untergebracht sind – nahelegt, hat der Raum vor allem repräsentative Funktionen. Es ist davon auszugehen, dass der Pesel dem Landvogt Swin einerseits als Amtsstube für Gerichtssitzungen und andererseits als angemessene Unterkunft für den etwaigen Besuch seines Dienstherrn, des Herzogs Adolf dienen soll.

Das Haus von Markus Swin ist vielleicht ein Beispiel dafür, was einer der wohlhabendsten Bauern sich leisten kann – und auch sich kraft Amtes und gesellschaftlicher Stellung seiner Familie schuldig zu sein glaubt –, und in seiner Konstruktion entspricht es auch in vielerlei Hinsicht langerprobten Traditionen. Doch mit seinem Ausgriff auf Elemente bürgerlich-städtischer Wohnkultur macht Swin so sehr etwas anderes daraus, dass es nicht als „typisch" für das Dithmarschen des späten Mittelalters gelten kann. Vielmehr steht es für den Wandel der Lebensformen, wie er sich in der Endphase der Bauernrepublik und ihrer Regentenherrschaft allenthalben andeutet. Es ist ja auch nur der Bedeutung seines Besitzers zu verdanken, dass ein Haus aus dem 16. Jahrhundert überhaupt so umfassend erschlossen werden konnte – denn andere „Zeitzeugen" gibt es nicht mehr.

Auf der Suche nach einem typischen Bauernhaus müssen wir uns also woanders umsehen. Ein wenig weiterhelfen kann uns der rund 200 Jahre jüngere Hof Schmielau aus Lehe bei Brunsbüttel, ein Fachhallenhaus mit kleinen Süderdithmarscher Eigenheiten. Im Wesentlichen zeigt er die für Hallenhäuser charakteristische Raumaufteilung: Durch eine Grootdör auf einer Schmalseite erreicht man die große Deel mit Stallboxen links und rechts. Vom dahinter liegenden Wohnteil ist die Deel – anders als im Haus von Swin – durch eine feste Holzwand mit einer Tür getrennt. Hinter ihr liegt die als „Siddels" (von „sitzen") bezeichnete Querdeel, die man auch vom Wirtschaftseingang auf der Längsseite – über einen in diesem Fall wie auch in anderen Häusern nach links abknickenden Zugang – erreicht. Die feste Trennung von Deel und Wohnteil, betont durch die farbige Bemalung der Wand, ist typisch für Süderdithmarschen.

Vom Siddels gehen, steht man mit dem Rücken zur Trennwand, im Uhrzeigersinn die Küche, die Döns, eine weitere Stube mit Nebenraum, der Pesel und wieder eine Stube mit Nebenräumen ab. Der Siddels in der Mitte ist Hauptverkehrsfläche, Arbeits- und Essplatz, Treffpunkt – Übergangsbereich zwischen Wirtschaften und Wohnen.

Die Döns lässt sich von der benachbarten Küche her durch einen Bilegger beheizen, einen zumeist gusseisernen Kastenofen an der Wand, gestützt auf zwei Beine. Im Gegensatz zur Döns ist der in der Regel nur zu besonderen Anlässen genutzte Pesel nicht beheizbar. Die Prunktür, die von draußen direkt in den Pesel führt, wird gleichfalls nur zu solchen Anlässen genutzt. Die Längswände des Pesels sind häufig mit Bildtapeten ausgestaltet; wenn es sich dabei um Motive aus fremden Ländern handelt, drückt der Hausherr damit seine Weltoffenheit aus. In unserem Fall handelt es sich um „Ansichten aus Nordamerika" (1835) aus einer elsässischen Werkstatt. Möglich sind aber auch Motive aus biblischen Kontexten (wie auch das anspruchsvolle Bildprogramm auf der originalen Schenkschiewe von Swin andeutet).

Wie eine Zierblende über der Grootdör verrät, wird der Hof im Jahr 1781 von Johann Boie erbaut, einem Verwandten des Landvogts Heinrich Christian Boie, von dem noch zu reden sein wird. Seine Freude an dem Haus – wenn er es denn überhaupt vollendet gesehen hat – währt nur kurz, denn schon 1784 stirbt er. Zwei Jahre später heiratet seine Witwe den aus der Wilstermarsch zugezogenen Bauern Eggert Schmielau. Schmielau erwirbt den Hof 1793 schließlich von der Familie Boie. Die Familie kann den einst 68 ha, schließlich nur noch 18 ha großen Hof bis 1942 halten und bewirtschaften.[35]

Anhaltspunkte für die Haushalts- und Wohnkultur wohlhabender Dithmarscher Bauern liefern uns natürlich auch die Ausstattungsstücke. Zentrales Stück im Siddels ist der wuchtige Schrank zwischen den Türen zu Küche und Döns: Das so genannte Hamburger

Schapp nimmt Tischwäsche und andere Gegenstände des mehr oder weniger täglichen Bedarfs auf, dient aber auch der Repräsentation. Häufig stehen hier auch die massiven, gediegenen Wohlstand ausstrahlenden Truhen aus Holz, gedacht für Leinenzeug. Zur traditionellen Ausstattung gehört ferner in der Regel ein so genanntes Eckschapp, in dem alle Dokumente und Wertsachen verwahrt werden; sofern das Eckschapp beim Esstisch steht, markiert es zugleich dessen Stirnseite, denn der Hausherr sitzt für gewöhnlich direkt daneben oder davor. Das Familienporträt-Bild, das der Süderdithmarscher Hans Hansen, bekannt als Vollmacht Hansen, 1796 anfertigen lässt, weist etliche Elemente in Kombination auf. Eher sozialhistorisch als künstlerisch interessant, zeigt es die um den Tisch gruppierte Familie. Auf dem Tisch steht kostbares Teegeschirr aus Porzellan. Schräg hinter dem Hausherrn sieht der Betrachter das offen stehende Eckschapp, darin Dokumente und gefüllte Geldsäcke. Über den Stubentüren gibt es in den Türrahmen einbezogene Supraporten mit Reliefbildern. Durch die eine Tür geht der Blick auf die Deel, wo gerade ein gut gefüllter Erntewagen zur Grootdör hereinkommt. Rechts neben der Tür steht eine ansatzweise klassizistisch geschmückte Standuhr. Die Herrin des Hauses raucht eine lange Kalkpfeife.

Bis ins 19. Jahrhundert hinein entspricht dieser mehr oder weniger festen Anordnung und Ausstattung übrigens auch eine feste Sitzordnung bei Tisch: Der Hausvater bzw. Bauer sitzt an der Stirnseite des Tisches, in der Regel neben dem erwähnten Eck- oder Wandschrank. An der Wandseite sitzen der Altbauer sowie die Söhne und Knechte, auf der Gegenseite mit dem Rücken zum Raum sitzen Hausfrau, Großmutter, Töchter und Mägde. Söhne und Töchter sitzen traditionell in einer Reihe nach absteigendem Alter.

Schmielau-Hof: Der Pesel ...

... und die Döns

Auf kleineren Höfen findet sich eher das eingangs beschriebene Geesthardenhaus, das mit seiner Traufe zur Straße steht und seine Grootdör auf der Langseite hat. Der häufig nach Westen ausgerichtete Wohnteil weist Küche und Stuben auf, einen Pesel gibt es in der Regel nicht.

Die Unterkünfte und Lebensumstände der zahllosen unselbstständigen Landarbeiter, die als Saisonkräfte für die Bauern tätig sind, fallen natürlich (und noch bis in das 19. Jahrhundert hinein) sehr viel bescheidener aus. Die Regel ist, dass ein Elternpaar mit drei bis fünf Kindern in den durchschnittlich zwei Räumen einer kleinen Kate lebt. Die Feuerstelle befindet sich auf der Erde, einen Rauchabzug gibt es nicht, so dass alle Gegenstände von einer Rußschicht überzogen sind. Gemauerte Herde gibt es in diesen Häusern kaum vor dem 19. Jahrhundert. Die Kinder schlafen auf dem Boden, Bettstellen gibt es allenfalls für die Eltern. Die Arbeitszeit dauert von Sonnenauf- bis -untergang und häufig ist auch am Sonntag etwas zu tun. „Privates“ wie kleine Reparaturen, das Ausbessern von Kleidung und ähnliches kann nur zwischendurch oder abends im Halbdunkel erledigt werden.

Dithmarschen im Gesamtstaat

Und das dann für fast 100 Jahre.[36] Verwaltung und Finanzwesen werden zwar harmonisiert und modernisiert, doch bilden die beiden Dithmarschen keine Verwaltungseinheit. Das bringt zwar wieder ein bißchen mehr an obrigkeitlicher Reglementierung, aber den eingesessenen Familien gelingt es einmal mehr, sich einen Einfluss auf Entscheidungen und die Besetzung von Ämtern zu bewahren. Was aber für Dithmarschen noch viel wichtiger ist: Die Wirtschaft, die allmählich wieder auf Touren kommt, erhält wichtige Impulse durch die positive Entwicklung im gesamten dänischen Staat und auch durch die Verwirklichung aufgeschobener Investitionen in die Infrastruktur. Die Verkoppelung, also die Privatisierung und Strukturierung der bisher von der Allgemeinheit bewirtschafteten Acker-, Weide- und Wiesenflächen, kommt voran. Zudem profitieren die Bauern von der Tatsache, dass im eigenen Land Friede herrscht, während viele Länder rundherum in Kriege verstrickt sind und dementsprechend großen Bedarf an Getreide haben.

Neue Köge werden gewonnen und besiedelt, darunter der Kronprinzenkoog (1787), der Karolinenkoog (1800), der Friedrichskoog (1854) und schließlich der Wesselburener Koog (1862). In diesen Zusammenhang gehören immer auch Bau und Unterhaltung von Deichen; nach den erwähnten Sturmfluten mehr denn je, so dass es überrascht zu sehen, dass manche Maßnahmen sich wegen Streitigkeiten aller Art über Jahrzehnte hinziehen. Und schließlich sorgt der Gesamtstaat für den Wege- und Chausseebau.

Das mit Abstand aufwändigste Unterfangen ist der Versuch, eine schiffbare Verbindung zwischen Ost- und Nordsee herzustellen. Kaum sind die Unterschriften unter dem erwähnten Vertrag von 1773 trocken, nimmt sich auch schon der dänische Staatsminister Andreas Peter Bernstorff der Sache an. Unter der Leitung von zwei Ingenieuroffizieren werden die Pläne zwischen 1777 und 1784 umgesetzt. Von Kiel aus können Schiffe über mehrere Schleusen Rendsburg erreichen; von dort wird dann die Eider bis Tönning genutzt. Heute kann man kaum glauben, dass der Schleswig-Holsteinische Kanal, später Eiderkanal genannte Weg seinerzeit die größte künstliche Wasserstraße Europas war.[37] In den hundert Jahren nach seiner Einweihung nutzen rund 284.000 Schiffe diese Verbindung der Meere.[38] Von diesen Zeiten erzählt im eiderstädtischen Tönning noch heute das große Packhaus am alten Hafen; aber auch die kleinen Häfen an der Eider profitieren vom Kanal.

Die „Ruhe des Nordens“, die die kluge Politik Dänemarks der Großregion verschafft, wirkt sich also auch auf Dithmarschen vorteilhaft aus. Aber zu Beginn des 19. Jahrhunderts wird es gleichwohl in die Napoleonischen Kriege hineingezogen. Der Überfall der englischen Flotte auf Kopenhagen treibt Dänemark an die Seite von Napoleon. Vorderhand wirkt sich der Krieg insofern positiv aus, als die für Hamburg bestimmten Waren wegen der Elbblockade der

Zweimal Geschichte: Die Eiszeit-Gletscher haben den Stein nach Dithmarschen gebracht. Vom Kanal wird er mit erheblichem Aufwand nach Hopen am Klev gebracht, um als Denkmal für Reichskanzler Otto von Bismarck zu dienen.

Engländer nun einen Umweg über Meldorf oder Tönning nehmen müssen. In der Folge der Kontinentalsperre kommen vor allem die Verwegeneren unter den Dithmarschern auf ihre Kosten, denn an Schmuggel und Schleichhandel gibt es gut zu verdienen. Von Kriegshandlungen im engeren Sinn bleibt Dithmarschen weitgehend verschont, wenn man von Truppendurchmärschen und Einquartierungen mal absieht. Aber der dänische Staatsbankrott von 1814 zieht seine Wirtschaft dann vorerst mit in die Krise. Nicht wenige Bauern stehen vor dem Ruin, Wucher gehört zu den täglichen Übeln, Brandstiftung wird professionell betrieben.[39]

Ob der vorübergehende Niedergang der Landwirtschaft ausschließlich die Folge von Krieg und Staatsbankrott ist oder ob er im Zusammenhang steht mit der so genannten Tamborakrise – einer Umweltkrise als Folge eines Vulkanausbruchs auf Sumbawa im Indischen Ozean, die Westeuropa 1816 das berühmte „Jahr ohne Sommer" beschert –, kann für Dithmarschen noch nicht beantwortet werden.[40] Sicher ist aber, dass die Dithmarscher es in den 1820er Jahren mit einer veritablen Agrarkrise zu tun bekommen, noch verschärft durch Mißernten am Ende des Jahrzehnts. Trotz dieser Krise – und der Schäden aus der verheerenden Sturmflut vom 3./4. Februar 1825 – kann sich Dithmarschen aber aus der wirtschaftlichen Talfahrt herausarbeiten; in den frühen 1830er Jahren beginnt eine weitere Blütephase.

Die Auseinandersetzungen des schleswig-holsteinischen Verfassungskampfes ab 1846 lassen die Menschen im Land ziemlich kalt. Es passt zu Dithmarschen, dass der Großteil des Landes 1848 für die Anerkennung der so genannten Provisorischen Regierung in Kiel stimmt, die aus diesen Streitigkeiten zwischen dänisch- und deutsch-denkenden Schleswig-Holsteinern entsteht. Dithmarschen fühlt sich also eher Schleswig-Holstein als Dänemark zugehörig. Die folgende Schleswig-Holsteinische Erhebung von 1848/51 kann Dänemark einstweilen unterdrücken. Aber die Lunte schwelt. In erregten Auseinandersetzungen ereifern sich die Schleswig-Holsteiner für oder gegen Dänemark mit der Eider oder der Königsau als Grenze. Dithmarschen stellt sich früh auf die Seite des Augustenburger Erbprinzen, der 1863 seinen Regierungsantritt als Herzog Friedrich VIII. proklamiert – was natürlich auch eine Aussage über das ist, was es von Preußen erwartet (oder befürchtet). „Gelöst" wird das Problem schließlich mit dem von Otto von Bismarck angezettelten Deutsch-Dänischen Krieg von 1864, den Deutschland für sich entscheidet. 1867 wird Dithmarschen wie Schleswig, Holstein und Lauenburg dem deutschen Staat Preußen zugeschlagen.

Leben mit Wasser und Wind – 2. Windmühlen

Wenn wir gerade so auf der Steinterrasse sitzen und auf das bunte Treiben im Museumshafen von Büsum hinuntersehen, können wir schon mal – mehr oder weniger unfreiwillig – mithören, was einem ... sagen wir mal: einem Bayern ... als wesentlich auffällt: „Des is scho windig heroben ...“, ruft er in sein Handy, als müsste er gegen den Wind anreden – und als Einheimische möchten wir unwillkürlich korrigieren: „Dat büschen Wind ...“, damit am anderen Ende der Handy-Verbindung nicht etwa falsche Vorstellungen aufkommen. Nun gut, wir sind es gewohnt, Wind geht hier immer ... ja, richtig: ein Wind „geht“ ... und bis Windstärke 8 würden wir Einheimischen ihn allenfalls „schnelle Luft“ nennen ...

Windstärke? Damit Seefahrer, Meteorologen, Feuerwehrleute, Müller und alle, die es sonst noch angeht, sich verständigen können, wird der Wind nach seiner Stärke = Geschwindigkeit klassifiziert, und zwar mit der Hilfe von rotierenden Windmessern, so genannten Anemometern. Daraus hat man folgende Einteilung entwickelt:

Windstärke in Beaufort	Windgeschwindigkeit in Knoten (kn)	Windgeschwindigkeit in km/h	Bezeichnung
0	0–<1	0–1	Windstille
1	1–<4	1–5	leiser Zug
2	4–<7	6–11	leichte Brise
3	7–<11	12–19	schwacher Wind
4	11–<16	20–28	mäßiger Wind
5	16–<22	29–38	frischer Wind
6	22–<28	39–49	starker Wind
7	28–<34	50–61	steifer Wind
8	34–<41	62–74	stürmischer Wind
9	41–<48	75–88	Sturm
10	48–<56	89–102	schwerer Sturm
11	56–<64	103–117	orkanartiger Sturm
12	≥ 64	≥ 117	Orkan

Wind geht immer. Noch Wind der Stärke 9 kommt häufig vor im norddeutschen Herbst. Für die Einheimischen ist er in der Regel noch kein Grund, sich Gedanken zu machen. Die Menschen in Dithmarschen kennen den Wind nicht nur als die Kraft, die die Wellen aufbaut und gegen die Deiche wirft, sie kennen ihn auch als Verbündeten. Sie hören auf ihn und leben mit ihm, weil sie auf ihn angewiesen sind: In den Jahrhunderten zwischen 1200 und 1900 wird in Dithmarschen vor allem Getreide angebaut. Getreide muss nach der Ernte gedroschen und gemahlen werden. In früheren Jahrhunderten gab es in Dithmarschen deshalb ungezählte Windmühlen, eine regelrechte „Mühlengeschichte“. Es ist nicht übertrieben, sie als die eigentlichen Wahrzeichen der Region zu bezeichnen. Aber Windmühle ist nicht gleich Windmühle; vielmehr ist jede von ihnen eine Persönlichkeit und deshalb tragen viele von ihnen einen Namen.

Hans Peters jedenfalls liebt seine Aurora. Wer in Weddingstedt dem HISTOUR-Schild folgt und zögernd das Grundstück mit der erkennbar aufwändig sanierten Mühle betritt, dem sieht er – wenn er zufällig gerade seinen Garten bestellt – aufmerksam entgegen. „Wollt Ihr mal rein?“ fragt er geradeheraus. Überrascht nehmen wir an, er holt den Schlüssel und während er ihn ins Schloss steckt, deutet er auf einen Keramik-Mexikaner mit Gärtnerschürze neben der Tür: „Der passt hier auf!“

Im Erdgeschoss kann man heiraten; Zeitungsausschnitte und Fotos von Hochzeitspaaren hängen an der Wand. Groß darf die Gesellschaft allerdings nicht sein, vielleicht zwei Dutzend Personen, denn der Raum ist begrenzt. Ganz am Rand führt eine Treppe in den ersten Stock. „Stoß dir nicht den Kopf", sagt er, während er, zärtlich beinahe, den Balken tätschelt, der die kleine Luke begrenzt. Er weist uns auf die komplizierten Verdübelungen der Achtkantbalken mit dem übrigen Gebälk hin. Hier – gewissermaßen im 1. Stock – wird das gemahlene Korn in Säcken aufgefangen. Eine weitere Treppe führt hinauf in die nächste Etage. Hier liegen die beiden schweren Steine, Boden- und Läuferstein, zwischen denen das Getreide zermahlen wird. Und hier befindet sich auch der Ausstieg auf die Galerie; Mühlen vom Typ der „Aurora" nennt man deshalb auch Galerieholländer. Von der Galerie aus beeinflusst der Müller mittels einfacher Kettenseile die Windfläche der Flügel, um den gleichmäßigen Betrieb des Mahlwerks bei unterschiedlichen Windgeschwindigkeiten und -richtungen zu gewährleisten. Im Moment geht ein angenehmer Wind, die Flügel stehen im Osten und drehen sich munter. Hans Peters warnt uns daher, nicht zu nahe heranzugehen.

Die früheste urkundliche Erwähnung einer Mühle in Weddingstedt ist aus dem Jahr 1582 bekannt. Sie brannte 1832 völlig nieder und wurde durch einen Bergholländer ersetzt. 1843 kam die Mühle in den Besitz der Familie Peters. Claus Peters jun. war es, der die Mühle 1880 unter Verwendung einiger Bauteile vom alten an den heutigen, günstiger gelegenen Standort verlegte und zu einem Galerieholländer umbaute. Weil die Galerie mit anderem Namen Zwickstell heißt, trifft man auch gelegentlich auf die Bezeichnung Zwickstellholländer. Hans Peters hat die Mühle in seinen jungen Jahren noch im Betrieb erlebt. 1988 erfolgte die Sanierung.

In einem früheren Lagerraum neben der Mühle zeigt Peters auch einige Modellbauten, an denen sich die Funktionsweise verschiedener Mühlen studieren lässt.

Für windgängige Mühlen ist eine erhöhte Lage erforderlich. Frühe Erbauer haben das Problem durch künstliche Wurten gelöst, später waren aufgemauerte Untergeschosse die Regel. Auf diese Weise beherrschten Mühlen häufig die Silhouette ihres Ortes. Weil sie in der Geschichte Dithmarschens eine so herausragende Rolle gespielt haben – noch Anfang des 20. Jahrhunderts waren es mehr als 200 –, werden die Mühlen bis zum heutigen Tag nicht nur restauriert, wo immer es geht, sondern auch interessierten Gästen geöffnet: Am „Mühlentag", der alljährlich am Pfingstmontag begangen wird, können viele Mühlen besichtigt werden.

Weddingstedt: Die Windmühle „Aurora" aus dem Jahr 1880, saniert 1988.

Die Bauernmühle von Dellstedt

Auch „Ursula" in Barlt kann man am „Mühlentag" besichtigen.

Alles andere als glanzlos: Kreuz und quer durch die Jahre 1559 bis 1867

Unsere Rundfahrt durch das Dithmarschen der drei Jahrhunderte nach der Regentenzeit beginnt in Brunsbüttel, genauer: im Siedlungskern, der heute Brunsbüttel-Ort genannt wird. Der noch ältere Ort – als eines der Urkirchspiele wird Brunsbüttel erstmals im Jahr 1140 urkundlich erwähnt – ist Mitte des 17. Jahrhunderts zu wiederholten Malen von Sturmfluten heimgesucht worden. Durch die langsame Verlagerung des Flussbettes in den Norden der Flussmündung ist das alte Marschland allmählich verschwunden – und damit auch die Schutzzone vor dem Ort. Längst war der Raum für einen Deich viel zu klein, als die beiden verheerenden Fluten vom August 1673 und Januar 1674 über den Ort herfielen. Nachdem die Brunsbütteler die Schäden aufgenommen und ihren Hausrat gerade mal wieder getrocknet hatten, wandten sie sich an den königlich-dänischen Statthalter mit der Bitte, das alte Brunsbüttel ausdeichen und den Ort an anderer Stelle neu errichten zu dürfen. Als geeignete Stätte bot sich das Gelände rund um den 20 Jahre zuvor angelegten neuen Friedhof an; das ist das Gelände, auf dem heute die Jacobus-Kirche steht. Im Februar 1675 beginnt der Wiederaufbau rund um den Friedhof.

Im Jahr 1677 wurde dann auch der Grundstein für die Jakobus-Kirche gelegt. Der schon zwei Jahre später geweihte Saalbau nahm zahlreiche Ausstattungsstücke der alten Kirche auf, so den wertvollen, vermutlich auf das Mittelalter zu datierenden Altaraufsatz und die Orgel von 1601. In die Zeit ihrer Fertigstellung fällt der zweite Besiedlungsschub, als weitere 30 Familien Grundstücke in diesem Quartier erwarben

Brunsbüttel-Ort: Die Jakobus-Kirche, der Chor mit dem Altaraufsatz im so genannten Knorpelbarock-Stil …

... und das Haus Markt 12 (Boje-Haus)

und bebauten. Der Bau, den wir heute sehen, geht im Kern auf diese alte Kirche zurück, stammt aber aus den Jahren 1723/24. Die Brunsbütteler müssen sich wohl gefragt haben, welche Schuld sie denn auf sich geladen haben könnten – denn in die alte Kirche schlug 1719 der Blitz ein und binnen kurzem war das Gotteshaus bis auf die Grundmauern heruntergebrannt. Der barock-prunkvolle Altaraufsatz aus der Mitte des 17. Jahrhunderts, den wir heute in der Kirche sehen, wurde nach 1724 aus der Glückstädter Schlosskirche übernommen. Er gilt als eines der eindrucksvollsten Beispiele des so genannten Knorpelbarock; wir nehmen uns ein wenig Zeit für ihn. Typisch für diese Zeit ist auch der als Dachreiter ausgeführte Glockenturm dicht an der westlichen Giebelwand.

Rund um die Kirche herum finden wir eine Reihe liebevoll erhaltener alter Häuser, so das Boje-Haus von 1779 (Markt 12), das lange als Diakonat diente und heute unter anderem eine Außenstelle des Standesamtes beherbergt, das ehemalige Pastorat von 1772 (Markt 21) und einen Fachwerkbau mit einer spätbarocken Tür (Markt 14). Das heutige Heimatmuseum (Markt 4) wurde ursprünglich als Rathaus errichtet; trotz seiner klassizistischen Anmutung stammt es aus dem Jahr 1905. Ein Spaziergang entlang dieser Häuser und durch die angrenzenden Straßen belohnt geduldige Spaziergänger mit der Entdeckung vieler kleiner Zierdetails.

Wir verlassen Brunsbüttel über die Marner Chaussee und kommen zu einem Kreisverkehr an der B5. Von hier führt der Weg über Marne und Trennewurth nach Meldorf. Wenn wir Zeit und Lust haben, können wir noch einmal den Umweg über Barlt machen und einen Blick auf eine stattliche Windmühle werfen. Mehrere Hinweisschilder an der B 5 weisen eigens auf sie hin: Errichtet als Kellerholländer unter dem Namen „Aoelus“ – eine Anspielung auf den griechischen Gott der Winde –, wird sie 1923 zu einem Galerieholländer umgebaut und auf den Namen „Ursula“ umgetauft. Sie ist bis heute voll funktionstüchtig.

Vor dem Museum von Brunsbüttel liegt ein Anker – als passender Hinweis auf die Vergangenheit.

Meldorf: Der Sandsteinlöwe war Teil eines Beischlags.

Meldorf, der ehemalige Hauptort von Dithmarschen, hat nicht nur eine bewegte mittelalterliche Geschichte, sondern auch eine sehr beachtenswerte frühneuzeitliche Vergangenheit. In der Tat finden sich so viele Kleinodien aus den drei Jahrhunderten nach 1559, dass hier unmöglich alle erwähnt werden können.

Warum Meldorf einen verhältnismäßig großen Marktplatz hat, wissen wir bereits: Bis 1433 war das Städtchen schließlich Marktort und Treffpunkt der politischen Gremien und der Landesversammlung. Rund um die Kirche herum ist der Ort gewachsen. Am Südermarkt fällt uns das klassizistische Gebäude von 1840 mit der Apotheke auf; es handelt sich um die älteste Apotheke Dithmarschens, 1614 an heutiger Stelle gegründet. Aufmerksamen Spaziergängern fallen die beiden kleinen Sandsteinlöwen auf, die den Eingang des Hauses Südermarkt 6 zu bewachen scheinen. Sie sind keine bloße Zierde oder Schutz gegen böse Geister, sondern vielmehr Reste so genannter Beischläge, an denen Pferde angebunden werden konnten. Einen zweiten Blick wert ist auch die barocke Eingangstür am Haus Südermarkt 4.

Folgen wir zuerst der Burgstraße, bergab und dann wieder bergauf, fallen uns zahlreiche weitere liebevoll gepflegte Details auf: Eingangstüren, Blumen auf den Stufen zu den Eingängen, Sprossenfenster, Efeu- und Rosenspaliere. Am Ende der Burgstraße stoßen wir auf ein beson-

Das Haus-Ensemble Burgstraße 20 und 22.

ders interessantes Häuser-Ensemble (Nr. 20, 22 und 24), das seit 1975 unter Denkmalschutz steht: einen Speicher mit Krüppelwalmdach (Nr. 20) und zwei Wohnhäuser aus dem späten 18. Jahrhundert, von denen eines über eine Utlucht und einen verbretterten Giebel verfügt (Nr. 24). Im Blick zurück die Burgstraße entlang bildet der Dom den Fluchtpunkt.

Mit wenigen Schritten erreichen wir von hier die Süderstraße. Das Haus Nr. 18 stammt im Kern aus dem Jahr 1588 und wurde in den 1980er Jahren nach einem Brandschaden aufwändig saniert. Inschriften in den Balken deuten auf die Geschichte des Hauses und das Gottvertrauen seiner Bewohner: „Is Godt midt vns wor kan den wedder vns wen“, steht dort, was so viel heißt wie: „Ist Gott mit uns, wer kann dann gegen uns sein“. (Gleich nebenan finden wir das frühere Ballhaus und heutige Kulturzentrum „Dithmarsia“, das aus den Jahren um 1880 stammt und insofern etwas außerhalb der Epoche unseres Rundgangs liegt.)

Auf dem Weg die Roggenstraße hinunter stoßen wir zur Rechten auf das Rathaus. Genau hier stand im späten 18. Jahrhundert das Haus des Landvogts Heinrich Christian Boie, der uns im Kapitel über die Literatur Dithmarschens wiederbegegnen wird. Hinter dem Haus lag der berühmte Garten, von dem im Briefwechsel zwischen Boie und Luise Mejer im Frühjahr 1785 häufig die Rede ist (und der später so berühmt wird, wie Luise es schon vermutet, bevor er fertiggestellt wird).[41] Nach einigen weiteren Schritten ändert die Straße ihren Namen: Aus der Roggen- wird die Zingelstraße. Gleich zu Beginn stoßen wir auf das imposanteste Meldorfer Bürgerhaus: Zingelstraße 8, errichtet 1710, fällt durch seinen dreifach abgetreppten Giebel mit einem Rundbogenabschluss und Sandsteinfriesen auf den Giebelstufen auf. Leider verunziert großformatige Werbung das Erdgeschoss.

Von hier aus durchqueren wir die Gartenstraße, um in den Bezirk des hochmittelalterlichen, nach der Reformation aufgehobenen Dominikanerklosters Marienaue zu gelangen. Zuvor werfen wir in der kreuzenden Papenstraße einen Blick auf das alte Pastorat, das nach Westen einen reichverzierten Backsteingiebel aus dem Jahr 1601 aufweist. Auf diesen Giebel haben wir am ehesten sonntags einen freien Blick, wenn keine Fahrzeuge in der Auffahrt parken. Noch älter als der Giebel ist der östliche Bauteil, in dem dicke Mauern und altertümliche Fensternischen eine Datierung auf das Mittelalter nahelegen. Wer an der Straße Klosterhof noch etwas vom mittelalterlichen Kloster entdecken will, dessen Gebäude nach der Auflösung des Klosters 1540 und bis weit ins 19. Jahrhundert hinein als Gymnasium dienten, muss sehr genau hinsehen. Allenfalls die Granitquader im Sockel der Ostwand verraten etwas von dem ehemals zweifelsohne wuchtigen Bau. Die heutige kom-

Meldorf: Zingelstraße 8

... und Süderstraße 18.

Wo heute das Rathaus steht, befanden sich um 1795 Haus und Garten von Heinrich Christian Boie. Am Rathaus erinnert eine Gedenktafel an den berühmten Landvogt.

plizierte Hausgestalt geht im Wesentlichen auf einen Umbau im Jahre 1789 zurück. Viele kleine Details machen das Gebäude zu einem Solitär.[42]

Wir verlassen Meldorf westwärts Richtung Büsum. Über Thalingburen und Nordermeldorf erreichen wir das schon früher erwähnte Wöhrden. Mehrmals stand das seit 1281 bekannte Kirchspiel im Mittelpunkt der Dithmarscher Geschichte, so als die Einwohner der Umgebung sich im Laufe von Gerhard des Großen Eroberungsversuch 1319 in seine Kirche flüchteten, dann in höchster Bedrängnis den Ausfall wagten und mörderisch über ihre Belagerer herfielen. Oder noch einmal, als sich die Dithmarscher im Februar 1500 zu ihren Beratungen vor der Schlacht von Hemmingstedt hier versammelten. Wenn wir Wöhrden bei unserer mittelalterlichen Rundfahrt dennoch nicht angesteuert haben, so deshalb, weil die mittelalterliche Kirche nicht die ist, die wir hier sehen. Die heutige St. Nicolai-Kirche, übrigens errichtet auf der höchsten Wurt Dithmarschens, wurde 1786 nach dem Abriss des Vorgängerbaus begonnen und zwei Jahre später fertiggestellt. Von außen ist dem kompakten, ein wenig wehrhaft wirkenden Bau kaum anzusehen, welches liebevolle Kleinod er drinnen darstellt. Die hohen Rundbogenfenster lassen unerwartet viel Licht in das Kirchenschiff. Auffällig ist, dass hier (wie in Brunsbüttel) auf Fenstermalerei verzichtet wurde. Verstärkt wird die helle Gesamtwirkung durch die wenigen geschickt eingesetzten Farben: weiß, grau, gold – mit dem Ziel, alle Aufmerksamkeit auf den Kanzelaltar mit den dunkelroten Säulen und den goldenen Kapitellen zu richten. Eine Besonderheit in Dithmarschen und darüber hinaus ist der schwebende Taufengel vor dem Altar aus dem Jahr der Weihe 1788.

Haben wir die Kirchentür nach unserem Besuch wieder hinter uns geschlossen, fällt unser Blick nach schräg links auf zwei auffällige Häuser am Beginn der Hafenstraße: das so genannte

Der äußerlich schmuckarmen Kirche von Wöhrden sieht man kaum an ...

... welches Kleinod sie innen ist.

Der Taufengel stammt aus dem Jahr 1788.

Materialienhaus, ursprünglich aus dem Jahr 1519, und südlich anschließend das Haus Peters aus dem Jahr 1778. Am Materialienhaus stammt allerdings nur noch der Giebel einschließlich des tragenden Holzbalkens von 1519; alles andere wurde 1928 neu errichtet. Dennoch ist es geeignet, uns einen Eindruck von der Wohnhaus-Kultur vor 1559 zu vermitteln. Ganz in der Nähe, in der Großen Straße, finden wir auf unserem Rundgang noch ein aufwändig gearbeitetes Sandsteinportal aus dem Jahr 1634, das in einen Neubau aus dem 20. Jahrhundert integriert wurde.

Warum Wöhrden eine Hafenstraße hat? Weil Wöhrden zwischen dem 15. und dem 18. Jahrhundert einen sehr betriebsamen und erst danach allmählich in die Bedeutungslosigkeit absinkenden Hafen direkt an der Nordsee hatte. Zur Zeit der Bauernrepublik und auch noch unter den Herzögen war Wöhrden ein wichtiger Hafen für die Getreideausfuhr und für die Einfuhr von Waren aus den Niederlanden oder England. Weil aber die Versandung in diesem Küstenabschnitt ständig zunahm und gleichzeitig die Eindeichungen weite Vorlandflächen entstehen ließen, musste der Hafen im Laufe seines Bestehens zweimal verlegt werden. Aber auch das schützte ihn nicht davor, erst seine überregionale und dann auch seine regionale Bedeutung zu verlieren.[43] Mit der Eindeichung des Speicherkoogs endete 1978 die Geschichte dieses Hafens endgültig.

Von Wöhrden ist es nur ein Sprung nach Büsum. Als Kirchspiel gab es Büsum wie erwähnt schon lange, bevor die Insel landfest gemacht werden konnte. Wenn wir vom Hafen bzw. vom Deich her durch die Österstraße auf die Kirche zugehen, spüren wir schon ein Stück Ortsgeschichte unter unseren Füßen: Die Österstraße führt bergan, denn die erste Kirche und die ersten Häuser rundherum wurden auf einer im Mittelalter aus Klei aufgeworfenen Dorfwurt, der alten Osterwarft, errichtet.

Büsum: St.-Clemens-Kirche von Westen

... und von Osten mit dem Eingang.

Die ganz von Bäumen umgebene St.-Clemens-Kirche stammt aus dem späten 15. Jahrhundert. Im Chor hat sich das ursprüngliche Gewölbe erhalten. Überhaupt fällt uns bei unserem kurzen Besuch eine Fülle von Kunstwerken in der kleinen Kirche auf: die Bronzetaufe aus dem späten 13. Jahrhundert, der Legende zufolge ein Stück Raubkunst von der Insel Pellworm, ferner unter anderem die große Figur des Gekreuzigten von 1495 und das Votivschiff „Der milde Herbst" von 1807. Ähnlich wie Wöhrden ist die Büsumer Kirche eine ganz eigenen Charakters.

Auch die Geschichte des Hafens reicht in die Zeit vor 1559 zurück. Die lokale Forschung geht davon aus, dass der erste Hafen ungefähr im Bereich der heutigen Alleestraße lag, denn am Rand der Osterwarft gab es einen weiten Priel. Wir dürfen uns aber nicht vorstellen, dass er ungefähr so aussah wie der heutige. Ähnlich wie in Wöhrden ging es eher um flache Be- und Entladeplätze für Schiffe, die die Handelsverbindungen entlang der Nordseeküste sicherstellten. Der heutige „alte" Hafen wurde Ende des 16. Jahrhunderts angelegt; das war in der Zeit, in der auch der Wardammkoog entstand. Und ähnlich wie die Wöhrdener Schiffer kämpften auch die Büsumer ständig gegen die Verschlickung. Mehrmals musste der Hafen den sich ändernden Gegebenheiten angepasst werden, was auch

Blick in das Chorgewölbe, im Vordergrund die Bronzetaufe aus dem späten 13. Jahrhundert.

den aufwändigen Bau von Siel- und Schleusenanlagen mit sich brachte.

Mit dem Aufkommen der Berufsfischerei (und dem damit steigenden Bedarf an Liegeplätzen) konnte Büsum die Last allein aber nicht mehr tragen – und übergab den Hafen 1903 an die Preußische Staatsbauverwaltung. Preußen kümmerte sich umgehend um die Anlage des Osthafens (des heutigen Hafenbeckens 2 mit den Liegeplätzen der Fischereiflotte). Der ursprüngliche Hafen ist also ein echtes Stück Geschichte, und es ist nur folgerichtig, dass hier heute die Museumsschiffe liegen. Über diese hinaus finden wir am Hafenkopf den Nachbau des ersten Leuchtfeuers der Büsumer Hafeneinfahrt (von 1878) und am Südufer auch die Ausstellung einiger teils jahrhundertealter Bojen und Schiffsanker.

Von Büsum ist es abermals nur ein Sprung nach Wesselburen. Seine frühere Bedeutung ist dem Ort heute kaum noch anzusehen. Was allerdings deutlich zu sehen ist, während wir uns

Das Votivschiff „Der milde Herbst" (1807).

Blick über den früheren Haupt-, heutigen Museumshafen.

An der Westmole sind historische Bojen und Anker aus der Zeit seit dem 16. Jahrhundert zu sehen.

Die Kirche in Wesselburen

dem Ort nähern – oder während wir unmittelbar neben der Kirche stehen –, ist seine erhöhte Lage: Wesselburen entwickelte sich auf einer Dorfwurt, hier entstand im Mittelalter der erste Ringdeich um ein Dorf, hier kreuzten sich später Wege, die den Ort zu einem der Wirtschaftszentren von Norderdithmarschen machten. Das Ende dieser Zeit kam, als der Großteil des Ortes 1736 zu einem Raub der Flammen wurde. Die Kirche auf dem höchsten Punkt der Wurt, genau wie die in Wöhrden von einer Ringstraße umgeben, wurde schnell wieder aufgebaut. Herzog Karl Friedrich von Holstein-Gottorf ließ sich von dem ganz und gar ungewöhnlichen Entwurf des Baumeisters Johann Georg Schott aus Heide überzeugen; der beinahe quadratische Grundriss, die Einbeziehung des Turmstumpfes unter das großflächige (und dadurch als sehr tiefgezogen empfundene) Dach und der für unsere Region völlig untypische Zwiebelturm, der das Gebäude wie ein überdimensionierter Dachreiter krönt, sind auf seinen Entwurf zurückzuführen. Entstanden ist ein völlig einzigartiges Kirchengebäude, das die jahrhundertealte Bedeutung des Ortes zu einem Zeitpunkt reflektiert, da diese Bedeutung bereits abnahm.

Im Innern der Kirche fällt der Altar auf, eine Nachbildung des damaligen Altars der Lübecker Marienkirche mit dem Gekreuzigten und seiner Mutter Maria im Zentrum. Der Taufstein konnte aus der alten Kirche herübergerettet werden; er wird auf die Zeit um 1200 datiert und wäre damit die älteste Sandsteintaufe in Holstein.

Ähnliches wie für die Kirche gilt für die benachbarte ehemalige Kirchspielschreiberei, die ebenfalls im Zuge des Wiederaufbaus errichtet worden ist. Der ungewöhnlich große zweigeschossige Quergiebel verleiht dem Barockbau behäbige Würde und Bedeutung.

Die Kirchspielschreiberei in Wesselburen

Die Kirche von Neuenkirchen

Das nahe Neuenkirchen nordöstlich von Wesselburen ist eine eng gebaute Reihensiedlung, die vermutlich im 12. Jahrhundert im Zusammenhang mit der von den Geschlechtern vorangetriebenen Kolonisierung des neuen Landes entstanden ist. Auch diese Kirche (nahe am westlichen Ortsausgang) wurde im Mittelalter errichtet, aber der heutige Bau hat mit dieser ersten Kirche nur noch ihren Platz gemeinsam: Nach zwei Bränden 1704 und 1729 wurde die Kirche unter Verwendung der vorhandenen Mauerreste 1730 neu errichtet. Die schlichte Einrichtung stammt im Wesentlichen aus der Zeit zwischen 1710 und 1740; bemerkenswert sind die Orgel – die bei anderweitigen Renovierungsarbeiten am Turm in Mitleidenschaft gezogen wurde und aktuell selbst sanierungsbedürftig ist –, die Taufe von 1710 und die hölzerne Geschlechterloge.

In der Mitte der Reihensiedlung kreuzt die L 155 unsere Straße; hier biegen wir nach links ab in Richtung Hemme. Ähnlich wie Neuenkirchen oder Barlt ist Hemme eine geradezu klassische Reihensiedlung. Der Ort entstand im

Im Glockenstuhl

Die Kirche in Schlichting

Hochmittelalter im Zuge der Kolonisierung des vermoorten Marschlandes. Eine Kirche wird erstmals 1323 erwähnt; was wir heute sehen, geht im Wesentlichen auf jenen Bau zurück. Die äußerlich unauffällige Kirche auf einer sichtbaren Wurt am östlichen Ortsausgang überrascht im Inneren mit einer stilgeschichtlich fast in sich geschlossenen Ausstattung: Wir finden eine Renaissancekanzel aus dem Jahr 1567, einen von der Spätrenaissance geprägten Altar (1622) mit barocken Zusätzen und eine halbhohe Wandvertäfelung sowie viele farbige Geschlechterwappen am Gestühl und an der Empore.

An der K 43 folgen wir dem Hinweis nach Hennstedt. Ein Abstecher führt uns zuvor in das Örtchen Schlichting. Seine kleine St. Rochus-Kirche hätten wir beinahe übersehen, denn sie duckt sich so dicht hinter das Haus am Straßenrand, als wolle sie sich wegen ihrer äußerlichen Schmucklosigkeit lieber verstecken. Keine schattenspendenden Bäume stehen um sie herum und vor allem gibt es keinen Friedhof. Das hat seinen Grund, denn die Kirche von Schlichting spiegelt bis heute ganz unmittelbar die Existenzbedindungen der Menschen zur Zeit ihrer Gründung: Schlichting ist eine Moorsiedlung und Moorbauern haben es schwer, zu Wohlstand zu kommen. Einen Großteil ihrer Arbeitskraft müssen sie dem Kampf mit dem bzw. gegen das Wasser – aus dem Untergrund oder als Rückstand von Deichbrüchen an der Eider – widmen. Möglicherweise haben die regelmäßigen Überschwemmungen des tiefen Moorlands den

Die Kirche in Hemme

Die Südseite der Secundus-Kirche von Hennstedt.

Der Grabstein für die Eltern von Nicolaus Junge.

Kirchgang nach Hennstedt immer wieder schwierig oder unmöglich gemacht, so dass die Schlichtinger vermutlich um 1500 herum ihr Mutterkirchspiel gebeten haben, ein eigenes Gotteshaus errichten zu dürfen.[44] Die Kirche, die wir heute sehen, stammt etwa aus der Zeit um 1670. Auch ihre Ausstattung ist karger als die anderer Gotteshäuser in Dithmarschen. Zu den ältesten Stücken gehört der verhältnismäßig große Messingleuchter von 1667, beachtenswert ist ferner das teilweise wappengezierte Gestühl aus dem frühen 18. Jahrhundert.

Hennstedt gehört zu den 1281 erstmals erwähnten Kirchspielen. Die langgestreckte – weil in einer späteren Bauphase nach Westen erweiterte – Secundus-Kirche geht mit ihrem Feldstein-Mauerwerk auf das 13. Jahrhundert zurück; vereinzelt lassen sich diese Steine im Sockelbereich unter dem weißen Kalkbewurf gut identifizieren. Die Kanzel stammt aus dem 17. Jahrhundert, der Altar aus dem Jahr 1783; bemerkenswert ist, dass in diesem Fall beide Kunstwerke von einheimischen Künstlern (aus Neuenkirchen bzw. Wesselburen) geschaffen wurden. Den großen Grabstein an der nördlichen Außenseite hat Nicolaus Junge im Jahr 1600 für seine Eltern errichten lassen. Junge stand im Dienst der neuen Landesherren nach 1559: Er amtierte als Kanzler des Gottorfer Herzogs Johann Adolf.

Zwei Steinwürfe entfernt von der Kirche finden wir direkt an der Durchgangsstraße die ehemalige Kirchspielvogtei, einen wuchtigen Bau. Allein durch seinen Grundriss und seine Größe dokumentiert er den Wohlstand und das Selbstverständnis wirtschaftlich erfolgreicher Landbesitzer und Amtswalter der Jahrzehnte um 1800. Zwar ist das Ende des 18. Jahrhunderts von Kirchspielvogt Otte errichtete Haus in den 1980er Jahren restauriert worden, aber sein aktueller Anblick lässt befürchten, dass es schon wieder dem Vergessen entgegendämmert.

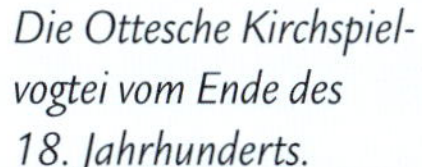

Die Ottesche Kirchspielvogtei vom Ende des 18. Jahrhunderts.

Ein Überblick von 1867 bis in die Gegenwart

1867	Schleswig und Holstein werden zur preußischen Provinz Schleswig-Holstein
	28. April: Neues Steuersystem für Schleswig und Holstein
	23. September: Neue Gewerbeordnung für Schleswig und Holstein
	1.Oktober: Preußische Verfassung tritt für Schleswig-Holstein in Kraft
1869	14. April: Neue Städte- und Fleckenordnung für Preußen; Stadtrecht für Meldorf
1870	Stadtrecht für Heide; Gründung des „Heider Anzeiger" (zunächst zwei Ausgaben pro Woche, ab 1903 täglich)
1870/71	Deutsch-Französischer Krieg, Gründung des Deutschen Reiches am 18. Januar 1871. In vielen Gemeinden finden sich bis heute Denkmale für die Gefallenen dieses Krieges.
1872/73	Kaiser-Wilhelm-Koog geschlossen
1877	Eröffnung der Bahnstrecke Neumünster – Heide; in den Folgejahren Ausbau von Zweigstrecken
1879/82	Sanierung und Renovierung des Meldorfer Doms, Errichtung des neuen Turms
1880ff.	Entstehung der Berufsfischerei: Fisch- und Krabbenfang per Kutter. Büsum und Friedrichskoog werden Zentren der Kutterfischerei.
	Ausbau des Bahnnetzes ermöglicht eine spürbare Zunahme von Fremdenverkehr und eine deutliche Verbesserung des Postwesens.
1887–1895	Bau des Kaiser-Wilhelm-Kanals, später Nord-Ostsee-Kanal / Kiel Canal. Einweihung 1895 durch Wilhelm II.
1890ff.	Ausbau des Straßen- und Wegenetzes, Bau von Gas- und Elektrizitätswerken
1892	In Büsum: Beginn des großflächigen Kohlanbaus
1900	17. Februar: Einweihung des Denkmals auf der Dusenddüwelswarf südwestlich von Hemmingstedt zur Erinnerung an die Schlacht bei Hemmingstedt vor genau 400 Jahren
1903	Preußische Staatsbauverwaltung übernimmt den Büsumer Hafen und treibt ab 1905 den Ausbau des zweiten Hafenbeckens voran.
1913	Inbetriebnahme des Büsumer Leuchtturms
1914–1918	Erster Weltkrieg
1919	In Hemmingstedt wird ein neuer Versuch zum Abbau der Ölkreide unternommen (1926 eingestellt)
Ab 1922	Versuch, die Insel Trischen privat zu bewirtschaften (1943 nach einer Sturmflut abgebrochen)
1924	Neufelder Koog geschlossen
1928	Verschlechterung der wirtschaftlichen Situation in der Landwirtschaft führt zu einer ersten Protestwelle; Entstehen der „Landvolkbewegung"

1928ff.	Erstarken der NSDAP in Dithmarschen, Auftritt von Adolf Hitler in Heide
1933/35	Nach der Machtübernahme der Nationalsozialisten 1933 Beginn mit dem Bau des Adolf-Hitler-Kooges (heute Dieksander Koog) auf der Grundlage von Plänen aus der Zeit vor 1914. Maximale propagandistische Ausnutzung durch die Nationalsozialisten. 1936 Einweihung der Neulandhalle.
1934	Neuer Versuch zum Abbau der Ölkreide (vor dem Hintergrund der Autarkiebestrebungen der Nationalsozialisten)
1939–1945	Zweiter Weltkrieg
1940	Hemmingstedt: Errichtung einer Destillationsanlage: Keimzelle der späteren Raffinerie. 1944 Bombenangriff.
1945ff.	Nach Kriegsende Wiederaufbau des kommunalen und politischen Lebens, die Briten setzen eine Reihe von Bürgermeistern ein (Büsum, Burg, Heide). Erste Gedenkstätte in Gudendorf (1960/61 in der heutigen Form ausgestaltet)
1959	Bau des Ölhafens in Brunsbüttel
1967–1973	Bau des Eidersperrwerks
1970	Norder- und Süderdithmarschen werden – gegen teils erheblichen Protest der Bevölkerung – zum neuen Kreis Dithmarschen zusammengelegt. Heide wird Kreisstadt. 1972–1974 Bau des Kreishauses in Heide.
1973–1978	Bau des Speicherkoogs westlich Meldorf: Verkürzung der Deichlinie und Schaffung eines Speicherraums für Wasser aus dem Binennland
1975	Der Leuchtturmwärter von Büsum wird durch den Computer ersetzt.
1983	17.10.: Einweihung der Windenergieanlage „Growian" im Kaiser-Wilhelm-Koog
1985	Einrichtung des Nationalparks Wattenmeer

Dithmarschen seit 1867

Wenn Preußen für eines bekannt ist, dann für seine humorlose Effizienz – auf militärischem wie auf verwaltungstechnischem Gebiet. Wir können uns leicht vorstellen, dass es mit einer wie immer gearteten und begründeten Sonderrolle für Dithmarschen unter den neuen Herren im fernen Berlin endgültig vorbei ist. Dithmarschen hat eine große Tradition und einige regionale Mythen, die sich hervorragend in das im Entstehen begriffene Nationalstaatsempfinden einfügen lassen – stellt beispielsweise Wulf Isebrand doch nicht zuletzt eine Art Arminius dar, mit dem sich Kraft, Eigenart und Selbstbehauptungswille jedes Volkes ganz hervorragend ausstaffieren lassen. Aber darüber hinaus soll Dithmarschen bitte schnellstens alle Verwaltungsgrundlagen nach preußischem Vorbild einführen und als Bestandteil der Provinz Schleswig-Holstein für sein wirtschaftliches Fortkommen sorgen.

Wo wir gerade von wirtschaftlichem Fortkommen sprechen: Dass die Industrialisierung, die den grundlegenden Wandel aller Lebensverhältnisse und -standards mit sich bringt, und die Eingliederung in das Königreich Preußen sich ungefähr um die gleiche Zeit volllziehen, ist natürlich ein historischer Zufall. Womöglich wirkt sich die Einführung industriell-mechanischer Produktionsprozesse seit etwa den 1850er Jahren sogar viel direkter, tiefgreifender auf die Menschen aus als die Zugehörigkeit zu einem neuen Staatsgebilde? Zwar macht sich der Staat durch die alle Lebensbereiche krakenartig umgreifende Bürokratisierung und Besteuerung

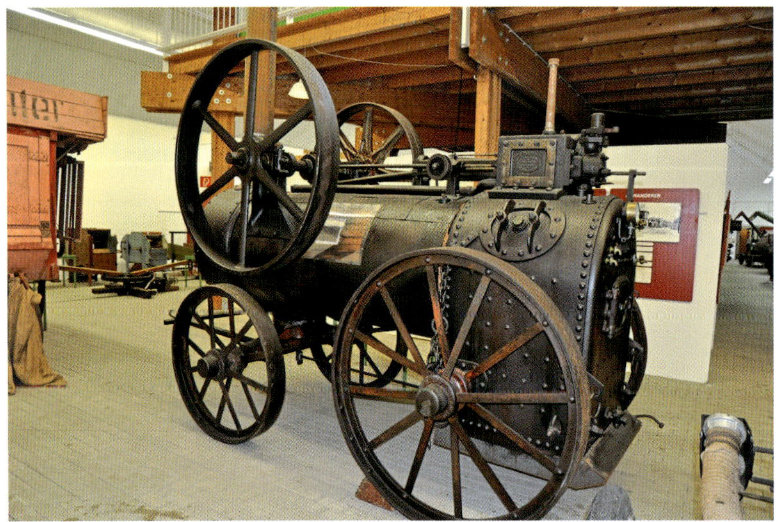

Schleswig-Holsteinisches Landwirtschaftsmuseum Meldorf: Motorwagen für Feldmaschinen aus dem späten 19. Jahrhundert

für alle Menschen bemerkbar – aber die echte Revolution ist doch wohl die Technisierung von bisher manuell-handwerklich erledigten Arbeiten. Binnen einer einzigen Generation verändern sich alle Gegenstände des täglichen Lebens; da wird manch einer, der in den ersten Jahren des 20. Jahrhunderts seinen Ruhestand erlebt, sich seufzend gefragt haben, wo denn die gute alte Zeit geblieben sei …[45]

Bei alledem bleibt die Land- und Viehwirtschaft, von der Dithmarschen jahrhundertelang gelebt hat, zunächst einmal der bestimmende Wirtschaftszweig. Durch den Einsatz von chemischen Düngemitteln kann die Produktion intensiviert und gesteigert werden, durch die Trockenlegung einstiger Niederungen und die Anlage neuer Köge (Kaiser-Wilhelm-Koog 1872/73 und weitere) wird zudem die zur Verfügung stehende Fläche noch einmal deutlich vergrößert. Auf den großen Höfen wird der Einsatz von Maschinen unausweichlich. Die Zeit der „Döschdamper“ genannten großen motorbetriebenen Dreschmaschinen und der Grasmähmaschinen beginnt. Hier wird deutlich, dass das Industriezeitalter zuerst durch seine Produkte nach Dithmarschen kommt, weniger durch Industrieansiedlungen. Gleichwohl etablieren sich erste weiterverarbeitende Betriebe, beispielsweise Zuckerfabriken, 1869 in Wesselburen, 1880 in St. Michaelisdonn. 1890 gibt es in den beiden Dithmarscher Kreisen 38 Meiereien. Und natürlich entstehen Elektrizitätswerke.

Dass sich aus ambitionierten Handwerksbetrieben oder kleinindustriellen Firmen hier und da größere Firmen entwickeln, stellt keine Dithmarscher Besonderheit dar. Wohl aber ist die Raffinerie von Hemmingstedt eine. Der Zufall will es in den 1850er Jahren, dass ein Landwirt bei dem Versuch, einen Brunnen zu bohren, auf ölhaltige Sande statt auf Wasser stößt. Obwohl

Der Kanal, eröffnet 1895, trennt – und bringt neue Verbindungen; hier die Fähre bei Kudensee

die Fund- und Fördermenge von Anfang an nicht für eine Raffinerie reicht, wächst über Jahrzehnte doch ein großer Verarbeitungs- und Veredelungsbetrieb heran. Er bekommt seinen Rohstoff aktuell freilich nur zu einem kleinen Teil aus der heimischen Förderung, sondern über Pipelines aus Ostholstein und über Tankschiffe aus Brunsbüttel.

Mit der Industrialisierung beginnt die Entwicklung hin zu der Welt, die wir kennen. Größere Ernten erfordern größere Speicher erfordern größere Fuhrkapazitäten erfordern breitere, befestigte Straßen erfordern den Abriss manch alten Hauses ... Straßen und Chausseen werden ausgebaut und in den 1860er Jahren revolutioniert der Anschluss an das Telegraphennetz auch in Dithmarschen die Nachrichtenübermittlung. Eine kaum zu überschätzende Bedeutung hat daneben der Anschluss an das Eisenbahnnetz, der 1877 mit einer Trasse zwischen Neumünster und Heide hergestellt und ein Jahr später mit der Verbindung von Itzehoe über Meldorf nach Heide erweitert wird.

Es wirkt also wie ein Witz der Geschichte, wenn ausgerechnet in einem Augenblick, da alle Welt sich um mehr Verbindungen bemüht und auch Dithmarschen dichter denn je an die weite Welt herangezogen wird – durch Telegraphie, Eisenbahn-Anschlüsse, neue Chausseen –, erste Schritte unternommen werden, um eine alte Grenze gewissermaßen auferstehen zu lassen. Preußen macht 1887 ernst mit dem Bau einer schiffbaren Verbindung zwischen Ost- und Nordsee, denn der Eiderkanal ist nicht länger geeignet, den wachsenden Bedarf abzuwickeln oder die größer werdenden, tiefer gehenden Schiffe aufzunehmen. So weit die Fahrrinne der zunächst Kaiser-Wilhelm-Kanal genannten Wasserstraße Dithmarschen berührt, wird sie ausgeführt, wo einst Sümpfe und Waldgebiete Grenze zu und Schutz vor Fremden waren: von Brunsbüttel aus an Burg vorbei und den einzig festen, jahrhundertelang als Einfallstor genutzten Landrücken bei Albersdorf durchschneidend, um dann hinter dem Offenbütteler Moor Dithmarschen zu verlassen. Nach fast neun Jahren Bauzeit wird der Kanal zwischen Brunsbüttel und Kiel fertiggestellt. Für die Dimension in seiner ersten Ausbaustufe ist bestimmend, dass Kriegsschiffe schnell von der Nordsee in den Marinehafen Kiel verlegt werden können sollen. In den fast 125 Jahren seit der Einweihung 1895 wird der Nord-Ostsee-Kanal mehrfach umgebaut, verbreitert und auch – erst jüngst in Rendsburg – um Hafenanlagen erweitert. Er sorgt für Verbindung – aber Dithmarschen schneidet er auf eine Weise vom „Festland" ab, dass es jetzt fast vollständig von Wasser umflossen, auch geophysiognomisch zur „Insel" wird. Heilige Ironie!

Um Wasser geht es im 20. Jahrhundert immer wieder auch an der Westseite unseres Landes. So viel ist hier schon deutlich geworden: Die Sicherung des Landes – vor den Fluten der Nordsee wie vor dem Wasser aus dem Binnenland – ist keine Sache nur des späten Mittelalters und der frühen Neuzeit, sondern eine ständige Aufgabe. Im gleichen Maß, wie wir neue Einsichten in die Wirkweisen der Natur bekommen, ändern wir auch unsere Herangehensweise und setzen neue Technik ein. In der frühen Neuzeit hatte sich gezeigt, dass der Stackdeich keine gute Idee war; so erhielten die Deiche ihr früher schon erprobtes Profil zurück und mittlerweile nimmt eine Deichsohle mehr als 130 Meter ein – damit der Deich sanft steigen kann und das anstürmende Wasser keine Möglichkeit bekommt, den Deich zu brechen. Ein Beispiel für diesen Gleichschritt von Einsicht und Fähigkeit zur technischen Bewältigung ist der Bau des Eidersperrwerks in den Jahren 1967 bis 1973. Wie wir gesehen haben, ist die tideabhängige Eider die Jahrhunderte hindurch immer beides: Lebensader und Lebensgefahr. Die Deiche links und rechts des Flusses sind im 17. und 18. Jahrhundert der erste Versuch, sich vor den Winterfluten zu schützten. Die 1936 bei Nordfeld fertiggestellte Abdämmung ist zwar ein Erfolg, was den Schutz vor den Fluten angeht, aber die dadurch veränderten Strömungsverhältnisse führen zur stetigen Versandung des Flusses, was wiederum Rückwirkungen auf die Entwässerung hat. Erst mit der Abdämmung von 1967/73 stellt sich dauerhafter Schutz ein: Die fünf großen Ein- und Auslauftore in der Mitte des Mündungstrichters verhindern das Vordringen der Nordsee in das Hinterland und stellen zugleich dessen gleichmäßige Entwässerung sicher. Links und rechts des Flusses sind seither zwischen dem Sperrwerk und der Eiderquerung bei Tönning weite Naturschutzräume entstanden.

Eine zweite große Sicherungsmaßnahme, die sowohl die Deichlinie verkürzen als auch die

Blick in eines der fünf gewaltigen Einlauftore des Eider-Sperrwerks

Entwässerung regeln hilft, ist der Speicherkoog westlich von Meldorf. Wir können davon ausgehen, dass es sich bei diesem Deich- und Schleusenbauwerk von 1973/78 um die vorerst letzte große Deichbau-Maßnahme in Dithmarschen handelt; die zahlreichen Lahnungen vor den Dithmarscher Deichen dienen nicht mehr der Landgewinnung, sondern in erster Linie der Beruhigung der ein- und ausströmenden Wasser. Gleichwohl wird der nördlich des Helmsander Damms gelegene Teil des neuen Kooges auch landwirtschaftlich genutzt. Und auch hier sind, links und rechts der Straße, die zum neuen Meldorfer Sportboothafen führt, zwei Naturschutzgebiete entstanden: das Wöhrdener Loch im Norden und das Kronenloch.[46]

Wirkt sich der beständige Kampf um die Sicherung des Landes auf den Charakter seiner Menschen aus? Wir können darüber spekulieren, ob das Bild, das Schriftsteller wie Gustav Frenssen oder Adolf Bartels (und auf seine Weise auch Friedrich Hebbel) vom Charakter der Dithmarscher entwerfen – mehr darüber ab S. 114 –, so wahr und aufrichtig ist, dass sie die Realität nur ins Schriftliche übersetzen müssen, oder ob andersherum die literarische Erfassung von Charakter und Geschichte den Dithmarschern im frühen 20. Jahrhundert eine Rückversicherung über sich selbst bietet – „So sünd wi!“ – und so unversehens eine Legende zum Leitbild wird. Wir können nur spekulieren, ob die tägliche direkte Auseinandersetzung mit der Natur und der unbedingte Wille, keine Herrschaft über sich zu dulden, den Charakter der Menschen geformt haben. Wo eine These ist, ist auch ihre Antithese, und so fällt es nicht leicht, sich die Anfälligkeit der Dithmarscher des frühen 20. Jahrhunderts für politisch extremes Gedankengut zu erklären. Wer eine einfache Antwort sucht, zieht eine Verbindungslinie zwischen Landwirtschaft als Lebensgrundlage, dem Menschenbild des „Jörn Uhl“ von Frenssen, den ländlichen Sujets des Malers Hans Gross, der unterstellten Dickköpfigkeit und den überdurchschnittlichen Wahlerfolgen der NSDAP schon ab der ersten Reichstagswahl 1924 (7,1% in Dithmarschen vs 6,5% im Deutschen Reich) und erst recht ab 1928 (18,0% in Dithmarschen vs 2,6% im Deutschen Reich) – und stellt fest: „Passt!“ Wer aber zu belastbaren

Blick über das Kronen-loch.

Antworten auf die Frage kommen will, warum es kam, wie es kam, muss mentalitätsgeschichtliche, regional- und mikroökonomische, politische, geistesgeschichtliche und genealogische Ansatzpunkte einbeziehen und die eigene politische Haltung außenvor lassen. Hier ist für Dithmarschen noch viel zu tun, denn nur aus einer Fülle von Detailuntersuchungen[47] ließe sich ein verlässliches Fazit ziehen.

Nicht zu leugnen ist immerhin, dass der Zuspruch für die Nationalsozialisten an den Wahltagen der Weimarer Republik in Dithmarschen immer noch etwas höher ausfiel als im restlichen Schleswig-Holstein und dass die staatlichen und öffentlichen Institutionen sich nach dem 30. Januar 1933 sehr schnell auf die neue Herrschaft einstellten.[48] Die Landgewinnung durch den Bau von Kögen brachte Dithmar-

Im Speicherkoog.

Die Nordsee vor dem Speicherkoog.

schen mehrmals in den reichsweiten Fokus, ließen sich diese Projekte doch bestens in den ideologischen Rahmen des nationalsozialistischen Weltbildes einpassen. Auf den vermeintlichen Aufbau folgt auch in Dithmarschen die Zerstörung: Gezielte Bombenabwürfe im Laufe des Zweiten Weltkrieges galten unter anderem Heide, Marne und der Raffinerie in Hemmingstedt.

Die folgenden Jahrzehnte zwischen 1945 und 1999 – dem Jahr, in dem Schleswig-Holstein die drei Häfen von Brunsbüttel endgültig an private Betreiber verkauft – zeigen eine stete Entwicklung. Die Ansiedlung von Industrie rund um die Brunsbütteler Häfen, die Entwicklung der Raffinerie, die Konzentration der Landwirtschaft auf Kohl und Getreide, der Bau der Autobahn A 23 sowie neuer Kanalbrücken und schließlich die Entwicklung des Tourismus zu einer wichtigen ökonomischen Säule haben Dithmarschen Schritt für Schritt verändert – und doch nicht verhindert, dass die Region in den Schatten der ökonomischen Zentren Hamburg oder Neumünster/Kiel geraten ist.

Wohl stellen die stetig wachsenden Bedarfe und Ansprüche des Menschen eine Herausforderung dar und wohl hat der ungebremste, kritiklose Glaube an die Zukunft in der klassischen Form der Abrissbirne vor allem in den 1960er und 1970er Jahren viele unersetzliche Zeugen der Geschichte zunichte gemacht – aber tiefgreifende Veränderungen sind mit diesem steten Wandel eher nicht verbunden. Eine Revolution wie die Industrialisierung erleben wir erst in unseren Tagen wieder: mit der Digitalisierung, die ein weiteres Mal Arbeitsplätze, wie wir sie bislang kannten, vernichten und völlig andere entstehen lassen wird. Da verwundert es auch nicht mehr, dass sich in Zeiten, da ein zwei Jahre altes Smart-Phone unter Jugendlichen mit dem „Steinzeit“-Verdikt abgetan wird, ein Zeitraum von rund 115.000 Jahren für die Weichsel-Eiszeit nicht mehr recht vermitteln lässt. Und dass diese Eiszeit erst vor gerade mal 13.000 Jahren allmählich zuende gegangen ist ... Ach, übrigens: Die beiden Dithmarschen kommen 1970 wieder zusammen! Im Zuge einer Verwaltungsreform wird aus Norder- und Süderdithmarschen der neue Kreis Dithmarschen; nach nur 411 Jahren bilden beide Landesteile nun wieder eine Verwaltungseinheit. So viel zu Zeiträumen.

150 Jahre, die fast alles ändern: Dithmarschen seit 1867

Mit einer Erkundungsfahrt durch die jüngsten 150 Jahre dithmarsischer Geschichte können wir wieder in Brunsbüttel beginnen. Wenn wir der Straße von der Jakobus-Kirche aus weiter stadteinwärts folgen, gelangen wir nach einigen Kilometern an die kreuzende Koogstraße. Ihr folgen wir bis zum Gustav-Meyer-Platz unmittelbar an den Schleusen. Ein kleines Museum, unterhalten vom Wasser- und Schiffahrtsamt, macht uns mit der Geschichte des Kanals und der Schleusen vertraut – und erklärt auch gleich noch, dass besagter Gustav Meyer der Erbauer der neuen Schleusen vom Jahr 1914 war. Wir erfahren, dass der Kanal nach einer Bauzeit von ziemlich genau acht Jahren im Jahr 1895 durch Kaiser Wilhelm II. höchstpersönlich eingeweiht wurde: an Bord der kaiserlichen Yacht „S.M.S. Hohenzollern“. Das marinebegeisterte Staatsoberhaupt gab auch den Anlass zur ersten Vergrößerung des Kanals: Wir erinnern uns aus der Schulzeit an seinen größenwahnsinnigen Versuch, Anfang des 20. Jahrhunderts die deutsche Kriegsmarine der englischen ebenbürtig machen zu wollen (was nur zu Lasten des Lebensstandards aller Deutschen in den unteren Einkommensdritteln überhaupt hätte funktionieren können). Um allerdings Kriegsschiffe der geplanten Größe schnell vom Reichsmarinehafen Kiel in die Nordsee verlegen zu können, war der Kanal schon fünf Jahre nach seiner Fertigstellung zu klein – deshalb die Anregung zur Erweiterung.

Hinter dem kleinen Museum führt eine Treppe auf die Höhe der Schleusenkammern. Heute ist der Kanal mit rund 30.000 Schiffen pro Jahr die meistbefahrene künstliche Wasserstraße weltweit – richtig, selbst noch vor dem Suezkanal (mit rund 18.000 Schiffen pro Jahr). Entlang der nördlichen Schleusenkammer gibt es weitere Info-Tafeln, die uns über den Kanal und die Funktionsweise der Schleusen unterrichten und auch noch mitteilen, dass seit 2014 im Bereich der früheren Schleuseninsel ein Großprojekt umgesetzt wird: der Bau einer fünften Schleusenkammer mit einer Nutzlänge von 330 Metern. Obwohl sich der internationale Frachtverkehr in den vergangenen 20 Jahren ganz und gar auf Schiffe von bis zu 400 Meter Länge und 56 Meter Breite verlegt hat – die für den Kanal viel, viel zu groß sind –, lohnt sich der Ausbau. Hamburg und Bremerhaven sind Drehscheiben für den Frachtverkehr nach Skandinavien und vor allem ins Baltikum, der mit der Hilfe deutlich kleinerer Container-Schiffe von durchschnittlich 120 Metern abgewickelt wird. Aber ab und zu absolviert auch ein „Traumschiff“ die 99 Kilometer lange

Nach der langen Kanal-Passage öffnet sich für ein Schiff das Schleusentor in die Elbmündung. Im Hintergrund einer der 370-Meter-Frachter (in diesem Fall der schweizerischen Reederei MSC), die den Kanal nicht nutzen können.

In der Siedlung der Arbeiter und Beamten, die für den Kanal tätig waren: Blick aus der Fülscher- auf die Mittelstraße. Unten: an der Posadowskystraße.

Strecke von Brunsbüttel nach Kiel – denn der Kanal verkürzt die Fahrt in die Ostsee je nach Zielhafen um durchschnittlich 250 Seemeilen.

Mehrere Aussichtsplattformen entlang der nördlichen Schleusenkammer ermöglichen es, den Schleusenvorgang genau zu beobachten.

Wenn wir nach dem Besuch der Schleusen ein wenig am Ufer entlangschlendern und dann über die Kautzstraße den Rückweg in die Innenstadt einschlagen, stoßen wir nach kurzem zur Rechten auf die Pauluskirche. So kurios es klingt: Sie verdankt ihre Errichtung der – seinerzeit Kaiser-Wilhelm-Kanal genannten – Wasserstraße, denn die für den Kanal tätigen Arbeiter und Beamten sollten auf Wunsch von Wilhelm II. nicht ohne seelsorgerische Betreuung bleiben. Diese Arbeiter und Beamten wohnten in einer eigens für sie hinter der Kirche errichteten Siedlung zwischen Scholerstraße und Wurtleutetweute. Die Siedlung, errichtet zwischen 1898 und 1903, hat ihren geschlossenen baulichen Charakter bis heute wahren können.

Wir kehren zurück an die B 5 und fahren in Richtung Marne weiter, folgen dann aber dem Hinweis Neufeld nach links. Auf einer schnurgeraden Straße durchqueren wir den südlichsten Zipfel des alten Kooges zwischen Marne und Ammerswurth von 1581 und gelangen zur Ortschaft Neufeld. Der Name war und ist Programm, denn das Land, das sich dahinter auftut, gehört zum jüngsten von Dithmarschen: Der Neufelder Koog wurde 1924 gewonnen. Hier und in den benachbarten Kögen, mit denen Dithmarschen sozusagen Stück für Stück ins Meer vorangetrieben wurde – dem Sophienkoog von 1718, dem Kronprinzenkoog von 1787, dem Friedrichskoog von 1854, dem Kaiser-Wilhelm-Koog von 1873 – wächst Getreide, vor allem aber Kohl. Mit der Landwirtsromantik des modernen Marketings hat das alles nichts zu tun: Zwischen Feldern mit den ab Anfang Juni allmählich größer werdenden Weiß-, Rot-, Grün- oder Wirsingkohlköpfen stehen ab und zu hochmoderne Kühlhäuser. Denn nach der Ernte etwa ab Anfang September muss der Kohl monatelang frisch gehalten werden, damit er auch im März noch gut aussieht und vor allem den Export nach Osteuropa gut übersteht.

Wo ein Koog in den nächsten übergeht, können wir auf unserem Weg gut nachvollziehen: Zwischen den Kögen, die die einzelnen Ausbauphasen repräsentieren, passieren wir immer mal wieder einen Straßendurchlass, eine so genannte Stöpe. Damit die alten Deiche als Binnendeiche weiterfunktionieren, werden sie durchbrochen und mit einer Schließeinrichtung versehen; im Bedarfs-, also Notfall können die Tore schnell geschlossen werden.

Eine empfindliche Lücke in der Küstenlinie wurde gar erst 1935 geschlossen: mit dem Dieksander Koog, der die früheren Ausbaustufen Kaiser-Wilhelm-Koog und Friedrichskoog durch eine neue Außendeichslinie verbindet. Wir erreichen den Koog nach der Durchquerung des Kaiser-Wilhelm-Koogs. Die Entstehung des Dieksander Kooges ist – wie könnte es 1935 anders sein! – ein Politikum. Er ist Teil eines Generalplans zur Landgewinnung, denn die Nationalsozialisten verstehen die Deutschen bekanntlich als ein „Volk ohne Raum“; die Idee zu dem Koog ist allerdings schon vor 1914 formuliert worden. Wie es bei den frühen Autobahnen der Fall war, ließen die NS-Machthaber seinen Bau aus symbolischen Gründen zu einem großen Teil vom Reichsarbeitsdienst (RAD) in Handarbeit ausführen.[49]

Hier im Dieksanderkoog – der zur Zeit seiner Entstehung Adolf-Hitler-Koog hieß – errichteten die Nationalsozialisten auch gleich noch ein Zeichen ihrer antikirchlichen Gesinnung: Statt einer Kirche bauten sie 1935/36 die so genannte Neulandhalle, gedacht als Ort zur Versammlung der Koog-Bewohner und als Schauplatz nationalsozialistischer Indoktrination und Selbstinszenierung. Um gar nicht erst Zweifel aufkommen zu lassen, wurden an der Nordwand zwei rund vier Meter große keramische Figuren aufgestellt, ein Soldat und ein Arbeitsdienstmann als Sinnbilder des Wehr- und des Arbeitsdienstes. Die Figuren sowie die Fresken im Versammlungsraum wurden nach 1945 entfernt. Lange Jahre diente das Haus den beiden Dithmarscher Kirchenkreisen als Jugendfreizeiteinrichtung; erst vor kurzem konnte sich der längst formulierte Gedanke, hier einen Lernort zur NS-Zeit zu etablieren, endlich durchsetzen.[50]

Zwar ist die Neulandhalle mit einem HIS-TOUR-Hinweisschild versehen, aber das Haus selbst ist in den Jahren vor seiner Reaktivierung als Lernort völlig vom umgebenden Grün außer Sicht genommen worden. Wer mit den von der NS-Propaganda verbreiteten Fotos im Kopf Ausschau hält, wird überrascht sein, ein doch relativ

Stöpe Neufelderkoog …

… und die Stöpe zwischen Neufelder und Kaiser-Wilhelm-Koog im Verlaufe der Schulstraße

In der Marsch gedeiht der Raps auf moorigen Böden hervorragend.

Die Neulandhalle von Norden her in den späten 1930er Jahren.

Der Trischendamm führt rund zwei Kilometer ins Wattenmeer hinaus.

kleines Haus vorzufinden; nur der markante Turm ragt aus dem umgebenden Grün heraus. Die Vorbereitungen zur Einrichtung des Lernortes haben im Spätsommer 2017 begonnen.

Überdeutlich zu sehen hingegen – und das war den Nationalsozialisten zweifellos ein Dorn im Auge – ist die in dieser Gegend etwas befremdlich anmutende Kirche von Kronprinzenkoog wenige Kilometer entfernt von der Neulandhalle. Was sie so befremdlich macht, ist ihr stilistisches Gepräge. Nach einem Streit der Kirchengemeinden vor Ort wird von Kiel oder der Reichshauptstadt Berlin aus 1879 ein Wettbewerb für den Bau der Kirche initiiert.[51] Das hat zur Folge, dass viele der 43 Architekten aus dem ganzen Reich Entwürfe ohne jeden Bezug zu regionalen Gegebenheiten einreichen. Sie bedienen sich einfach an den Vorlieben der Zeit um 1880, einer historisierenden Neugotik unter Verwendung von romanischen Elementen. Diese Kirche, 1883 geweiht, hätte demnach auch überall woanders so errichtet werden können. Heute wird der nadelspitze Kirchturm in seiner vormals ortsbildprägenden Eigenheit von einem beinahe gleichhohen Silo-Gebäude auf der anderen Straßenseite sozusagen herausgefordert – zumal aus der Entfernung für den ankommenden Radfahrer kein schöner Anblick.

Überdeutlich zu sehen ist auch ... die Leere im wenige Kilometer nördlich der Neulandhalle gelegenen Hafen Friedrichskoog. „Im ehemaligen Hafen" müssen wir sagen, denn wo vor wenigen

Das Rathaus in Marne

Jahren noch zwei Dutzend Fischkutter ihren Heimathafen hatten, herrscht heute Leere, weil Schleswig-Holstein den Landeshafen vor kurzem geschlossen hat. Das Verwaltungsgericht in Schleswig hat die Rechtmäßigkeit der Schließung, die auf einen Beschluss einer früheren Landesregierung aus CDU und FDP zurückgeht, 2015 bestätigt und damit besiegelt. Obwohl der Hafen ein ernstes Problem hat - mit jeder Flut werden Sedimente eingetragen, so dass Jahr für Jahr ein Bagger rund 100.000 Kubikmeter Sand wegschaffen muss -, haben die Bürger von Friedrichskoog lange um den einstmals zweitgrößten Krabbenfischereihafen des Landes gekämpft. Mit bitterem Humor nennen sie sich heute auf Protest-Schildern am Straßenrand auch schon mal „das wahre Gallien“.

Dass sich die Bedingungen vor dem Seedeich ständig ändern, ist auch vor Friedrichskoog-Spitze zu beobachten. Als der Bestand des Seedeiches Anfang der 1930er Jahre hier durch die heranrückende Nordsee gefährdet war, wurde 1935/36 der so genannte Trischendamm gebaut. Er durchdämmt den Altfelder Priel und verhindert so die ungehemmte Strömung des Wassers. Seither wächst an beiden Seiten des rund zwei Kilometer in die See hinausreichenden Damms allmählich neues Vorland auf. Auch im Norden von Friedrichskoog-Spitze, von wo man über die Meldorfer Bucht hinweg nach Büsum sehen kann, wächst Vorland (mit der Hilfe von Lahnungen) auf.

Von Friedrichskoog-Spitze aus fahren wir auf der L 144 zurück zur B 5; dort, in Helse, biegen wir nach rechts ab und fahren die wenigen Kilometer zurück nach Marne. Selbst dann, wenn wir das 5.700-Einwohner-Städtchen nur durchquerten im Verfolg der B 5, fiele uns auf, dass sich sein Charakter doch sehr von anderen Orten in Dithmarschen unterscheidet. Marne gehört zwar zu den ältesten Siedlungen im südlichen Dithmarschen und seine Kirche steht in der Mitte der mittelalterlichen Dorfwurt, die vermutlich seit dem 9. Jahrhundert besiedelt war. Aber weder von der ursprünglichen Kirche, 1281 zuerst urkundlich erwähnt, noch von anderen mittelalterlichen Zeugnissen hat sich in Marne etwas erhalten. Der ganz andere Charakter beruht ganz im Gegenteil auf der Tatsache, dass sich Marne am Ende des 19. Jahrhunderts sehr entschlossen umgekrempelt hat: Die verwinkelte Anlage der Straßen im Ortskern mag älterem Herkommen entsprechen, die Häuser, die wir hier antreffen, stammen mehrheitlich aus der Gründerzeit und dem frühen 20. Jahrhundert.

Vielleicht hängt es mit dieser entschlossenen Modernisierung zusammen, dass die „vaterländisch“ gesonnenen Mitglieder des 1873 gegründeten Skat-Clubs mit der Sammlung von Altertümern begannen, und dass sie sich 1905 von dem Kieler Architekten Wilhelm Voigt eigens ein – eher einer Villa ähnelndes – Museum für den allmählich ausufernden Bestand errichten ließen (Museumsstraße 2), das noch heute der Sammlung als Unterkunft dient. Von dem gleichen Wilhelm Voigt übrigens, der zeitgleich auch die (sehr dem Historismus seiner Zeit verpflichtete) Maria-Magdalenen-Kirche erbaute (Alter Kirchhof). Von Voigt aus gesehen, hätten wir es andersherum formulieren müssen, denn Voigt war in erster Linie (einer der einflussreichsten) Kirchenbaumeister.

Nicht von Voigt, sondern von Carl Mannhardt stammt das 1914/15 errichtete Rathaus unmittelbar neben der Kirche. Mit seinem sich aus der Vorderfront halbrund vorwölbenden Mittelteil, der über der Durchfahrt noch drei Geschosse aufweist, scheint das Rathaus Stein gewordenes Dokument des Willens zum Unterschied zu sein. Der Architekt hat hier mit der barocken Formensprache gespielt, die wir in Dithmarschen sonst nur von einigen Kirchenausstattungen her kennen. Das Relief im Schaugiebel zeigt übrigens den Heiligen Matthäus, den ursprünglichen Schutzheiligen des Kirchspiels; in einem zweiten Siegel aus dem 15. Jahrhundert erscheinen Maria Magdalene und der Heilige Matthäus nebeneinander; das erklärt denn auch den Namen der Kirche.[52]

Südlich von Kirche und Rathaus stoßen wir auf ein „Dichterviertel“: Den drei Dithmarschern Friedrich Hebbel, Klaus Groth und Gustav Frenssen sind hier ebenso Straßen gewidmet wie den Nicht-Dithmarschern Theodor Storm, Detlev von Liliencron, Matthias Claudius und Gorch Fock. Hier stoßen wir auch auf einen Ivo-Braak-Platz und den so genannten Müllenhoff-Brunnen. Sein Schmuck zitiert Elemente einer Legende von der Wiederkehr der Dithmarscher Freiheit – unter bestimmten Bedingungen. Davon wird gleich auch noch die Rede sein.

Von Marne geht es nach Heide. Ein Verwaltungsgebäude ist normalerweise eher keine touristische Attraktion. Als solche wollen wir sie auch gar nicht anpreisen; tatsächlich ist der Bau des finnischen Architekten Into Pyykkö an der Stettiner Straße auch eher ein Symbol: Mit seinen vier halbrunden Flügeln will sich das Kreishaus öffnen und die Vereinigung von allem, was nach allen vier Himmelsrichtungen hin Dithmarschen heißt – der Bau ist nach der Zusammenlegung der beiden Dithmarschen in den Jahren 1972/74 entstanden –, an einem Punkt symbolisieren. Wer aus der Luft draufguckt, hat auch die Assoziation einer Schraube oder eines Zahnrads – was für ein Verwaltungsgebäude, wo alles ineinander greifen soll, ja auch nicht verkehrt wäre …[53]

Wie in Marne stehen in Büsum Kirche und Rathaus, sozusagen die alte und die neue Obrigkeit, unmittelbar nebeneinander. Wer sich von der Kirche her dem Rathaus nähert – ohne schon zu wissen, dass es das Rathaus ist –, hat nach dem Spaziergang durch Marne doch das deutliche Gefühl, die Form irgendwie zu kennen: Denn das Büsumer Rathaus hat seine halbrunde Vorwölbung des Mittelflügels nach hinten zur Kirche hin bekommen. Das ist kein Wunder: Auch hier war Mannhardt der Architekt. Vorn zeigt sich der Sinn für das Repräsentative: Die wuchtige Front, von der Bauflucht der Alleestraße ein gutes Stück zurückgesetzt und abgerundet im Wortsinn wiederum durch einen halbrunden Schaugiebel, wird durch die kleine Gartenanlage vor der Front ausbalanciert. Uns fällt auf, dass die Fensterreihe im Hochparterre die Form des Schaugiebels aufnimmt.

Dass die neueren Hafenbecken von Büsum erst im Laufe des 20. Jahrhunderts entstanden sind, haben wir schon erwähnt. Nach der Schließung von Friedrichskoog ist Büsum nun der größte festländische Krabbenfischerhafen an der Nordsee. Von mindestens ebenso großer Be-

Das Rathaus von Büsum. Besonders deutlich wird die architektonische Verwandtschaft zum Verwaltungssitz von Marne an der Rückseite (Südostseite) des Gebäudes.

Die Eisenbahnbrücke von St. Annen wurde 1887 erbaut.

deutung für Büsum ist mittlerweile aber der Bäderschiffe-Verkehr ins Wattenmeer oder nach Helgoland; seine Anleger finden wir, wo der historische Hafen und der Hafen von 1905 aneinanderstoßen: an der Persiluhr. Vom anderen Ufer des historischen Hafens grüßt der 25 Meter hohe Leuchtturm von 1913; sein Erscheinungsbild - unten weiß, oben rot - ist jedem Büsum-Besucher so vertraut, dass keiner sich mehr vorstellen kann, dass der Turm bis 1952 ... schwarz war. Zwar machen Form und Streifen aus jedem Leuchtturm einen Solitär - aber eben nur bei Tageslicht und für Landratten. Entscheidend für die Seefahrer in der Dunkelheit - wenn die Farben nicht zu sehen sind! - ist die jeweilige Blinkfolge. Der Büsumer Turm ist ein Leit- und Orientierungsfeuer für das Fahrwasser Süderpiep und das Steertloch unmittelbar vor der Hafeneinfahrt.

Im Blick auf das bisher Gesehene fällt uns auf, wie tiefgreifend sich Dithmarschen um 1900 verändert hat: der Ausbau des Eisenbahnnetzes nach 1880, die erfolgreichen Experimente zum Kohlanbau 1892, die Fertigstellung des Kaiser-Wilhelm-Kanals 1895, der neue Büsumer Hafen von 1905, die Rathäuser von Marne und Büsum 1914/15 ... vieles ließe sich anfügen. Wichtig ist vor allem: Wenn der Kanal Dithmarschen auch vollends zur „Insel" macht, so entstehen doch gleichzeitig neue Verbindungen; das eine geht nicht ohne das andere. Neben die historischen Eiderfähren treten neue Fähren über den Kanal bei Kudensee und Burg sowie neue Brücken. Das Örtchen Hochdonn am Kanal duckt sich geradezu unter die mächtige stählerne Eisenbahn-Hochbrücke, mit deren Bau kurz vor dem Ersten Weltkrieg begonnen wurde. Zwei kleinere Verbindungen sind im Norden über die Eider entstanden: die Eisenbahnbrücke bei St. Annen von 1887, die zwischen 1907 und 1989 sogar zweigleisig ausgelegt war, und die Eiderstraßenbrücke vor den Toren des jenseitigen Städtchens Friedrichstadt von 1916. Alle drei sind bis zum heutigen Tag in Betrieb - und stellen neben ihrer Funktion auch Industrie-Denkmale der stürmischen Entwicklung um 1900 dar.

Wappwn I: die stilisierte Version am Eingang des Dithamrscher Landesmuseums

Wappen II: die offizielle Version

Jetzt, am Ende unseres Rundgangs durch die Geschichte, wollen wir einmal zurückblicken. Nein, keine Angst, wir machen jetzt keinen „Test über alles". Aber auf ein ... sagen wir mal ... „Kuriosum" wollen wir noch zu sprechen kommen. Neben dem Eingang zum Dithmarscher Landesmuseum haben wir das – sehr vereinfachte – Wappen der Region (und des Kreises) Dithmarschen hängen sehen: Es zeigt im Original[54] auf rotem Grund einen golden gerüsteten Reiter auf einem Schimmel. Der Reiter sitzt auf einer blauen Satteldecke in einem goldenden Sattel und führt sein Pferd an goldenem Zaumzeug. Über dem golden behelmten Kopf (mit silbernem Helmbusch) schwingt er entschlossen ein silbernes Schwert. Nanu?

Richtig, in Dithmarschen hat es nie einen Adel oder Ritter gegeben. Wir sind es aber gewohnt, dass Wappen und Flaggen uns in aller Regel etwas über das Selbstverständnis oder die Eigenart ihrer Gegend vermitteln. Mit den Abbildungen auf der Währung ist es nicht anders. Wie kann es also zu solch einem Wappen für Dithmarschen kommen? Und wo ist die Maria der Bauernrepublik geblieben?

Die letztere Frage ist die einfachere. Nach der Reformation spielt der Marienglaube im Land offiziell nicht mehr die zuvor so beherrschende Rolle. Nach 1533 wird er eher die Privatsache derer, die dem reformierten Glauben – und der daraus resultierenden veränderten Kirchenausstattung! – nichts abgewinnen können. Als Urkundensiegel ist die Mariendarstellung nach 1533 eher ein Andenken an die Zeiten, in denen Dithmarschen seine Selbstständigkeit zäh und listenreich verteidigt hat. Vergessen ist die Gottesmutter aber trotz der Reformation nicht: Nach der Niederlage von 1559 zeigen die Dithmarscher im Siegel zeitweilig eine Maria dolorosa, gegen deren Herz eine Schwertspitze gerichtet ist.

Der so genannte Dithmarscher Reiter hingegen wird nach 1559 vom dänischen König Friedrich II. als dem neuen Landesherrn eingeführt, taucht aber zunächst nur in seinem Siegel auf. Ein klares Politikum: Dithmarschen ist stolz auf seine Zeit als Bauernrepublik und muss in einem gerüsteten Reiter als Sinnbild der neuen Herrschaft einen Affront erkennen. Tatsächlich ist das Bild wegen seines Symbolwertes bei den Dithmarschern jahrhundertelang nicht nur umstritten, sondern herzlich unbeliebt. Dabei ist nicht einmal klar, ob der Reiter die Kavallerie des dänischen Königs symbolisieren soll oder vielleicht doch den Heiligen Georg, den legendären Drachentöter und Märtyrer († 303). Erst im Laufe des 20. Jahrhunderts haben sich die Wellen, die dieses Wappenbild geschlagen hat, etwas beruhigt – aber es gibt zweifelsohne eindeutigere Symbolbilder als dieses.

Hier ist denn schließlich auch der Ort, die Legende von der Wiederkehr der Freiheit zu erzählen. Sie wird überliefert in der schon zitierten Sagen-Sammlung von Karl Viktor Müllenhoff unter dem Titel

Der Wunderbaum in Dithmarschen.

Neben der Aubrücke bei Süderheistede, Kirchspiel Henstede, wo in alten Zeiten ein Hauptverteidigungswerk des Landes und feste Schanzen angelegt waren, stand zu den Zeiten der Freiheit auf einem schönen, runden, mit einem Graben umgebenen Platze eine Linde, die im ganzen Lande nur der Wunderbaum genannt ward. Sie war höher als alle andern Bäume weit und breit umher, und ihre Zweige standen alle kreuzweis, also daß niemand ihres Gleichen gewußt; bis zur Einnahme des Landes hat sie jedesmal gegrünt. Aber es war eine alte Verkündigung, sobald die Freiheit verloren wäre, würde auch der Baum verdorren. Und solches ist eingetroffen. Einst aber wird eine Elster darauf nisten und fünf weiße Jungen ausbringen; dann wird der Baum wieder ausschlagen und von neuem grün werden und das Land wird wieder zu seiner alten Freiheit kommen.

Sagen, Märchen und Lieder der Herzogtümer Schleswig, Holstein und Lauenburg. Hg. v. Karl Müllenhoff. Neue Ausg. besorgt von Otto Mensing. Schleswig: Bergas 1921, S. 399 (Nr. 592).

Wie man sieht, sind die Bedingungen hoch. Es bleibt jedem überlassen, sich dazu seine Gedanken zu machen ...

DIE LANDSCHAFT

Egal, wo auf der Welt wir sind: Am Beginn der Geschichte steht die Landschaft. Ihre Beschaffenheit und Qualität entscheidet darüber, ob der Mensch sie nur gelegentlich durchstreift oder sich dauerhaft niederlässt. Wir haben schon gesagt, dass es Dithmarschen ohne die Eiszeiten gar nicht gäbe. Sie sowie die Mittlere und die Jung-Steinzeit sind die wichtigen formativen Perioden. Hier finden wir viele Antworten auf die Frage, warum Dithmarschen ist, wie es ist.

Die Eiszeiten (Glaziale)

Langsam, dabei aber völlig unbeirrbar schieben sich von Norden und Nordnordosten her gewaltige Eismassen voran. Nichts widersteht dieser Urgewalt: Das Eis modelliert auf seinem Weg selbst den Granit der norwegischen und schwedischen Gebirgslandschaften. Granitblöcke, abgesprengt vom Druck des Eises, werden, wenngleich noch immer tonnenschwer, einfach mitgeschleift, hunderte oder tausende Kilometer weit. Der Untergrund, über den das Eis kriecht, wird buchstäblich abgehobelt, immer mal wieder auch aufgestaucht wie von einer gewaltigen Planierraupe und wieder überrollt. Die Eiszeit legt ihre kalten Finger auf Skandinavien und weite Teile des heutigen norddeutschen Raumes.

Die Eiszeit? Wir haben schon in der Schule nicht so genau aufgepasst, als die Eiszeit dran war, weil sich das ganze in diesem Begriff aufgehobene Geschehen in zeitlich und räumlich unvorstellbaren Dimensionen abgespielt hatte und keinen unmittelbaren Bezug zu uns zu haben schien. Genau genommen gibt es auch nicht eine, sondern drei Eiszeiten, in der Wissenschaft genauer Kaltzeiten oder Glaziale genannt. Deshalb hier zunächst mal eine Übersicht:

		Warmzeit	
Vor 117.000 bis vor 12.000 Jahren	Weichsel-Glazial (auch: Würm-Vereisung)	Eisgrenze auf der Linie Flensburg – Rendsburg – Hamburg – Brandenburg/Havel – Guben	Weichsel-Spätglazial (3.000 Jahre) Weichsel-Hochglazial (47.000 Jahre) Weichsel-Frühglazial (55.000 Jahre)
		Eem-Warmzeit	
Vor 300.000 bis vor 130.000 Jahren	Saale-Glazial (auch: Riß-Vereisung)	Eisgrenze auf der Linie Düsseldorf – Hameln – Goslar – Eisleben – Meißen	Oberes Saale-Glazial: Drenthe- und Warthe-Stadium Unteres Saale-Glazial: Fuhne-Kaltzeit und Dömnitz-Warmzeit
		Holstein-Warmzeit; das Holstein-Meer bedeckt weite Teile des heutigen Landes Schleswig-Holstein	
Vor 400.000 bis vor 320.000 Jahren	Elster-Glazial	Eisgrenze auf der Linie nördlicher Harzrand – Erfurt – Weimar – Chemnitz – Lausitzer Bergland	Elster-Spätglazial (15.000 Jahre) Elster-Hochglazial (65.000 Jahre)

Wissenschaftlich erwiesen ist bislang nur, dass es infolge einer globalen Abkühlung um etwa 6 °C bis 8 °C zu erheblich verstärkten Schneefällen im Raum des heutigen Nordeuropa kommt. Am Grunde dieser Schneemassen beginnt die Eisbildung. Die Eisschichten werden ständig dicker und setzen sich schließlich in Bewegung. Völlig unserer Vorstellungskraft entzieht sich die Tatsache, dass diese Wanderung sich über Tausende Jahre und Kilometer erstreckt: Eine Gletscherzunge kommt pro Tag nur um etwa 30 Zentimeter voran.

Für uns in Schleswig-Holstein ist das Saale-Glazial entscheidend: Seine Gletscher bringen das Material, aus dem unser Land aufgebaut ist. Die Gletscher des jüngeren Weichsel-Glazials haben Dithmarschen gar nicht mehr erreicht; das Eis ist ungefähr auf der Linie Flensburg – Hamburg zum Stehen gekommen. Das heißt aber nicht, dass diese Vereisung keinen Einfluss auf unsere Region ausgeübt hätte. Es sind die so genannten periglazialen Kräfte, die auf das Land einwirken: tief reichender Bodenfrost, beständig wehende Winde, die loses Material hier mitnehmen und dort ablegen, Schmelzwasserströme aus den Gletschern im Osten des heutigen Schleswig-Holstein. Die Kräfte schmirgeln an dem starken Relief, das die Gletscher geschaffen haben: Kuppen werden abgeschliffen, Senken und Hohlformen aufgefüllt, neue Erhebungen aufgehäuft. Unsere Landschaftsgliederung entsteht.

Am Ende des Weichsels-Spätglazials steigen die Temperaturen allmählich wieder. Als Folge davon schmelzen die Eismassen weltweit. Die Schmelzwässer fließen unter dem Eis Richtung Gletscherrand, wiederum Moränenschutt und Gesteinsbrocken mit sich reißend. So entstehen Bäche, Flüsse und letztlich auch die Urstromtäler von Elbe und Eider, die das Land entwässern. Die Schmelzwässer haben auch ihren Anteil am Anstieg des Meeresspiegels. In dessen Verlauf wird beispielsweise das verhältnismäßig flache Nordsee-Becken vom tieferen Atlantik her in einem jahrhundertelangen Prozess allmählich aufgefüllt. Dieser Anstieg bringt es mit sich, dass die Küstenlinie stetig landeinwärts verschoben wird; am Ende dieses Vorgangs brandet die Nordsee gegen die schleswig-holsteinische Geestkante – in unserer Region gegen den Klev(e), um genau zu sein.

Die Dithmarscher Geest

Aus dem Vordringen des Saale- und des Weichsel-Glazials einerseits und dem nach-kaltzeitlichen Ansteigen des Meeresspiegels andererseits

Das Schalkholzer Zungenbecken

ist leicht herzuleiten, dass die heutige Geest im Osten Dithmarschens die erdgeschichtlich gesehen älteste Region des Landes darstellt: aufgebaut vom Saale-Glazial und nachbearbeitet von den periglazialen Kräften. Besonders gut lässt sich die Verdriftung feiner Boden-Materialien und das allmähliche Aufwachsen des Geestbodens an den Steilwänden der heutigen Kiesgruben ablesen: Unten finden wir die sehr steinhaltige Grundmoräne, darüber unterschiedlich hohe und unterschiedlich zusammengesetzte Schichten aus Tonen und Sanden.

Wenn man so will, passiert – verglichen mit den vorausgegangengenen Jahrzehntausenden der Erstarrung – in den Jahrtausenden seit der Spätphase der letzten Kaltzeit plötzlich vieles „gleichzeitig". Nach einigen sich über Jahrhunderte hinziehenden Temperaturschwankungen setzt sich vor rund 11.000 Jahren, also zu Beginn dessen, was wir die Mittlere Steinzeit nennen, endgültig ein lebensfreundlicheres Klima durch. Wo zuvor nur Birken- und Kiefernvegetation anzutreffen war, wachsen jetzt Mischwälder auf. Aus Quellen und kleinen Binnengewässern entsteht eine Vielzahl von Rinnsalen und Bächen, die sich nach kurzem Lauf mit anderen Fließgewässern vereinigen und sich dann als Auen durch die Niederungen schlängeln. Anderenorts, wo Wasser lange steht, beispielsweise in geschlossenen Waldgebieten oder in windgeschützten Senken über verdichteten Bo-

Klev bei Kuden

Entschleunigung in Dithmarschen: Der Kahnschifferhafen bei Kuden am Rande des Hochmoors Buchholzer Moor

denschichten, wachsen Moore. In Dithmarschen finden wir vor allem Niedermoore mit Kontakt zum Grundwasser. Hochmoore gibt es nur als vereinzelte Inseln, so östlich von Krumstedt oder in der Marsch bei Neuenkirchen (Naturschutzgebiet Weißes Moor).

Zu den vorzeitlichen Ereignissen, die wir der Landschaft heute noch ablesen können, gehört die Entstehung des Schalkholzer Zungenbeckens. Dabei handelt es sich um eine saftig grüne Senke am Rand der gleichnamigen Ortschaft. Im Lauf des Saale-Glazials durchbrach ein neuerlicher später Gletschervorstoß von Osten her die Jahrtausende zuvor aufgehäuften Moränenwälle und türmte deren Material rund um den Eisvorstoß herum als Stauchmoräne neu auf. Mit dem bloßen Auge ist zu erkennen, wie das Land nördlich und südlich dieses Vorstoßes bis heute deutlich ansteigt; die Senke stellt also die Hohlform der Gletscherzunge dar.

Zu den ebenfalls bis heute sichtbaren Veränderungen gehört die Herausbildung des schon erwähnten Klev(e) und der so genannten Donnlinie. Vor rund 6.500 Jahren wird das Meer zum Dauerzustand am Dithmarscher Geestrand. Indem es die stellenweise steil nach Westen abfallenden Geestkerne dauerhaft attackiert, lässt es ständig Material wegbrechen. Auf diese Weise wird der Geestrand um einige hundert Meter nach Osten zurückverschoben und dann – deutlich sichtbar zwischen Kuden im Südwesten der Geest und Gudendorf weiter nördlich – erheblich versteilt. Über Jahrhunderte bildet sich so der Klev.

Tielenau-Quelle in der „Dithmarscher Schweiz“

Erst vor etwa 4.000 Jahren beginnt das Meer, sich von dieser Kante wieder zurückzuziehen. Das hier und da weggetragene Material wird durch die Meeresströmung parallel zur Küste verlagert – ein Vorgang, der an allen stark zergliederten Küsten zu beobachten ist. Auf diese Weise wachsen an geeigneten Land-Vorsprüngen Haken und Nehrungen, stellenweise wird aus den Nehrungen auch eine Ausgleichsküste. Je nach Stärke und Richtung der wirkenden Kräfte entstehen in dieser Zeit mehrere Strandwälle. Ein Blick auf unsere Karte zeigt, dass sich die Kette der Nehrungen – aufgrund von Unterbrechungen heute nicht mehr lückenlos in der Landschaft zu erkennnen – vom Kanal her an Meldorf und Heide vorbei bis nach Lunden hinzieht: Das ist die so genannte Donnlinie.

Die Geest-Wälder

Mindestens ebenso folgenreich ist, dass der Mensch sich vor etwa 6.500 Jahren, zu Beginn der Jungsteinzeit, in unserer Region dauerhaft niederlässt. Was uns heute als selbstverständlich vorkommt, ist zu diesem Zeitpunkt ein revolutionärer Schritt; und für das, was er tut, reicht der Begriff nachhaltig genau genommen nicht aus. Es geht um die Tatsache, dass der Mensch aus der bisherigen Natur- eine Kulturlandschaft zu machen beginnt.

So lange an der Klev-Kante noch das Meer brandet, ist sein Lebensraum ausschließlich die hochgelegene Geest. So sind es die Geest-Wälder, die tiefgreifende Veränderungen erfahren. Sie werden als Weidegrund und als Lieferant von Heiz- und Baumaterial über die folgenden Jahrtausende hinweg so intensiv genutzt, dass sie fast aus dem Landschaftsbild verschwunden sind, als der Mensch sich der Folgen dieses Raubbaus – vor etwa 400 Jahren – endlich bewusst wird und mit Aufforstungen beginnt. Davon, wie es vor vielen Jahrhunderten in Dithmarschen ausgesehen haben mag, vermittelt heute der Riesewohld zwischen Tensbüttel und Nordhastedt einen Eindruck. Er liegt auf einem eiszeitlichen Endmoränenzug, der auf kleinem Raum sehr viele unterschiedliche Bodenarten aufweist. Das und die Tatsache, dass er immer von reichen Niederschlagsmengen profitiert hat, gibt dem rund 700 Hektar umfassenden

Auch das Gieselautal südlich von Albersdorf wurde durch die Eiszeiten und die periglazialen Kräfte geformt.

Die Weißbuche von Arkebek. Dass Bäume sich der vorherrschenden Windrichtung anpassen, nennt man Windschur.

Gebiet sein Gepräge: nahe dem Zustand eines ursprünglichen Urwalds. Doch die meisten der heutigen Wälder gehen auf Aufforstungsprojekte seit dem 19. Jahrhundert zurück, so der Kreisforst Welmbüttel im Nordwesten von Albersdorf. Bundesweit für Schlagzeilen sorgte zuletzt 2014 ein Aufforstungsprojekt bei Nordhastedt, wo freiwillige Helfer auf einem rund 25 Hektar großen Gebiet etwa 14.500 Bäume und Sträucher pflanzten.

Die Eiderniederung

Nördlich der Linie Tellingstedt – Heide geht die Geest-Landschaft in ein Niederungsgebiet über, das sich von Erfde jenseits der Eider über Delve bis nach Lunden erstreckt. Hier liegen die Ortschaften verstreut auf kleinen Geestinseln und -spornen, den so genannten Holmen; Ortsnamen wie Süderholm oder Barkenholm verweisen darauf. Nördlich der Linie Delve – Hennstedt treten selbst diese Inseln noch zurück. Wir sind in der Eiderniederung.

Ihre Entstehung ist das Ergebnis von Entwicklungen nach dem Weichsel-Glazial: Die Schmelzwässer der Gletscher – die wie gesagt selbst gar nicht bis in den Raum des heutigen Dithmarschen gekommen sind – nutzen Rinnen und Gefälle, die in einer früheren Eiszeit entstanden sind. Die tiefgelegene Eider-Treene-Region nimmt besonders viel Wasser auf und entwickelt sich ähnlich wie die Elbe zu einem Urstromtal. Daher nehmen heute Niedermoore und direkt an der Eider auch marschartige Böden den Großteil des Niederungsgebietes ein.

Einen Blick auf die Eider zu werfen, ist gar nicht so einfach. Über lange Abschnitte hinweg sind ihre Ufer gesäumt von Deichen, wie wir sie sonst nur von der Küste kennen. Dafür gibt es eine einfache Antwort: Trotz der im Westen von Nord nach Süd verlaufenden Lundener Nehrung war die Eider über Jahrhunderte dem Einfluss der Meeresströmungen und der Gezeiten ausgesetzt. Erst die erste Abdämmung der Eider 1934/36 und schließlich der Bau des Eidersperrwerks 1973 haben die Niederung dem Einfluss der Tide entzogen. Im Zusammenspiel all

Die Eider westlich von Pahlen

dieser Faktoren hat sich die Niederung zu einem wertvollen Feuchtgebiet für Tiere und Pflanzen entwickelt, das mittlerweile einen wichtigen Platz im regionalen Ökosystem einnimmt.

Die Marsch und das Wattenmeer

Der erwähnte Meeresspiegelanstieg bedeutet nicht nur, dass das heutige Nordsee-Becken vom Atlantik her allmählich bis an die Dithmarscher Geestkante heran volläuft. Mit diesem Anstieg werden auch gewaltige Mengen Sand und Schwebstoffe herantransportiert. Das Material lagert sich vor der damaligen Küste über Jahrhunderte hinweg ab. Das heißt auch, dass das bislang regelmäßig überflutete Gebiet vor dem Klev ständig an Tiefe verliert. Hier entsteht im Verlauf von Jahrhunderten die Grundlage für ein Wattenmeer. Mit dem Rückzug des Meeres breitet sich eine amphibische Zone aus. Wie das aussieht, sehen wir heute vor den Deichen: nicht ganz Wasser und nicht ganz Land, regelmäßig zweimal am Tag überflutet und dabei allmählich aufwachsend. Wenn es Pflanzen wie dem Queller gelingt, sich hier niederzulassen, setzt schließlich die Verlandung ein.

Im Delver Koog

Die Stöpe in Delve

Der Steinzeit-Mensch hat also noch keine Marsch gesehen. Erste landfeste Seemarschen

Vor den Deichen beruhigen Lahnungen – hier ein Modell im Nordsee-Museum in Husum – die ein- und ausströmenden Sande und Sinkstoffe.

wachsen in Dithmarschen erst um die Mitte des letzten Jahrtausends vor Christus auf. Eine intensive Landnahme beginnt gar erst vor etwa 2000 Jahren – als der Mensch feststellt, dass der (kalkreiche) Boden ergiebig für den Landbau ist. Er wagt es, sich dauerhaft in der entstehenden Marsch niederzulassen, und ringt dem Meer Meter um Meter fruchtbaren Boden ab. Vorsichtshalber wohnt er auf Geländeerhebungen oder auf von eigener Hand aufgeworfenen Hügeln, den so genannten Wurten.

Unmittelbar vor den Deichen beruhigen heute Lahnungen in vielen Abschnitten Dithmarschens die Bewegungen des Meeres. Sie dienen in erster Linie der Deichsicherheit und nicht mehr wie noch zu Beginn des 20. Jahrhunderts der aktiven Landgewinnung. Wie sehr das Wattenmeer eine Region ständiger Veränderung ist, wird auch deutlich am Schicksal der zu Dithmarschen gehörenden Strandinsel Trischen. Entstanden um die Mitte des 19. Jahrhunderts aus drei vormaligen Sandbänken, wirtschaftlich genutzt seit den 1880er Jahren und in der ersten Hälfte des 20. Jahrhunderts sogar bedeicht, hat der Mensch sie inzwischen wieder aufgeben müssen. Als Teil des Nationalparks „Schleswig-Holsteinisches Wattenmeer" dient sie heute vor allem heimischen Vogelarten als Brutrevier und Zugvögeln als Rast- und Mauserzone. Der Mensch hat keinen Zutritt.

DIE SCHÖNEN KÜNSTE

Ist das heute Morgen der Blick aus dem Fenster Ihrer Unterkunft?

Dann warten wir nicht darauf, ob die Sonne vielleicht doch noch kommt – sondern nehmen uns die Dithmarscher Kulturgeschichte vor.

„Bilder", wie wir sie in der Einleitung dieses Buches erwähnt haben, meint für unsere Überlegungen nicht nur die modernen Medien, in denen Bilder allein schon eine Nachricht sein können, und nicht nur die klassische Malerei. „Bilder" meint hier vielmehr jeden visuellen Impuls: vor allem die Werbung, aber auch die Bilder, die beim Lesen oder beim (Musik-)Hören im Kopf entstehen. Letztere sind höchst individuell, ein virtueller Besitz für den Augenblick oder die Erinnerung. Leben wir beispielsweise nicht in der Region, in der wir aufgewachsen sind, können wir doch sofort aus unserem virtuellen Speicher Bilder abrufen, wenn wir von ihr reden hören oder an unsere Zeit dort denken. Alle diese Bilder setzen sich zu unserem höchst individuellen „Bild" einer Region oder eines Ortes zusammen.

Welche Bilder liefern uns Kunst, Literatur und Musik? Gibt es Bilder oder Bücher, die unser Bild von Dithmarschen geprägt haben? Schauen wir mal: nach Kunst und Kultur aus Dithmarschen in Dithmarschen.

Für Dithmarschen?

Dithmarschen im Bild

Zwei Bildern sind wir im Verlauf unserer Erkundungen bereits begegnet: dem Doppelportrait von Marcus Swin und seiner Frau aus dem Jahr 1552 (siehe S. 54), entstanden also kurz vor dem Ende der politischen Selbstständigkeit, und dem Familienbild von Hans („Vollmacht") Hansen von 1796. Beiden kann auch der Laie ansehen, dass sie nicht aus einem künstlerischen Bedürfnis – ob des Künstlers oder der dargestellten Personen – entstanden sind, sondern dass sie etwas vermitteln sollen. Allein die Summe der Details und Anspielungen lässt ganz deutlich werden, dass das Familienbild von Hansen nicht so sehr die Familie zeigen soll, sondern eine repräsentative Funktion hat:

das Teegeschirr, das Schapp mit den Geldsäckchen, der überladene Erntewagen ... Hansen möchte zeigen, dass er es zu etwas gebracht hat. Eine ähnliche Idee liegt dem fast 250 Jahre älteren Doppelportrait von Swin und seiner Frau zugrunde und auch hier verraten die Details eine Menge über die beabsichtigte Wirkung. Beide tragen Insignien des Wohlstands. Auffällig an Swins Frau ist beispielsweise der reiche Schmuck wie die Kette mit einer Medaille und der Besteckköcher. Marcus Swin zeigt in seiner Kleidung zudem Elemente der spanischen und niederländischen Tracht. Auf diese Weise spielt er auf seine Weltläufigkeit und seine europäischen Handelsverbindungen an.

Bezogen auf Dithmarschen sind beide Bilder echte Solitäre. Nehmen wir das Doppelportrait: Historisch gesehen sind (Doppel-)Portraits zunächst einmal Sache der weltlichen Herrscher und später des Adels; zu denken ist etwa an Piero della Francescas berühmtes Bild von Federigo IV da Montefeltro und seiner Gattin (1460/75). Erfolgreiche Kaufleute haben sich das Portrait als Medium der Repräsentation im späten Mittelalter angeeignet. Es handelt sich also in erster Linie um eine höfische und später eine großbürgerlich-städtische Kunst. Dass Swin sie für das ländliche Dithmarschen adaptiert, deutet also nicht auf ein tief empfundenes Bedürfnis nach Kunst, sondern auf sein Selbstverständnis als erfolgreicher Händler und Repräsentant seiner Heimat im fernen europäischen Ausland. Vom Bauern ist in diesem Bild nichts mehr zu sehen. Das heißt natürlich nicht, dass er Herkommen und Heimat verleugnet – in der Bildmitte ist das Wappen des Wurtmannen-Geschlechtes zu sehen –, sondern erstmal nur, dass er ähnlich wie mit seinem Haus etwas Neues nach Dithmarschen importiert.

Möglicherweise fanden jene von Swins Berufskollegen, die das Bild gesehen haben, dass diese Art der Repräsentation doch allzu sehr von den Traditionen abweiche. Vorher gab es keine solchen Bilder im Land – und nachher auch nicht wieder. Zu tun hat das auch etwas mit den Entstehungsbedingungen: Im Mittelalter und noch bis tief in die Neuzeit hinein sind die Dargestellten zugleich Mäzene, zumindest aber Auftraggeber; anderenfalls gäbe es diese Bilder gar nicht. Eben als solche haben sich Swins wohlhabende Kollegen ganz offensichtlich nicht verstanden. Ihr Repräsentationsbedürfnis drückt sich eher in dem aus, was als Meta-Ebene im Familienbild von Hansen steckt: ein großes Haus – man denke an die Ottesche Kirchspielvogtei in Hennstedt –, aufwändig geschnitzte Möbel, wertvolle Alltags- und Haushaltsgegenstände; es richtet sich auf das Praktische, Handhabbare, gefragt sind (Kunst-) Handwerker, keine Künstler.

Dass die Wohlhabenden im Land sich nicht als Mäzene verstehen und dass ihr Sinn eher auf das Handgreifliche gerichtet ist, sind bereits zwei Gründe dafür, dass Dithmarschen keine ausgeprägte kunsthistorische Geschichte hat. Zwei andere Gründe kommen hinzu. Wie wir im Kapitel über die Landesgestalt erfahren haben, fehlt es Dithmarschen an einer auffälligen, spektakulären, emotionalisierbaren (und insofern transzendierbaren) Szenerie. Einfacher formuliert: Reisenden Künstlern auf der Suche nach Auftraggebern erscheint das Land reizlos, langweilig. Und wie wir im Kapitel über die Geschichte erfahren haben, gibt es keinen Adel im Land. Der Adel ist aber die Schicht mit dem größen Repräsentationsbedürfnis (und tritt insofern am ehesten mäzenatisch auf): Kunstwerke sind Stellvertreter für den Machtanspruch oder den Herrscher höchstselbst. Dass es keinen Adel gibt, heißt also zugleich, dass es auch keine regelmäßigen Auftraggeber gibt.[55]

So müssen wir uns die Tatsache erklären, dass es eine Art Kunstgeschichte – jenseits der sakralen Kunst – in Dithmarschen erst seit der zweiten Hälfte des 19. Jahrhunderts gibt.

Sakrale Kunst gibt es in Dithmarschen selbstverständlich seit dem Mittelalter. Nicht immer entsteht sie im Lande; es ist vielmehr der Normalfall, dass die Werke der Gotik und der Spätgotik von außerhalb ins Land kommen. Und nicht immer ist sie heute noch dort zu finden, wo sie im Mittelalter ihren Platz hatte. Im Laufe unserer Erkundungstouren haben wir schon einige Plastiken und Taufbecken gesehen (Letztere beispielsweise in Meldorf, Delve oder Büsum), die tatsächlich auch zur Gründungsausstattung dieser Kirchen gehören. Zu den besonders eindrucksvollen Werken des Hohen Mittelalters gehören die Gewölbemalereien im Meldorfer Dom.

Wer sich wie vorgeschlagen auch im Dithmarscher Landesmuseum umgesehen hat, ist dort unter anderem auf eine ausgesprochen eindrucksvolle Gruppe von fünf Apostelfiguren aus der Zeit um 1350 gestoßen. Ihre faltenreichen Gewänder und die ausdrucksstarken Gesichter lassen Fachleute darauf schließen, dass sie eventuell aus einer westfälischen Werkstatt stammen.

Aus der Zeit um 1500, kunsthistorisch also der Spätgotik, sind uns in Dithmarschen drei vollständige Altäre (in Meldorf, Heide und Süderhastedt) erhalten geblieben. Den Passionsaltar von Meldorf haben wir im Verlauf unserer Mittelalter-Rundfahrt bereits besucht. Der Altaraufsatz von Süderhastedt wird auf die Zeit um 1470 geschätzt und zeigt im Mittelfeld ebenfalls die Kreuzigung. Das Triumphkreuz stammt aus der Zeit um 1500.

Viel größer ist die Zahl der sakralen (und auch weltlichen) kunsthandwerklichen Schätze, die sich aus dem 16. und 17. Jahrhundert, in der Kunstgeschichte bezeichnet als Renaissance und Barock, erhalten haben. Keinesfalls unterschätzen dürfen wir für diese Zeit den Einfluss der Reformation. Das Kunsthandwerk sieht sich mit neuen Aufgaben konfrontiert: Viele Kirchen wollen neu ausgestattet werden, wobei Leben und Leidensgeschichte Christi in den Mittelpunkt der Bilddarstellungen rücken. Wo das einheimische Handwerk den Bedarf nicht decken kann, behilft sich die Kirche nach wie vor auch mit Importen.

Im Gegensatz zur profanen sehen wir in der sakralen Kunst nun auch das Wirken von Mäzenen. Altäre, Taufbecken oder Chorgitter werden von wohlhabenden Privatpersonen gestiftet. Ein hervorragendes Beispiel ist das Chorgitter von 1603 in der Meldorfer Kirche. Die Stifter haben dabei durchaus auch ihr eigenes Nachleben im Auge; die große Zahl der erhaltenen Totengedenktafeln, den so genannten Epitaphien, zeigt deutlich, dass Stiftern, Wohltätern und Amtswaltern das Nachleben auch in dieser Welt wichtig war. Sowohl von solchen Epitaphien als auch von Alltagsgegenständen aus diesen beiden Jahrhunderten sind im Dithmarscher Landesmuseum eindrucksvolle Beispiele zu sehen.

Von der Gerichtsstube, die sich Marcus Swin einige Jahre nach dem Verlust der Dithmarscher Selbstständigkeit in sein Hofgebäude in Lehe hat einbauen lassen, war schon die Rede. Wenn wir auch wissen, dass es sich bei der Stube, die im Landesmuseum gezeigt wird, um eine Rekonstruktion handelt, ist die Wirkung des Ensembles doch sehr eindrücklich. Außerhalb der Stube sehen wir weitere Schränke, Truhen, Geschirre und andere Alltagsgegenstände. Sie erlauben den Schluss, dass die regionale Schnitzkunst im Laufe des 17. Jahrhunderts einen ungeahnten Aufschwung erlebt.[56] Auffällig ist dabei, dass der einzelne Kunsthandwerker durchaus allzuständig ist: Aus seiner Hand kommen sowohl Gegenstände des sakralen Bedarfs wie auch der wohlhabenden Haushaltung.

Die eindrucksvolle Apostelgruppe, heute zu sehen im Dithmarscher Landesmuseum, stammt möglicherweise aus einer westfälischen Werkstatt.

Wir dürfen bei alledem aber nicht vergessen, dass es sich um Dinge aus dem Besitz wohlhabender Familien handelt. Was wir schon anlässlich der Häuser gesagt haben, ist auch hier zu bedenken: Die Alltagsgegenstände armer Landarbeiterfamilien und Tagelöhner müssen wir uns selbstverständlich sehr viel einfacher vorstellen.

Im Laufe des 18. Jahrhunderts erlebt die Holzschnitz- und -möbelkunst nochmals einen Aufschwung; komplette Stubenausstattungen werden nun in Auftrag gegeben, denn die Schnitzer sind immer noch in erster Linie Tischler. Eindrucksvolle Beispiele ihrer Arbeit sind außer im Landesmuseum auch in den Museen von Schleswig und Altona zu sehen. Jetzt treten auch deutlicher als zuvor einzelne Namen aus der Region hervor. Von dem besonderen kunsthistorischen Rang der Innenausstattung der Kirche in Hemme war schon die Rede; beachtenswert ist hier das Epitaph Kraißbach (etwa 1688), das die Kirche dem Holzschnitzer

Niklas (oder Claus) Heim aus Lunden verdankt. Sowohl für sakralen wie für profanen Bedarf haben seine Zeitgenossen Henning Clausen aus Neuenkirchen, der den Altar von Delve geschaffen hat, und Jürgen Heitmann d.J. gearbeitet. Genannt zu werden verdient auch Albert Hinrich Burmester aus Wesselburen, der für die nach dem Brand von 1736 eilig neu errichtete St.-Bartholomäus-Kirche in seiner Heimatstadt die Kanzel (1738) gefertigt hat.

Daneben ist die erfolgreiche Etablierung des Silber- und Goldschmiedehandwerks im Lande zu beobachten. Das Repräsentationsbedürfnis richtet sich nun vermehrt auf kleinere Gegenstände wie Essgerätschaften, Schmuck, Tabaksdosen oder Becher.

Ganz recht, von bildender Kunst ist immer noch nicht die Rede. Zwar entsteht am Ende des 18. Jahrhunderts das erwähnte Familienbild von Hansen, aber auch dazu gibt es weder Vorläufer noch Nachahmer – woraus zu schließen ist, dass den Dithmarschern Repräsentatives ohne Gebrauchswert doch eher fremd ist.

Auch gegebenenfalls durchreisende Künstler scheinen noch im späten 18. Jahrhundert nichts von den Eigenheiten der Region gespürt zu haben; für das 19. Jahrhundert wird gar vermutet, dass die Landschaft schlicht als reizlos empfunden wird.[57] Um das für das 18. Jahrhundert recht zu verstehen, müssen wir uns vergegenwärtigen, dass die zweite Hälfte des Jahrhunderts voll und ganz im Zeichen der so genannten Aufklärung steht: Denkgewohnheiten und Hierarchien werden hinterfragt, die Kirche kämpft gegen die Erosion ihres Einflusses im täglichen Leben, und Reisen samt nachfolgender gedruckter Reisebeschreibungen – damit man erfahre, wie es andernorts zugeht – haben Konjunktur; denken wir nur an die Arabien-Reise von Carsten Niebuhr. Aber auch innerdeutsche und innereuropäische Reisen fördern Ungeahntes zu Tage; erinnert sei an die zwölfbändige Beschreibung einer Reise durch Deutschland und die Schweiz aus der Feder von Christoph Friedrich Nicolai (1783ff.). Dass wir aus dieser Zeit, die alles zum Vorwand für Schrift und Bild nimmt, kaum Nachrichten über Dithmarschen haben, könnte belegen, wie sehr die Region geographisch und kulturell an den Rand geraten ist.

Und die Dithmarscher selbst scheinen in all ihrer utilitaristischen Handfestigkeit auch keinen Bedarf an Bildern aus einer Landschaft zu haben, die ihnen ja ohnehin täglich vor Augen steht – nicht einmal, um den Wandel zu dokumentieren. Wo keine (Vor)Bilder sind, kann nichts wachsen, und weil im Land selbst kein Geld damit zu verdienen war, wird sich auch kaum ein Landeskind für die Laufbahn eines Künstlers interessiert haben. Und das wiederum ist vermutlich eine der Erklärungen dafür, dass wir auch keine Porträts von Wulf Isebrand, Neocorus oder wichtigen Achtundvierzigern haben. Erst aus der Mitte des 19. Jahrhunderts haben wir vereinzelte Bilder (und Bilderbogen) von der Hand auswärtiger Maler und Zeichner, die allerdings alle nicht über Genreszenen oder schematische, auf „korrektes" Abbilden konzentrierte Dokumentation hinauskommen. Aber wir verdanken solchen eher auf journalistischen denn auf künstlerischen Bestrebungen beruhenden Arbeiten aus dem gesamten 19. Jahrhundert eine Reihe von Bildern, die bei aller Neigung zur Harmonisierung oder Vereinfachung uns doch einen Eindruck vom Täglichen vermitteln.[58]

Insbesondere zum Ende des Jahrhunderts hin wächst der Bedarf an Abbildungen in dem gleichen Maß, wie Familienzeitschriften wie „Die Gartenlaube" oder „Über Land und Meer" ihre Auflagen und Reichweiten erhöhen. Kurz vor dem Durchbruch der Fotografie als allgegenwärtigem Medium sind Zeichnungen, Holz- und Kupferstiche die gängigen und beliebten Reproduktionsmittel. Zu ihren souveränen Anwendern gehört der Landschafts- und Marinemaler Fritz Stoltenberg (1855–1921) aus Kiel. Vom Kieler Hafen wie vom Kaiser-Wilhelm-Kanal fasziniert, hat er nicht nur mit einer Reihe von Holzstichen den Kanalbau von der Grundsteinlegung an begleitet, sondern auch immer wieder Abstecher in dessen unmittelbare Umgebung unternommen – so dass wir beispielsweise auch Ansichten der Kudensee-Fähre oder des Städtchens Burg haben. Freilich sind diese sozusagen „nebenher" entstehenden Impressionen bei weitem nicht so präzise und detailgetreu wie seine „technischen" Bilder.

Mit der Erwähnung des Nicht-Dithmarschers Stoltenberg sind wir nicht nur unserer Chronologie vorausgeeilt, sondern haben auch den Bereich des rein künstlerischen Darstellens kurz mal verlassen. Erste Versuche einer (absichtslosen) künstlerischen Erfassung der eigenen Umgebung finden wir erst in der Mitte des 19. Jahrhunderts: Der in Meldorf in die alteingesessene Familie hineingeborene Friedrich Boie (1826–1868) zeigt in meist kleinformatigen Skizzen Alltagsszenen.

Boie weist in die Richtung, in die drei Maler zwei Generationen nach ihm intensiv blicken werden. Nicolaus Bachmann (1865–1962) aus Heide, der älteste von ihnen, verdient sich im Winterhalbjahr seinen Lebensunterhalt als gesuchter Porträtmaler in Berlin, doch in den Sommermonaten zieht es ihn zurück in seine Heimat. Es mag mit diesem Hin und Her – Großstadt vs Land, arrivierter Künstler vs Kind – zu tun haben, dass in Dithmarschen nur konventionell angelegte Landschafts- und Kleinstadtidyllen entstehen, die von der „guten alten Zeit“ zu erzählen scheinen. Im Vordergrund gibt's übersonnte Wiesen und Weiden, im Hintergrund die Silhouette eines Städtchens: Es sind quasi Vorläufer unserer Ansichtskarten. Allerdings wird sich Bachmann auch im Klaren darüber gewesen sein, dass sich – wenn überhaupt – allenfalls solche Idyllen aus einer von Großstädtern mit Behagen als rückständig denunzierten Region in eben der Großstadt verkaufen lassen.

Der Nächstjüngere der drei, Hans Gross (1892–1981) aus Pahlen, geht schon ganz anders mit seiner Region um. Vom Im- und stärker noch vom Expressionismus beeinflusst, schafft er Landschafts- und Dorfszenen, in denen expressive Farben vorherrschen; nur gelegentlich müssen sie mit gebrochenen Tönen konkurrieren. Schon sehr früh gehen die expressionistischen Sichtweisen und die weltanschaulichen Versatzstücke seiner politischen Einstellung eine unheilvolle Verbindung ein; allzu offensichtlich beginnt er im Lauf der 1920er Jahre, seine eigene Arbeit im politischen, meint hier: rechtsgerichteten, Sinne aufzuladen, seine Kunst der Politik anzudienen. Dabei schreckt er auch vor einer eigenwilligen Umdeutung der christlichen Ikonographie in seinen weltanschaulichen Sinn nicht zurück. Gross' Verstrickung in die nationalsozialistische Politik und Ideologie hat dann auch dazu geführt, dass die Wahrnehmung seines Frühwerks nach 1945 in den Hintergrund getreten ist; allzu gut scheinen seine persönliche Tätigkeit in den 1930er Jahren und seine Sujets zusammenzupassen. Zudem hat er in seiner Arbeit nach 1945 die zuvor selbst gesetzten Maßstäbe nach Ansicht von Fachleuten nicht wieder erreichen können.[59]

Willy Graba, Menschenmarkt in Wesselburen, um 1930, Öl auf Leinwand

Von Willi Graba (1894–1973), dem jüngsten des Dreigestirns, kennen wir vor allem Küstenmotive: Halligen, Priele, Abbruchkanten ... die Geheimnisse der Natur. Durch über die Jahrzehnte mehrmalige Reproduktion in Büchern ist sein Bild „Menschenmarkt in Wesselburen“ (um 1930), eine Ansammlung von Diskutierenden und (vermutlich) Arbeitsuchenden, eines der bekanntesten Werke. Das grelle Sonnenlicht neben der Kirche und jenseits der Häuserschatten steht in starkem Kontrast zur Gesichtslosigkeit der weit mehr als 20 Figuren: Orientierungs- und Ratlosigkeit haben kein Gesicht mehr, sind nicht mehr individuell, sondern werden ein Massenphänomen.

In diese Jahrzehnte gehört auch eine Künstlerin, die hier erwähnt werden soll, obwohl sie Dithmarschen als Neunjährige verlässt: die 1882 in Wesselburen geborene Ottilie Reylaender. Früh von ihrem Lehrer und ihren Eltern gefördert, bekommt sie nach 1898 wesentliche Anregungen im niedersächsischen Worpswede: bei Fritz Mackensen und der älteren Mitschülerin Paula (Modersohn-)Becker.[60] Weitere Lebensstationen werden Paris, Mexiko, Italien und schließlich Berlin. Bekannt wird Reylaender vor allem mit Landschaften und Portraits. Ihre Palette weist anfangs eher dunkle, gebrochene Erdtöne auf; frischere, hellere Farben kommen erst in Mexiko hinzu. Das Besondere an den Porträts ist die psychologische Einfühlung in die Porträtierten: Immer wird in den Gesichtern eine kaum bestimmbare Erfahrung oder Ahnung erkennbar. Beispielhaft im Frühwerk „Der alte Tölken vor der Mühle“:[61] Das gefurchte Gesicht und der schmale Mund des Alten verweisen auf manche unerbetene Erfahrung, die Augen, die leicht über die Malerin hinweg in die Ferne gehen, sehen weiteres Ungemach heraufziehen. Auch andere Porträtierte fängt Reylaender so ein: in einem Moment der Distanz, der Angespanntheit oder der abwartenden Skepsis.

Ende der 1930er Jahre beginnt, was für die folgenden Jahrzehnte Bestand hat: Viele Künstlerinnen und Künstler mit einem Gespür für die Region kommen von außerhalb ins Land. Am Anfang dieser „Einwanderung“ stehen Walter Gross (1908–1988) und Gertrud von Hassel (1908–1999). Beiden wird die Landschaft zu einem prägenden Teil ihrer Arbeit, im Fall von Gross vor allem die Küste, für von Hassel zunächst die Geest und erst später auch die Marsch. Sie bringen den Blick „von außen“ in die Kunst hinein und lenken eine neue Aufmerksamkeit auf das allzu bekannt Erscheinende. Wer den Bildtitel „Wolmersdorf: Blick vom Geestrand zur Marsch“ hört, wird einen Ausblick in eine weit offene Landschaft erwarten. Es kommt anders: Einen großen Teil des Vordergrunds nimmt ein spätsommerlicher Baum ein, der als fein verästelte Persönlichkeit interpretiert wird; nur im Hintergrund sind die offene Marsch und eine Mühle zu sehen – man kann es als deutlichen Hinweis auf die Einmaligkeit der Natur verstehen.

Claus Vahle, Elbufer mit Kraftwerk, Öl/Lwd, 1990, 80 x 100

Wohl die wichtigste zugezogene Künstlerpersönlichkeit ist Claus Vahle (geb. 1940), der mehr als 20 Jahre lang von Marne aus die Entwicklung von Dithmarschen kritisch in Zeichnung und Malerei begleitet hat. Wenn er über eine Steinpackung am Deich hinweg den Blick auf ein Atomkraftwerk am stark nach oben verschobenen Bildhorizont lenkt oder in „Übungsflug“ zwei Militärflugzeuge über einem erntebereiten Kohlfeld zeigt, kontrastiert er Althergebrachtes, Lokaltypisches (im Vordergrund platziert) mit Errungenschaften von jenseits der Region. Damit weist er uns auf den schmalen Grat hin, auf den sich unsere Existenzmöglichkeiten bei aller technischen Entwicklung verengt haben. Mittlerweile hat Vahle seinen Lebensmittelpunkt nach Schleswig verlegt.

Zu den wenigen künstlerisch Tätigen aus der Region gehört in der zweiten Hälfte des 20. Jahrhunderts der Bildhauer Paul Heinrich Gnekow (1928–2015), 2006 mit dem Kulturpreis des Kreises Dithmarschen ausgezeichnet. Jahrzehntelang im Hauptberuf als Steinmetz tätig, reizte ihn aber auch immer die künstlerische Erfassung des Menschen. Sein Spektrum umfasst sowohl die realistisch-detailbegeisterte Abbildung (wie bei „Oma Stine“ an der Königstraße in Marne) als auch die Umsetzung einer auf das Substrat reduzierten Idee (beim Deicharbeiterdenkmal „Trutz blanke Hans“ auf dem Sperrwerk vor dem Meldorfer Hafen s. S. 56).

Künstlerische Arbeiten, die über die unmittelbare regionale Öffentlichkeit hinauswirken, gibt es aktuell kaum in Dithmarschen. Jutta Müller, Leiterin des Dithmarscher Landesmuseums und seit Jahrzehnten stete Begleiterin des Kunst-Lebens, verweist zwar auf Initiativen wie „Land-Art“ in Brunsbüttel. Aber sie stellt nicht nur vor dem – unausgesprochen mitgedachten – Hintergrund der zunehmenden Einebnung regionaler Besonderheiten die Frage, ob man denn überhaupt noch von regionaler Kunstgeschichte sprechen könne: Weder motivisch noch technisch ließen sich die Arbeiten, die zurzeit in Dithmarschen entstünden, eindeutig in der Region verorten.

Ditmarsia non cantat?

Noch bescheidener als der für die bildende Kunst fällt Dithmarschens Beitrag zur Musik(geschichte) aus. Hier in allererster Linie wird offenbar, dass es im ausgehenden Mittelalter und den anschließenden Jahrhunderten in Dithmarschen keine adelige und auch keine bürgerliche Kultur gab, die eine wenn auch noch so zaghafte Berührung mit Kunst und Musik überhaupt erlaubt hätte. Als einzigen Komponisten von einem gewissen Rang können wir hier nur Heinrich Scheidemann (1596–1663) anführen. Und ihn kennen wir auch eher als jahrzehntelangen Organisten der St. Katharinen-Kirche in der Hamburger Neustadt (als Nachfolger seines Vaters auf diesem Posten) denn als Komponisten heute noch bekannter Werke.

Geboren in Wöhrden, absolvierte er seine Ausbildung in den Niederlanden bei dem einflussreichen Jan Pieterszoon Sweelinck. Nach allem, was die Musikwissenschaft bisher herausgefunden hat, hat Scheidemann ein zwar facettenreiches, dabei aber doch sehr seiner Zeit verpflichtetes Oeuvre hinterlassen. Die Komposition von Vokalwerken für den Bedarf in seiner Kirche scheint nicht zu seinen Verpflichtungen gehört zu haben, so dass wir von ihm in der Hauptsache Werke haben, die in der Praxis des liturgischen Orgelspiels wurzeln. Häufig wird ein italienischer Einfluss spürbar, wenn er sich an Vorlagen von Bassano oder Orlando di Lasso orientiert. Ganz vom privaten Bedarf bestimmt scheinen die überlieferten Tanzmusiken (wie die „Pavane lachrimae" oder die „Englische Mascarata"). Die Wiederentdeckung von Leben und Werk Scheidemanns geht nur langsam voran.[62]

Vollends müßig scheint die Frage nach der Herkunft bei einem Musiker zu sein, der sein Wirken in den Dienst der Komponisten stellt – wie es bei Sängern der Fall ist. Doch sei hier festgehalten, dass Klaus Florian Vogt, der in den vergangenen Jahren erst als lyrischer Tenor und mittlerweile vor allem als Heldentenor die Opernbühnen der Welt erobert hat, 1970 in Heide zur Welt gekommen ist. Weltweit geschätzt sind seine Richard-Wagner-Interpretationen: des Lohengrin, des Tannhäuser und des Stolzing. 2014 wurde Vogt mit dem Kulturpreis des Kreises Dithmarschen ausgezeichnet; in seinen Dankesworten machte er deutlich, wie viel ihm diese Ehrung durch seine Heimat bei allem weltweiten Erfolg bedeutet. Erleben können wir Vogt außer auf der Bühne mittlerweile auch auf CD und DVD.

Dithmarschen oder die Welt? – Wege zum Schreiben

Sieht man vom schon erwähnten chronikalischen Werk des Neocorus ab, das sich der eindeutigen Zuordnung entweder in die Geschichtsschreibung oder die Literatur entzieht, lässt sich Joachim Rachel (1618–1669), geboren und aufgewachsen in Lunden, als erster Autor aus und in Dithmarschen ansprechen. Nach dem Besuch des Johanneums in Hamburg und der Universität in Rostock, wo er unter anderem Philologie bei Peter Lauremberg, dem Bruder des niederdeutschen Autors Johann Lauremberg, studiert, wird er erst Erzieher in Dorpat, dann 1652 Schulrektor in Heide und 1660 im ostfriesischen Norden. 1667 geht er an die Domschule in Schleswig; hier endet sein Lebensweg zwei Jahre später.

Zu Lebzeiten erscheint ein Band „Teutsche Satyrische Gedichte" (1664). Gleich in den ersten Zeilen der ersten „Satyra" „Das Poetische Frauen=Zimmer" verweist er auf Vorbild und Einfluss des Schlesiers Martin Opitz – „Und trotzdem darf ich mich (trotz Momus) unterstehen, / Die vorgemachte Baan dem Opitz nachzugehen ..." –, der der deutschen Literatur seiner Zeit mit dem „Buch von der Deutschen Poeterey" (1624) neue Wege, aber auch enge formale und ästhetische Kriterien gewiesen hat. Rachel ist Lehrer genug, um in seinen gewandt verwendeten Alexandriner-Versen viel Zeit- und Gesellschaftskritik unterzubringen. Vor dem Hintergrund großer Belesenheit in der klassischen Literatur polemisiert er gegen Falschheit, Egoismus, Sittenlosigkeit, Trunksucht, Faulheit, Pflichtvergessenheit und alle Modetorheiten seiner Zeitgenossen.

Es macht zunächst ratlos, dass vornehmlich Frauen Opfer seiner Kritik zu sein scheinen; in „Das Poetische Frauen=Zimmer" arbeiten wir uns durch sieben Porträts verwerflicher Frauen, bevor Rachel die achte („Die Achte hat zuletzt den Uhrsprung von den Bienen ..."[63]) gelten lässt. Erinnert man sich aber an das vor allem in der Literatur des 17. Jahrhunderts gern genutzte Bild der „Frau Welt“, dann wird deutlich, dass Rachel auf „Frauen“ beiderlei Geschlechts zielt – denn auch Männer kommen bei ihm nicht gut weg.

Was falsch läuft und wie es stattdessen laufen sollte, formuliert der Erzieher Rachel besonders deutlich in der vierten Satire „Die Kinder=Zucht“:[64]

Drum scheut und fürchtet euch, ihr Alten für den Jungen,
Last kein unerbar Wort entfahren von der Zungen.
Ein Kind hört gahr genau: es merkt das zarte Hertz
Und denkt gar lange nach dem ungesaltznen Schertz.
Für Kinder sollen wir uns jederzeit entstehen
Mehr als für grossen Herrn, weil auch ihr‘ Engel stehen
Dem högsten Got zu Dienst. Weg Flucher, Lästermund,
Nachtschwärmer, Lügener, Garsthammel, geiler Hund,
Wo zarte Kinder seyn. Es sey in keiner Zechen
Der Vater und der Sohn. Wie kan der Bach=Krebs sprechen:
Geh grade fürwerts hin, mein Kind, nicht hinter dich.
Möcht er nicht sprechen, du, mein Vater, lehre mich
Und geh mir grade vor. Wie kan ein alter schlagen
Und straffen seinen Sohn, ob er in vierzehn Tagen
Kaum einmahl nüchtern ist, der selber sucht den Schmauß
Und saufft in floribus zwei Dutzent Gläser auß.

Ebenfalls typisch für manch einen Autor des 17. Jahrhunderts ist Rachels Ablehnung alles Französischen in Sprache und Mode, worin er an seinen Zeitgenossen Johann Rist (1607–1667) erinnert. Ob die beiden sich während Rists Zeit in Heide Anfang der 1630er Jahre begegnet sein könnten, kann uns die wissenschaftliche Forschung bislang nicht sagen; sicher ist aber, dass Rachel die Werke von Rist, der 1635 seine Lebensstellung als Pastor in Wedel an der Unterelbe findet, kennt, während er seine Satiren schreibt.

Von dem, was Heinrich Christian Boie (1744–1806) für die deutsche Literatur(geschichte) geleistet hat, liegt einiges schon eine Weile zurück, als er 1781 in seinen Geburtsort Meldorf zurückkehrt. Diese Rückkehr ist ein biographischer Einschnitt, denn als neuer Landvogt von Süderdithmarschen verfügt er nun über ein festes Einkommen, das ihm die bisherige Arbeit als Herausgeber literarisch-gesellschaftlicher Zeitschriften und Almanache nicht gewährt hatte. Mit Fug und Recht lässt sich sagen, dass ein Lebensweg wie der seine einem Pastorensohn nicht unbedingt in die Wiege gelegt erscheint.

Es kommt noch besser: Wer in Boies Gedichten blättert, käme wohl nicht auf die Idee, hinter dem Autor einen ausgebildeten Juristen zu suchen. Keinem Scherz, keiner Tändelei, keinem Flirt, keiner Sottise ist er abgeneigt, doch nie verletzt er. Stets scheint er bereit, das Beste oder Witzigste aus dem Augenblick zu machen. Manches liest sich noch heute amüsant wie das folgende, wenn auch untypische[65]

Der Säufer an den Mond

Warum mein lieber Mond, sieht Er
So hoch und kalt auf mich daher?
Doch wol nicht seiner Völle wegen?
O da bin ich ihm überlegen:
Denn Er, mein lieber, weiß Er wol?
Ist Einmal nur im Monat voll!

Aber alles in allem ist er doch so sehr seiner Zeit und ihren Moden verpflichtet, dass spätere Generationen ihm kein großes Interesse mehr entgegen bringen.

Nach dem Besuch der Schulen in Meldorf und Flensburg studiert Boie erst in Jena Theologie, dann Rechtswissenschaft, später in Göttingen ausschließlich Rechtswissenschaft. Als 20-Jähriger beginnt er daneben mit seiner literarischen Tätigkeit: Er übersetzt englische Theaterstücke und schreibt erste eigene Gedichte im empfindsamen Ton seiner Zeit. Auf den Reisen der folgenden Jahre lernt er alle aktuellen und kommenden literarischen Größen seiner Zeit persönlich kennen: Johann Wilhelm Ludwig Gleim, Gotthold Ephraim Lessing, Friedrich Nicolai, Moses Mendelssohn, schließlich Christoph Martin Wieland und 1774 Johann Wolfgang Goethe. 1770 erscheint der erste Band des Jahrbuchs „Musenalmanach", der seinen Lesern künftig Jahr für Jahr einen Überblick über die Lyrik der Zeit zu geben verspricht. 1772 gehört Boie zu den Mitbegründern des „Göttinger Hain", eines Zusammenschlusses junger Dichter der literarischen Empfindsamkeit, unter ihnen Johann Martin Miller, Ludwig Christoph Hölty, die Brüder Christian und Friedrich Leopold Grafen zu Stolberg und sein späterer Schwager Johann Heinrich Voß.

Er ist also in literarischen Kreisen gut vernetzt, wie wir heute sagen würden, aber ökonomisch hilft ihm das nicht. Er bringt sich durch als Hofmeister, also als Erzieher und Aufpasser von Sprösslingen vermögender Familien. 1775 tritt er in den Dienst der Hannoverschen Armee, um endlich ein verlässliches Einkommen zu haben; diese Stelle behält er fünf Jahre. Parallel verfolgt er weiterhin seine literarischen Ambitionen mit der Gründung der Monatsschrift „Deutsches Museum" (ab 1776), später „Neues Deutsches Museum", die sich zu einer der wichtigsten deutschen ästhetischen Zeitschriften entwickelt.

Die Stelle als Landvogt bedeutet zwar die Rückkehr in seine Heimat und für den noch Unverheirateten auch ein angemessenes Gehalt, aber die intellektuelle und seelische Isoliertheit in Meldorf fällt ihm auf die Seele. Mit seiner zweiten Frau Sara von Hugo und den vier Kindern aus dieser Ehe führt er ein eher zurückgezogenes Leben. Über seine Landsleute resümiert er, sie seien „wie sie aus der Hand der lieben Natur kommen, roh, rauh, ein wenig streitsüchtig, aber ehrlich, und wenn man sie nur recht nimt, läßt sich schon mit ihnen auskommen."[66] Regelmäßige Reisen zu seinen literarischen Freunden (darunter auch auf das Gut Emkendorf bei Kiel) und die Arbeit in seinem weithin bekannten Garten[67] lenken ihn vom Alltag ab. Seine Arbeit als Landvogt lässt sich aus den erhaltenen Akten teilweise rekonstruieren;[68] er hat einen denkbar großen Verantwortungsbereich, der Deich- und Wasserbau ebenso umfasst wie Schul-, Armen- und Polizeiwesen. Seine Neigung gehört aber auch weiterhin den schönen Künsten. Seine Leistung für die deutsche Literatur liegt in seiner vorurteilsfreien, auf die Förderung des Neuen und Schönen bedachten Arbeit als Anreger, Vermittler und Herausgeber zwischen 1770 und 1791.

Einen Freund und Vertrauten findet Boie aber doch, und zwar den Mathematiker und Forschungsreisenden Carsten Niebuhr (1733–1815). Dessen wichtigste Lebensphase liegt wie erwähnt ebenfalls schon hinter ihm (siehe S. 60), als er 1778 in Meldorf das Amt des Landschreibers übernimmt. Wenn Niebuhr auch wenig Interesse an den ästhetischen Dingen hat, die Boie beschäftigen, so wird der bald fast tägliche Kontakt zwischen den Familien doch beiden unersetzliche Anregung.[69] Auf Boies Anregung hin schreibt Niebuhr auch für dessen Zeitschriften Berichte über seine Reisen. Niebuhrs Sohn Barthold Georg (1776–1831), schon als Kind sprachbegabt und behutsam von Boie gefördert, ist nach 1800 zunächst als Bankier, dann im preußischen Finanzdienst und schließlich als Gesandter in Rom tätig. Dass er hier im Literaturkapitel Erwähnung findet, verdankt er einer Nebenbeschäftigung, die heute als seine eigentliche Leistung angesehen wird: seine mehrbändige „Römische Geschich-

Carsten Niebuhr (1733–1815). Betrachtet man das Denkmal im Schatten des Meldorfer Doms von der Seite, scheint er gutmütig und ein wenig ironisch zu blicken, schaut man von vorn, scheint der Blick eher durch uns hindurchzugehen. Was wollte uns sein Schöpfer Manfred Sihle-Wissel damit sagen? Niebuhrs Grabplatte finden wir vor der Kreuzigungsgruppe im Süderschiff des Doms.

te", in der er das Prinzip der Quellenkritik ausformuliert und damit der Disziplin Alte Geschichte eine neue Grundlage gibt. Nicht mehr die Idealisierung der historischen Personen ist das Ziel der Geschichtsschreibung, sondern eine nüchtern-abwägende Darstellung dessen, was sich aus vorhandenen Quellen erschließen lässt. Mit diesem Werk übt Niebuhr Einfluss auf Theodor Mommsen und Leopold von Ranke, die großen Historiker des 19. Jahrhunderts, aus.

Bis hierhin hat die Literatur derer, die in Dithmarschen leben und arbeiten, noch wenig mit der Region Dithmarschen zu tun. Ähnlich wie in der Malerei ändert sich das erst im Laufe des 19. Jahrhunderts. So fragt sich der Leser des 21. Jahrhunderts unwillkürlich, wie denn wohl der Charakter der Menschen in Dithmarschen beschaffen gewesen sein muss, wenn Christian Friedrich Hebbel (1813–1863) im eigenen Blick zurück mehr als 60 Jahre nach Boie ebenfalls kaum ein gutes Wort für seinen Landstrich und seine Herkunft aus Wesselburen findet. Wer seine autobiografischen Texte, seine Tagebücher und die Erwähnungen in den Briefen durchsieht und zueinander in Beziehung setzt, kommt aber schnell zu dem Schluss, dass das in seinem Fall nur zu einem geringen Teil an Dithmarschen liegt. Das ganze Problem wird deutlich in einem Satz, den Hebbel 1852 in einem Brief formuliert: „Uebrigens kann Keiner, der in einer großen, an Bildungsmitteln überreichen Stadt aufwuchs, sich eine Vorstellung davon machen, wie einem strebenden Geist, einem erwachenden Talent in der Einöde eines Dithmarsischen Marktfleckens, den die Cultur nur in Maculatur-Gestalt berührt, zu Muthe ist."[70]

Ganz recht: eine zwiespältige Formulierung. Im Blick zurück entdeckt Hebbel bereits in seinem jüngeren Selbst einen „strebenden Geist", ganz als hätte er schon damals formulieren können, wonach er suche; und was kann andererseits Dithmarschen dafür, dass es über Jahrhunderte hinweg nicht eben im Zentrum der wirtschaftlichen und kulturellen Entwicklung stand? Hebbel, sehen wir mal vom späten Goethe ab, ist gemeinsam mit Heinrich von Kleist und Georg Büchner einer der bedeutendsten deutschen dramatischen Schriftsteller des 19. Jahrhunderts. Was aber den Zugang zu ihm und seinem Werk erschwert, ist der leicht erregbare, schwierige Charakter des Mannes, der sich in jeder Äußerung auszudrücken scheint. Immer wieder neigt er dazu, Einflüsse oder die Förderung durch andere im Blick zurück zu verkleinern, zu marginalisieren. Wie er rund vier Wochen vor dem eben zitierten Satz einem anderen Briefpartner schreibt, „... fühlte ich mich damals sehr unglücklich, obgleich ich mich eigentlich über Nichts zu beklagen hatte; jetzt bin ich dem Schicksal für diese Isolirung eher dankbar, da ich es ihr hauptsächlich zuschreiben zu müssen glaube, dass der in mich von der Natur gelegte Keim sich ganz frei von äusseren Einflüssen, die so oft übermächtig werden, in voller Ursprünglichkeit entwickelt hat."[71] Sein Talent hat er also „von der Natur" bekommen; Hebbel möchte sich ganz aus sich selbst heraus entwickelt haben.

So kommt es, dass Dithmarschen – obwohl er Wesselburen im März 1835 als 22-Jähriger verlässt und nur noch einmal im folgenden Jahr zurückkehrt – in Hebbels Denken und Fühlen indirekt stets auf die eine oder andere Weise präsent ist und ihn also (mit)geformt hat. Eigenem Zeugnis zufolge erlebt er Ungerechtigkeit bereits in der Klippschule, das Verhältnis zum Vater, einem Maurer auf Tagelöhner-Basis, ist problematisch und wird über Jahrzehnte immer mal wieder auf die beschriebene Weise funktionalisiert,[72] um Eigenheiten zu erklären. Das Verhältnis zum Kirchspielvogt Johann Jakob Mohr, für den er zwischen 1827 und 1835 erst als Laufbursche und dann als Schreiber tätig ist, problematisiert er im Nachhinein selbst: In frühen Zeugnissen ist er Mohr dankbar für die bescheidene Förderung in seinem Haus, später will er davon nichts mehr wissen; man hat vermutet, dass ein bewusster Akt der Selbstbefreiung von einem Lebensentwurf dahinter steckt.[73]

Den Versuch, sich nach 1835 noch auf das Abitur vorzubereiten, bricht er ab, später bezieht er trotzdem Universitäten, um Jura zu studieren, aber auch dieser Anlauf endet ohne Ergebnis. 1839 beginnt er mit der Arbeit an seinem ersten Theaterstück: „Judith" wird 1840 uraufgeführt. In den folgenden Jahren entstehen unter anderen die Dramen „Genoveva", „Maria Magdalene", „Der Diamant" und „Herodes und Mariamne", in den 1850er Jahren folgen „Agnes Bernauer" und „Die Nibelungen". Daneben tritt Hebbel auch als Prosa-Autor und Lyriker hervor.

Herbstbild

Dies ist ein Herbsttag, wie ich keinen sah!
Die Luft ist still, als atmete man kaum,
Und dennoch fallen raschelnd, fern und nah,
Die schönsten Früchte ab von jedem Baum.

O stört sie nicht, die Feier der Natur!
Dies ist die Lese, die sie selber hält,
Denn heute löst sich von den Zweigen nur,
Was vor dem milden Strahl der Sonne fällt.

Seine Lebenssicht spiegelt sich häufig deutlich in seinen Bühnen-Figuren und seinen dramatischen Konstruktionen. Grüblerische, in sich gekehrte Menschen im Kampf mit den Verhältnissen oder in der Auseinandersetzung mit sozialen und kulturellen Normen: Diese Konstellation kehrt bei Hebbel immer wieder. Die Figuren sind nicht unbedingt von vornherein in sich gekehrt, sondern sie finden sich auf sich selbst verwiesen, weil die Verhältnisse größer sind als sie. Hebbel stellt seine Figuren in Umbruchsituationen: Das Weltbild, die Sozialisation, der Wertekatalog taugen nicht mehr zur Bewältigung von Alltag oder Krise, neue Grundlagen stehen noch nicht zur Verfügung oder können nicht gelebt werden.

In „Maria Magdalene“ von 1843, einem der meistgespielten Stücke Hebbels, wird das deutlich: Meister Anton steht für einen Werte- und Tugendkatalog, mit dem die nachfolgende Generation nichts mehr anfangen kann. Arbeit und Pflichten sind ihm als gottgewollte Buße Dinge, die ertragen werden müssen, dem Leben aber auch Struktur geben. Sein Sohn Karl hingegen wendet sich sowohl vom Handwerk als auch von der religiösen Begründung der Arbeit ab und dem Handel, also dem kapitalistischen Prinzip zu. Er will mehr verdienen, um besser zu leben, anders formuliert: Er lebt nicht, um zu arbeiten, sondern er arbeitet, um zu leben. Seine Schwester Klara fasst eine Herzensneigung, muss aber aufgrund der gesellschaftlichen Konvention einen anderen Weg gehen. Sie zerbricht daran und wählt den Freitod. Weibliches Identitätsstreben kollidiert mit abstrakten männlichen Ehr- und Werte-Begriffen. Der Vater verhärtet sich gegen beide Kinder, weil er den unaufhaltbaren Wandel nicht gutheißen kann. So oder ähnlich – Einfügen in die Ordnung gegen Aufbrechen der Ordnung, männlicher Konservatismus gegen weibliche Individuation – sind auch die Knoten in „Agnes Bernauer“ (1851), in den „Nibelungen“ (1855–1860) und in anderen Stücken gebaut.

Sich an den Verhältnissen zu stoßen, das Erstrebte nicht erreichen zu können, weil größere Mächte es verhindern, oder das Erstrebte zu erreichen, dafür aber einen hohen Preis zahlen zu müssen, letztlich also immer wieder in der freien Entfaltung behindert zu werden: In Hebbels dramatischen Konflikten können wir – wenn wir wollen – das Echo biographischer Prägungen aus Kindheit und Jugend vernehmen. Hebbel zweifelt immer mal wieder, aber dieser Zweifel ist nicht mit Selbstkritik zu verwechseln. Gleichwohl erreicht er – trotz und wegen seiner Geradlinigkeit – viel. Der schon auf den Tod Kranke erfährt große Ehrungen rund um seinen 50. Geburtstag.

In Sichtweite der St.-Bartholomäus-Kirche finden wir in der Oesterstraße in Wesselburen das Hebbel-Museum, untergebracht im Wohn- und Amtshaus des Kirchspielvogts Mohr. Hier verbrachte Hebbel wichtige Jahre seiner Jugend von 1827 bis 1835: als Bote und Schreiber des Vogts, dessen umfangreiche Bibliothek er benutzten durfte – die heute hier nutzbare Bibliothek hat mit jener allerdings nichts zu tun, sondern dient der germanistischen Forschung –, den er aber mit zunehmendem Alter ungerecht beurteilte. In diesem Haus, das heute der international aktiven Hebbel-Gesellschaft als Stammhaus dient, haben sich Teile der Einrichtung aus Hebbels Jünglingsjahren erhalten, darunter die Schreibstube, in der der Junge die Gerichtsprotokolle und wohl auch seine ersten Gedichte geschrieben hat. – Übrigens ist das Amt des Kirchspielvogts nicht mit dem des Kirchspielsschreibers zu verwechseln. Die Kirchspielsschreiberei am Markt, wie die Kirche errichtet nach dem Brand von 1737, hatte mit den Steuerangelegenheiten zu tun; wir haben diese Unterscheidung bei Heinrich Christian Boie schon kennengelernt.

„De Tiden ward nu anners, seggt de Ol,
Die Zeiten werden nun anders, sagt der Alte,
Ik weet ni, wat ik seggn schall to de Welt,
Ich weiß nicht, was ich sagen soll zur Welt,

Gelehrter ward se, awer ok so stumm,
Gelehrter wird sie, aber auch so still,
So old un so vernünfti un so lerri –
So alt und so vernünftig und so leer –
Am Ende hett ol Garden doch noch recht,
Am Ende hat die alte Garden doch recht,
Se seggt: de Minschen makt nu allens eben,
Sie sagt, die Menschen machen nun alles platt,
Se föhrt de Bargen af, de Löcker to,
Sie fahren die Berge ab und die Löcher zu,
Un sünd se mal mit all de Arbeit klar,
Und wenn sie mal mit aller Arbeit fertig sind,
So stött uns Herrgott allens æwern Hupen.
Wirft der Herrgott alles übern Haufen.
Ne! ne! do weer dat fröher 'n anner Tid ..."
Ne, ne, das waren doch andere Zeiten früher ...

Wir können den Müllerssohn aus Heide nicht darauf reduzieren – aber die leise Melancholie der Vergänglichkeit, wie sie in diesen Versen erkennbar wird, und ihr Gegenstück, das Glücksgefühl des schönen Augenblicks, sind zeit seines Schreibens wichtige Konstanten im Werk von Klaus Groth (1819–1899). Immer aufs Neue stellt er Einst und Jetzt einander gegenüber, aber nicht mit erhobenem Finger, sondern aus der Ratlosigkeit, vielleicht auch Unbehausheit dessen, der angesichts der Gegenwart und im Vergleich mit einer anderen Vergangenheit eine Irritation erlebt.

Dass die Begegnung mit der Gegenwart bisweilen eher eine Kollision ist – wie der Vers „... wat ik seggn schall to de Welt" so schön deutlich macht, denn die Welt wird in dieser Formulierung deutlich dem eigenen Erleben entgegengesetzt –, zeigt sich schon in der Biographie von Groth. Der Junge ist wissbegierig, kann schon vor Schulbeginn lesen und schreiben und bringt sich zügig autodidaktisch weiter. Zwischen 1835 und 1838 ist er Schreiber beim Kirchspielvogt in Heide, dann bezieht er das Lehrerseminar in Tondern. Als Lehrer lässt er sich in Heide nieder, wo er sich auch vielfältig in das gesellschaftliche Leben einbringt. Die sechs Jahre ertragene Laufbahn füllt ihn aber nicht aus – und hier kommt es zum ersten Bruch in der Biographie: Er erleidet einen gesundheitlichen Zusammmenbruch, wird aus dem Schuldienst entlassen und zieht sich auf die Insel Fehmarn zurück. Geplant sind nur wenige Wochen, sechs Jahre werden es.

In dieser Zeit beginnt er – im Rückblick auf Dithmarschen – mit der Arbeit an niederdeutschen Gedichten, Liedern und lyrischen Kurz-Epen. Mit der Veröffentlichung der ersten Sammlung unter dem Titel „Quickborn" – was so viel heißt wie „Quell der Erfrischung" – erzielt er 1852/53 einen unerwarteten Erfolg auch außerhalb der Regionen, in denen das Niederdeutsche gesprochen wird. Dennoch kommt es zu einem zweiten Bruch: Er scheitert 1857 mit dem ambitionierten Versuch, sich eine Literatur-Professur in Kiel zu sichern. Zwar erhält er 1866 den Titel eines Professors, aber er bleibt auch danach auf die Unterstützung aus der Familie seiner Frau angewiesen. Kommt hinzu, dass seine späteren Veröffentlichungen nicht mehr die gleiche freundliche Aufnahme finden wie der Erstling.

Groths besondere Neigung gilt der Schilderung des dörflichen Lebens in Dithmarschen; es gibt nur Weniges im „Quickborn",[74] das nicht aus dieser Quelle gespeist wird. Er beobachtet die Menschen mit viel Einfühlungsvermögen, Zuneigung und einer kleinen Portion Ironie und immer wieder findet er empfindsam-warme Töne für ihr Erleben und Verhalten: die erste Liebe, das In- und Miteinander der Generationen, der Mensch in Harmonie mit der Natur, die liebenswerten Eigenheiten des Einzelnen oder derer, die für ein paar Stunden dem Alltag entkommen. Ein wunderbares Beispiel für Letzteres ist „De Fischtog na Fiel"[75] über den sonntäglichen Versuch einer Gruppe von Männern, einen Angelausflug zu unternehmen. Das Ganze läuft gründlich schief, weil die Männer nicht nur die Hindernisse ignorieren, sondern sich auch nicht allzu zielstrebig verhalten und sich viel lieber dem Augenblick hingeben. Der Ausflug endet damit, dass sie sich vertrödeln ... und Fisch kaufen müssen, um ihre Frauen nicht zu enttäuschen.

Mehr als einmal auch schildert Groth Menschen, die nach getaner Arbeit oder am Sonntagmorgen gemütlich auf einen Schwatz zusammenkommen, dabei eine Pfeife rauchen, sich über die Welt austauschen oder sich an die alten Aberglauben-Geschichten ihrer Heimat erinnern. Immer dabei: die jüngste Generation, die spielend die Welt erkundet und in einem schmalen Steig zwischen Zäunen und Häusern eine ganze Welt des Erlebens findet oder auch sich von den Großeltern im Lesen und in kleinen Hausarbeiten anleiten lässt.

Die Szenerie ist das eine. Das andere ist der Ton: Dass das Niederdeutsche eine Sprache ist, die eigentlich nur im Sprechen ganz lebt, zeigt Groth mit dem Ton, den er für seine Inhalte findet. Das hat dann nicht zuletzt etwas mit Musikalität zu tun: In den geglücktesten Schöpfungen finden ein heiter-liedhafter Ton und die Szenerie zu einer glaubwürdigen Übereinstimmung. Indem er den ganzen Klangreichtum seiner Sprache flirren lässt, gelingt es Groth – zeitgleich mit dem so anders gearteten Fritz Reuter in Mecklenburg –, dem Niederdeutschen in der deutschen Literaturgeschichte einen festen Platz zuzuweisen.

Man ist geneigt zu vermuten, dass diese Wertschätzung des Kleinen, Alltäglichen, Vertrauten nur in einer Gegend wachsen kann, in der es kaum Ablenkung gibt und ein Wandel sich über Jahre vollzieht. Demnach hätte die Tatsache, dass Groth viele seiner Dichtungen durch die Nennung von Ortsnamen konkret in Dithmarschen lokalisiert, für heutige Leser nicht nur etwas mit dem Heraufbeschwören des Kindheitsparadieses zu tun. Vielmehr entsteht ein Mikrokosmos, der uns ganz nebenbei etwas über eine (sozial)historische Situation zu vermitteln scheint. Doch ist es im Sinne des Poetischen Realismus, der um die Mitte des 19. Jahrhunderts den Ton in der Literatur angibt, zumeist ein imaginierter Kosmos, der gegen die Realität gestellt wird, ein umgrenzter, umhegter vormoderner Raum, in dem Menschen noch Eigenart besitzen. Wenn es aber die Vergangenheit und dieses Dithmarschen, wie Groth sie in seinen Dichtungen (wieder)belebt, nie gegeben hat, dann sagt er uns auf diesem Weg zweierlei: Einerseits wird eine sorgsam verborgene politische Dimension erkennbar, indem Ansprüche an das Leben und die Umwelt formuliert werden, die Groth nicht erfüllt findet, und andererseits sagt er uns als einzelnem Leser, dass wir den Augenblick, die Schönheit unserer Umgebung und die Tatsache, dass wir da sind und das Leben erleben dürfen, bewusst wahrnehmen und in jedem Augenblick schätzen sollen – denn wie gesagt: Allzu schnell wird es wieder vorbei sein.

Groth hat den Untergang seiner vormodernen Welt in die letzten Gedichte des „Quickborn" selbst noch hineingenommen. Sie gelten zumeist als misslungen, aber sie machen den ganzen Zwiespalt der Zeiten deutlich: Nach seinem Weggang aus Heide 1853 ist Groth nicht dauerhaft nach Dithmarschen zurückgekehrt – vorsichtshalber? Versteht man diese Gedichte so, sind die hochdeutschen Gedichte, die in all der Zeit parallel zu den „Quickborn"-Schöpfungen entstehen und als „Hundert Blätter" gesammelt erscheinen, Gegenstück und notwendige Ergänzung. In ihnen spricht er sich selbst aus, lässt Romantisierendes beiseite, gibt seinen Zweifeln und inneren Qualen Raum. Wer Groth nur nach dem „Quickborn" beurteilen wollte, ließe Wichtiges beiseite. Unbedingt zu erwähnen ist in diesem Zusammenhang, dass kein Geringerer als der Groth freundschaftlich zugewandte Komponist Johannes Brahms (1833–1897) einige dieser hochdeutschen Texte vertont hat, darunter „Oh wüßt' ich doch den Weg zurück ..." als Teil des dreiteiligen Zyklus' „Heimweh" (op. 63).[76] Groth hatte als Titel „Aus dem Kinderparadies" vorgeschlagen, aber in diesem Fall wusste Brahms wohl besser, was Groth bewegt hatte ...

[O wüßt ich doch den Weg zurück]

O wüßt ich doch den Weg zurück,
Den lieben Weg zum Kinderland!
O warum sucht ich nach dem Glück
Und ließ der Mutter Hand?

O wie mich sehnet auszuruhn,
Von keinem Streben aufgeweckt,
Die müden Augen zuzutun,
Von Liebe sanft bedeckt!

Und nichts zu forschen, nichts zu spähn
Und nur zu träumen leicht und lind,
Der Zeiten Wandel nicht zu sehn,
Zum zweiten Mal ein Kind!

O zeigt mir doch den Weg zurück,
den lieben Weg zum Kinderland!
Vergebens sucht ich nach dem Glück –
Ringsum ist öder Strand!

Manch ein biographisches Detail hat Groth in seine Lyrik einfließen lassen, vor allem die Harmonie der Generationen, die den jeweils Jüngsten den Einstieg in die Welt vermittelt. In Groths Fall ist es der Großvater, der das eingeschossige Giebelhaus an der Lüttenheid in Heide 1796 errichtet und – als Groths Vater Tierhaltung und Grützmühle übernimmt – dem hier geborenen Enkel Anekdoten und Weltwissen nahebringt. Es hat wohl mit der nicht aufs erste Lesen erkennbaren, zeitgenössisch begründeten politischen Dimension von Groths Werk zu tun – immerhin macht er mit seinen Themen in Verbindung mit der plattdeutschen Sprache deutlich, dass die Region zu Deutschland gehört und nicht etwa zu Dänemark –, dass die Stadt Heide ihm im Geburtshaus 1914 eine Gedenkstätte einrichtet. Sie wird bis heute als Museum geführt und von der hier ansässigen Klaus Groth-Gesellschaft gehen immer wieder Impulse für die wissenschaftliche Erforschung des Werkes aus.

In unmittelbarer Nachbarschaft des Groth-Hauses finden wir das Brahms-Haus. Zwar ist Johannes Brahms nicht hier aufgewachsen, wohl aber sein Vater. Das Gebäude wurde 1990 nachempfindend rekonstruiert und beherbergt heute die Brahms-Gesellschaft.

Bei der philologisch mühsamen Aufgabe, ein schriftsprachliches Niederdeutsch zu finden, kann Groth in den 1850er Jahren auf die Kenntnisse und Hilfsbereitschaft von Karl Viktor Müllenhoff (1818–1884) zurückgreifen. Wer sich in der Biographie von Theodor Storm auskennt, weiß ihn unterzubringen: Müllenhoff, geboren als Kaufmannssohn in Marne, studiert nach seinen Gymnasialjahren in Meldorf ab 1837 in Kiel. In den frühen 1840er Jahren sammelt er mit Storm und den Brüdern Theodor und Tycho Mommsen Lieder und Sagen aus Schleswig-Holstein; nach dem Zerwürfnis der Sammler gibt Müllenhoff die Sammlung 1845 unter dem Titel „Sagen, Märchen und Lieder der Herzogthümer Schleswig, Holstein und Lauenburg“ allein heraus. Bald nach Erscheinen von Groths „Quickborn“ gibt eine positive Rezension von Müllenhoff dem Verkauf des Werkes einen kräftigen Schub. Gemeinsam arbeiten beide in den folgenden Jahren daran, eine Orthographie für das Niederdeutsche zu finden, die es dem vom Hochdeutschen kommenden Leser erleichtern soll, die lautlichen Eigenheiten des Niederdeutschen zu erfassen und eine adäquate Aussprache zu erlernen. Für die dritte Auflage stellt Müllenhoff eine Einleitung und ein Glossar zur Verfügung. Im Laufe dieser Jahre wird Müllenhoff 1854 Professor für deutsche Literatur und Altertumskunde an der Universität Kiel. 1858 geht er als Professor für deutsche Philologie nach Berlin. An dem Versuch, Müllenhoffs Stelle für sich zu erringen, scheitert Groth wie erwähnt; darüber kommt es auch zum Zerwürfnis der beiden.[77] Als Müllenhoffs Hauptwerk gilt heute seine fünfbändige „Deutsche Altertumskunde“ (1870ff.), die das damalige Wissen über die Germanen und deren Nachbarstämme zusammenfasst; bekannt ist er daneben als Herausgeber der erwähnten Sagensammlung. Texte von ihm waren jahrzehntelang Bestandteil von Schullesebüchern.

Museumsinsel Lüttenheid: Klaus-Groth-Museum …

Ähnlich wie im Fall von Klaus Groth wird bei Müllenhoff eine politische Dimension des Tuns erkennbar; in seinem Fall sind die Aussagen und Ergebnisse aber so sehr an die eigene Zeit gerichtet, dass der Name Müllenhoff heute nur noch wenigen etwas sagt. Und es ist insofern auch kein Wunder, dass sich ausgerechnet in den 1930er Jahren eine kleine Lobby findet, die das Andenken in ihren Dienst nimmt: Aus dem Jahr 1934 stammt der Müllenhoff-Brunnen in seiner Geburtsstadt Marne. Er nimmt Elemente der Sage vom Wunderbaum in Süderheistedt auf, die von der dereinstigen Wiederkehr von Dithmarschens Freiheit erzählt (siehe S. 96). Müllenhoff hat die Sage vermutlich in Neocorus‘ Chronik gefunden.

Ganz anders wiederum der schon einige Male erwähnte Gustav Frenssen (1863–1945). Dass

... und das nahe Brahmshaus (mit der Porträtbüste im Hof hinter dem Haus)

wir ihn hier schon erwähnt haben, hängt nicht zum Wenigsten damit zusammen, dass Frenssen in seinem Werk noch mehr als Groth immer wieder dithmarsische Orte, Menschen und Verhältnisse zum Vorbild und Schauplatz seiner Erzählungen und Romane nimmt.[78] Nun liegt es für manch einen angehenden Schriftsteller nahe, auf die eigene, bestens bekannte Umgebung zurückzugreifen; das ist bei Groth nicht anders. Aber bei Frenssen führt diese Verortung nach und nach auch zu einem Selbstverständnis als Mensch und Autor, das sich aus dieser Zuordnung nährt: Er stilisiert Dithmarschen zu einer Region, deren Menschen in besonderer Weise für den Lebenskampf gerüstet seien, und nebenher sich selbst zu einem Denker, der, auf der Grundlage dieser Erfahrungen, „seine Identität auch wesentlich von seiner Zugehörigkeit zu Dithmarschen her aufbaut"[79] – sprich: sich inszeniert als einen Mann von wenigen, aber tiefen Überzeugungen, gewonnen aus der täglichen Begegnung mit den wortkargen, ernsten und arbeitsamen Handwerkern und Bauern seiner unmittelbaren Umgebung.

Geboren 1863 als Sohn eines Handwerkers in Barlt, absolviert er nach seiner Schulzeit, in der er nur mittelmäßige Noten erzielen kann, ein Studium der Theologie (1886–1890). Unmittelbar im Anschluss daran erhält er in Hennstedt die Stelle des 2. Pastors, ziemlich genau zwei Jahre später übernimmt er das Pastorat in Hemme. Wachsendes Selbstvertrauen lässt ihn erste Schreibversuche unternehmen – von vornherein in dem Bestreben, nicht nur unterhalten, sondern wirken zu wollen. Er will der (seinen Beobachtungen zufolge um sich greifenden) geistigen und seelischen Orientierungslosigkeit der von Handwerkskrise, Industrialisierung und Existenzangst erfassten Menschen etwas entgegensetzen.

Schon sein erster Roman „Die Sandgräfin“ (1896) lässt in vielen Details seine Überzeugungen und seine regionale Verankerung erkennen. Der Geestbauer von Knee ist als Invalide aus dem Krieg 1870/71 zurückgekehrt; um seinen Hof kann er sich wegen seiner Verletzung nicht mehr recht kümmern. Herrenhaus und Wirtschaftsgebäude verfallen, ebenso der Rest einer Burg direkt am „witten Knee“, der Grenze von Marsch und Geest (dem Klev, wie wir ahnen). Der Marschbauer Thorbeeken nutzt diesen Verfall, um nach und nach alle Hypotheken in seinen Besitz zu bringen; er will von Knee unbedingt von seinem Grund und Boden vertreiben. Da kommt mit Gertrud von Knee, bald Trude genannt, eine entfernte Verwandte in das Bauerndorf. Sie erkennt die Misstände, krempelt die Ärmel hoch und bringt – im Verein mit Hans Thorbeeken, dem aus Südamerika heimgekehrten Sohn des skrupellosen Marschbauern – die Verhältnisse in Ordnung. Es erweist sich schließlich, dass dem Geschehen eine

„Über der Landschaft und über der Nordsee flimmert heller Sonnenschein. Die See geht in langgezogenen, weichen Wellen, man hört sie in der Ferne rauschen. Ein warmer, weicher Südwest, wie er an dieser Küste so häufig ist, legt sich sanft auf die Wellen, springt mit leichtem Sprung über den niedrigen Deich, schlägt zierliche Bogen in die großen Weizenfelder der Marsch und steigt dann leise, mühsam atmend, die Düne hinauf, deren Heide er kaum zu rühren vermag.

Man sieht von den langgestreckten, hohen Dünenrücken in die Marsch hinunter, in jenes Vorland, über welches einst die wilden Meereswellen rollten, gelben Dünensand ans Ufer warfen und zu Bergen türmten. Das ist schon lange her ...

Es kam eine andere Zeit. Der Meeresboden hob sich, oder traten die Wasser des Meeres zurück? ... und die Menschen stiegen mit ihren Schafen und Rindern von den Dünen hinunter auf die neue Erde und weideten ihr Vieh ... Aber es war ein unbehaglicher und rauher Aufenthalt. Sie wohnten in armseligen Hütten, die mit schweren, dicken Heidesoden belegt waren, und die Springflut des Herbstes jagte sie wieder die Dünen hinauf auf das alte Land zur Mutter zurück, von der sie gekommen waren. Da fand nicht wenig Vieh und gar mancher Hüter in dem grauen Salzwasser den bitteren, harten Wellentod, ihre Körper wurden gegen die Düne geworfen, und das donnernde Brausen der erzürnten Wasser überschrie das Weinen der Menschen.

Und das fühlten sie: dies, daß ihr Klagen und Weinen doch von dem wilden Wasser übertönt wurde; und da gaben sie es auf, zu klagen und zu weinen und wurden ein hartes Geschlecht; ein Geschlecht von wenig Worten, von tiefen, stillen Gedanken, von trotzigem Gesicht, von aufbrausendem Zorn, sie wurden wie das Meer, tief, lauernd, aufbrausend, gewaltig, ein Geschlecht von Riesen an Leib und Seele.

Jahrhunderte versanken, da gingen sie gegen ihren wilden, gewaltigen Feind zum Angriff vor! Nichts Größeres ist auf der Welt von Menschengeist und Menschenhand geschehen, als dieser Sieg der Menschen über das gewaltige Meer, dieser ungeheure Gedanke, auf die ausgestreckten, gierigen Arme des unendlichen Meeres mächtige Erdmassen zu werfen ... Und wie haben sie gearbeitet! Wie haben die alten Grauköpfe ihre Hände über die Augen gelegt, haben mit den scharfen Augen über das Meer gesehen und haben auf Flut und Strömung geachtet! Wie haben sie in den niedrigen Häusern an den Eichentischen gesessen, während der Weststurm vorüberheulte und die Wellen an ihren Werften fraßen, und haben den Kopf in die Hände gestützt und haben gerechnet und gezeichnet und untersucht: über Werftbauten und Böschungen, über Erd- und Grasarten! Und wie haben die Jungen gearbeitet, gekarrt, getragen! Wie haben sie sich selbst in die Sielen gelegt und die schwere, feuchte Erde zum Berg gemacht, zum langen, meilenweiten Berg, drei, vier und fünf Mann hoch, je nach dem Feind, der da draußen lauerte, da weit draußen, von wo das heisere Bellen des Seehunds zu den Arbeitern herüber klang.

Und der Feind kam!“

Gustav Frenssen: Die Sandgräfin. 8. Ts. Berlin: Grote 1902, S. 17–19.

Schuld von geradezu alttestamentarischer Größe zugrunde liegt. Der alte Thorbeeken hat all die Jahre aus Geiz und Raffgier gehandelt, wie er gehandelt hat, aber mit seinem Gewissen ist er darüber nie ins Reine gekommen; er glaubt, erst zur Ruhe kommen zu können, wenn er die Familie von Knee vertrieben hat. Dank der tatkräftigen Gertrud geht am Ende alles gut aus, der Besitz kann zusammengehalten werden, und Gertrud heiratet Hans ...

Das Thema einer Schuld als Lebensbürde ist Frenssen natürlich aus der Bibel, dem Theologie-Studium und der täglichen Seelsorger-Arbeit bekannt, die wirtschaftlichen Verhältnisse seiner Region und die Skrupellosigkeit erfolgreicher Kapitalisten kennt er aus erster Hand. Und er weiß, was es bedeutet, kein Geld zu haben, sich in der Hand und der Schuld von anderen zu wissen. So gerät ihm bei seiner bedächtig-altväterischen Erzählweise des 19. Jahrhunderts unversehens die Moderne in den Text. Bei alledem bleiben Landschafts- und Figurenschilderungen in diesem Erstling flach und um die Übersicht für den Leser einfacher zu machen, sind auch die Tugenden klar verteilt: Auf der Geest leben die guten Menschen mit einer großen, stolzen Vergangenheit und einer noblen Seele, in der Marsch leben die Neureichen ohne Gemüt, Manieren und Rücksichten. Statt die Figuren aus ihrem Handeln zu entwickeln, setzt Frenssen auf die deutliche Aussprache: „... die Menschen schütteln sich den Gischt von den Kleidern. Sie lachen nicht, sie weinen auch nicht vor Freude, sie sind in dem langen Kampf ein hartes Geschlecht geworden, sie haben etwas Übermenschliches bekommen, sie können nicht mehr loben und danken ... das ist ihr Fehler, ihre Sünde, bis auf den heutigen Tag."[80] In Nebenrollen erleben wir Brocken regionalen Aberglaubens und die Anfänge von Frenssens biologistischem Denken.

Obwohl das Buch seinem Verfasser schnell fremd wird,[81] ist es doch in mancher Hinsicht vergleichbar mit dem dritten Roman, der nur fünf Jahre nach dem Erstling erscheint und den großen Ruhm und Erfolg des Autors zu seinen Lebzeiten begründet: „Jörn Uhl" (1901). Auch hier geht es um die Rettung eines Hofes, auch hier sind die Charaktere bei ihrem ersten Auftreten fertig ausgebildet, sie handeln nach ihrem Verständnis und ihren Grundsätzen. Eine Entwicklung ist nur bei Jörn Uhl zu beobachten. Schon als Junge sieht Jörn, wie sein Vater und die Brüder den Hof herunterwirtschaften. Er versucht den Hof für seine Familie zu retten, aber er kann nur Fleiß bis zur Selbstausbeutung und Hoffnung aufwenden. Als der Hof in der Folge eines Gewitters abbrennt, ist ihm das Verlust und Erleichterung zugleich. Er, der sich immer schon für Mathematik und Astronomie interessiert hat, besucht schließlich lange nach dem Ende der Schulzeit und dem Einsatz im Deutsch-Französischen Krieg 1870/71 eine Ingenieurschule. Nach seiner Rückkehr macht er sich in Dithmarschen einen Namen in diesem neuen Beruf; nur noch angedeutet wird, dass er auch am (Kaiser-Wilhelm-)Kanal mitarbeitet. Sinnfällig wird auch hier der Wandel der Zeit: Einen schuldenfreien Hof hätte Uhl vielleicht weiterführen können, aber zur Existenzgründung taugt dieses jahrhundertealte Wirtschaftsmodell auch in Dithmarschen kaum noch.

Mit seinen Romanen und seinem Weltbild passt Frenssen nicht nur in die um 1900 beliebte anti-moderne literarische Strömung „Heimatkunst", sondern er prägt sie geradezu. In den Jahrzehnten nach „Jörn Uhl" aber verengt sich der Regionalismus des frühen Werkes zu einem konservativ-reaktionären Weltbild. 1902 legt er das Pastorat nieder, um sich auf die Literatur zu konzentrieren: Nach einem kurzen Ausflug in die Welt des Kolonialismus (im Roman „Peter Moors Fahrt nach Südwest", 1906) kehrt er zurück in die norddeutsche Provinz als

Am Schauplatz der „Sandgräfin". Foto aus dem zeitgenössischen Buch von Karsten Brandt

Gustav Frenssens Haus in Barlt …

… und sein Grab auf dem Wotansberg bei Windbergen.

Schauplatz seiner Texte. Handlungskonstruktionen und Figurenkonzeptionen werden mehr und mehr dem Ziel untergeordnet, die Provinz zum Hort wahrer deutscher Werte und „gesunden" Lebens – eines der Leitworte von Frenssen – zu stilisieren und insofern Welthaltigkeit für sie zu beanspruchen. Die Begriffe, mit denen er seine Figuren in ihrer/seiner Landschaft charakterisiert, sind vom ersten Roman an immer wieder die gleichen: schwermütig, still, grüblerisch, aufbrausend, von hoher Gestalt (was so viel heißt wie: von hohen Werten, von seelischem Adel, mit Durchblick).

Mit seiner im Laufe des 1. Weltkriegs verstärkt einsetzenden Publizistik schreibt er sich nach anfänglichen Sympathien für die Sozialdemokratie allmählich in ein präfaschistisches Weltbild hinein. Pünktlich 1933 begrüßt er kritik- und vorbehaltlos den Nationalsozialismus im Allgemeinen und Adolf Hitler im Besonderen,[82] 1938 tritt er schließlich auch aus der Kirche aus. Den Zusammenbruch seiner Welt muss er nicht mehr erleben: Frenssen stirbt im April 1945 in Barlt.

Unweit der Kirche von Barlt – in der er nicht tätig war – steht das kleine Haus, das Frenssen nach seiner Hamburger Zeit (1906–1919) bis zu seinem Tod 1945 bewohnt. Der Rückzug aus Hamburg ist vielleicht nicht einmal das Ergebnis des nachlassenden schriftstellerischen Erfolgs gegen Ende des Kaiserreiches, sondern eher noch des Zugehörigkeitsgefühls zur Region seiner Kindheit und frühen Mannesjahre – der Versuch, sich rückzuversichern in einer überschaubaren Welt. Wie gezeigt steht Dithmarschen im Denken wie im Schreiben für einen Kosmos mit spezifischen Charakteren und Anforderungen. Auf Dithmarschens Geschichte stößt Frenssen in der Kirche in Hemme, die in den 1890er Jahren sein Amtssitz ist, bei jedem Gottesdienst – nicht zuletzt durch die Geschlechterwappen im Gestühl und an der Empore. Doch nicht etwa in Barlt, sondern in einem etwas verwilderten Wäldchen östlich von Windbergen findet sich auf dem Wodansberg das Grab von Frenssen. Ein gegen den Hintergrund des Waldes kaum sichtbares Holzschild weist von einem schmalen Wirtschaftsweg aus den (bergan steigenden) Weg zur Ruhestätte des Schriftstellers mit dem problematischen Erbe.

Viel hat Frenssen gemeinsam mit Adolf Bartels (1862–1945): die Herkunft, die Lebenszeit, das Weltbild, die Stilisierung von Dithmarschen als Heimat pragmatisch-harter, wortkarger Menschen, schließlich das intellektuelle Versagen vor dem Nationalsozialismus. Und doch stehen sich die beiden, die um 1882 zeitweilig sogar den Klassenraum in Heide teilen, fremd gegenüber, bleibt das Verhältnis äußerst kühl.[83] In seinen Anfängen versucht sich der Schlossersohn aus Wesselburen als Dramatiker und Prosa-Autor. In seinen dickleibigen Romanen „Die Dithmarscher" (1898) und „Dietrich Sebrandt" (1899) gibt er Bilder aus der Dithmarsischen Geschichte. Sein belletristisches Hauptwerk „Die Dithmarscher", eigentlich kein Roman, sondern vier längere Erzählungen, die über einige Figuren oder Familien miteinander verknüpft werden, hat die letzte Phase der Bauernrepublik zum Hintergrund: von der Schlacht bei Hemmingstedt (1500) über Heinrich von Zütphen und die Ermordung des Achtundvierzigers Peter Swyn (1537) bis zur Letzten Fehde (1559) – wohlgemerkt: Immer geht es um den Tod.

In vielem charakteristisch ist der erste Teil „Die Schlacht bei Hemmingstedt". Bartels kontrastiert die Vorbereitung der an Kräften unterlegenen, gleichwohl selbstbewusst-siegessicheren Dithmarscher mit der Entscheidung von Karsten Holm, Mitglied der Achtundvierziger und innerhalb dieses Rates erfolgloser Vertreter einer Friedens- und Verhandlungslösung, zum Übertritt auf die Seite des dänischen Königs. In der Landesversammlung, die ein paar Tage vor der erwarteten Schlacht stattfindet und abschließend über Krieg oder Verhandlung befinden soll, kann Holm nicht durchdringen; wegen ihrer komplizierten Mehrheitsbeschluss-Findung wird sie im ständig mitlaufenden Erzähler-Kommentar mit wenig Sympathien bedacht. Dagegen versteht es der praktisch unbekannte Wolf [!] Isebrand mit einem starken Auftritt vor der Versammlung, die Mehrheit der Kampfbereiten umgehend hinter sich zu vereinen. Das ist leicht durchschaubar: Hier wird der autoritär-charismatischen Führer-Natur der Vorzug vor demokratischen Prinzipien gegeben. Die Beschreibung der Schlacht, dem Titel nach das Zentrum der Erzählung, bleibt dann seltsam farblos; wo Tempobeschleunigung notwendig wäre, um das Durcheinander zu schildern, bleibt Bartels bei seiner behäbig-breiten Beschreibung. Am Ende wird Anna, die Frau des nach der Schlacht vom eigenen Bruder Johannes erschlagenen Karsten Holm, gleichfalls noch Opfer vormoderner dithmarsischer Rechtsvorstellungen: Sie muss ihren Sohn in das Meldorfer Kloster abgeben, damit der für den Landesverrat seines Vaters lebenslang Buße leiste.

In erster Linie macht Bartels sich aber nach 1900 einen Namen als Literarhistoriker. In einer wahren Flut von Biographien, Rezensionen, Literaturgeschichten und Kampfschriften wendet er sein autoritäres Weltbild auf Prinzipien der Kunstbewertung an. Agrarromantik, „deutsche" Werte und die Ablehnung der „Dekadenz-Literatur", eine beinahe kultische Verehrung des großen Einzelnen (Landsmann Hebbel ist ihm ein Leitstern![84]) als Seher, Retter und Vorbild und vor allem ein radikaler Antisemitismus – jahrzehntelang versucht er in seinen Schriften, „deutsche" und „jüdische" Literatur voneinander zu trennen und den Ausschluss der „jüdischen" aus der deutschen Literatur herbeizuschreiben – machen ihn zum Wegbereiter der Nationalsozialisten. Die wissen ihm nach 1933 dafür Dank und machen ihn 1942 zum Ehrenmitglied der NSDAP. Er, ein Jahr älter als Frenssen, stirbt vier Wochen vor diesem im März 1945 in seiner Wahlheimat Weimar.

Was beide verbindet, ist die tiefe seelische Verwurzelung in ihrer Region und das Behagen am breiten Ausmalen ihrer Vertrautheit mit jedem Weg und Steg. Als sich im Abschnitt „Die Schlacht von Hemmingstedt" zwei Figuren auf den Weg von Albersdorf nach Heide machen, ist Bartels das Anlass für eine fast drei Druckseiten lange Beschreibung aller Wegmarken. Ein einziger Satz daraus: „Der Weg selbst war nur schmal, und wenn er auch über eine größere Lichtung führte, die, wo das Dorf oder eigentlich der Hof ‚tom Rise' lag, so war er doch an anderen Stellen wieder geradezu gefährlich, so nördlich von dem im Wald versteckten Dorf Österwohld, wo ihn ein der bei Meldorf mündenden Miele zulaufender Bach schnitt, oder er bot vortreffliche Verteidigungsstellungen, wie kurz vor dem Kirchdorf Nordhastedt, einer neuen Lichtung, wo (unmittelbar hinter der Stelle, wo der von Süden über Sarzbüttel und Odderade herkommende Weg einläuft) abermals ein Bach ihn kreuzte, an dem dann die wallumgebene Nordhastedter Kirche eine feste Position bildete."[85]

Zum Fortgang der Handlung trägt diese schwerfällige Beschreibung gar nichts bei; es scheint vielmehr, als schreibe sich hier jemand, der Dithmarschen aus beruflichen Gründen längst verlassen hat, zehn Jahre später in das Land seiner Jugend zurück, stolz auf die tiefe Verbundenheit. Wie es Frenssen im „Jörn Uhl" formuliert hat: „‚Wie es anderswo aussieht und was anderswo lebt und webt, davon weiß ich nichts. Es geht mich auch nichts an', sagte er stolz. ‚Aber was hier in dieser Gegend in der Erde liegt und darauf wächst und darüber hinläuft: das habe ich untersucht und davon verstehe ich etwas.'"[86] Die literarische Strömung Heimatkunst, der auch Bartels' „Die Dithmarscher" zuzuordnen sind – der Begriff wird 1898 übrigens von Bartels in die Literaturgeschichte eingeführt –, ist ja nicht zuletzt ein Aufbegehren gegen Verstädterung, Entwurzelung und Entfremdung.

Beide sind tief in ihrer Region und zudem im Dithmarsischen Niederdeutsch verwurzelt, beide stammen aus Marne (und sind dort zu Ehrenbürgern ernannt worden), beide absolvieren eine germanistische Ausbildung und arbeiten als Pädagogen, beide machen sich als Schriftsteller und auch als Interpreten einen Namen und sind als solche unter anderem für den NDR tätig, beide stehen zeitweilig der Klaus-Groth-Gesellschaft in Heide vor: Johannes Edmund „Ivo" Braak (1906–1991) und Reimer Bull (1933–2012). Ihre Wege sind allerdings doch sehr unterschiedlich.

Ivo Braak studiert in den 1920er Jahren in Wien und Hamburg deutsche und niederdeutsche Philologie und promoviert 1930 in Kiel. In den 1930er Jahren ist er als Direktor der Niederdeutschen Bühne in Kiel und als Obmann des Niederdeutschen Bühnenbundes tätig; aufgrund dieser Aufgabe ist er auch Mitglied der Reichstheaterkammer. Nach dem 2. Weltkrieg wendet er sich wieder der Arbeit an der und für die Bühne zu, daneben ist er Mitgründer des Instituts für niederdeutsche Sprache in Bremen und Professor (unter anderem für niederdeutsche Philologie) an der Pädagogischen Hochschule in Flensburg. In seinen Hörspielen, die er mit dem NDR und Radio Bremen realisiert, und in seinen plattdeutschen Theaterstücken setzt er sich mit Gegenwartsfragen, beispielsweise der Verstrickung in die NS-Zeit („Tein Jahr und dree Dag" von 1954), auseinander. Lesenswert, dabei kritisch zu hinterfragen ist sein autobiographisch grundierter Roman „Tieden" (1981 und 1986), in dem er das Kleinstadtleben in den 20er und 30er Jahren des 20. Jahrhunderts beschreibt; die Distanz des Erzählers zum Erzählten hat hier allerdings des Öfteren das Nachsehen gegenüber einer Tendenz zur launigen Anekdote.

Wo Niebuhr um 1800 einen Hof errichtete, erinnern heute rekonstruierte Eckpfeiler an das Kolonialisierungsprojekt.

Reimer Bull habilitiert sich nach Schulzeit und Promotion an der Christian-Albrechts-Universität in Kiel als Professor für Deutsch und Niederdeutsch. Seine literarische Tätigkeit beginnt mit der Übertragung der „Geschichten aus Bollerup" von Siegfried Lenz ins Niederdeutsche (1987). Danach erscheint eine Reihe von schmalen Büchern mit Alltagsgeschichten und -beobachtungen, darunter „Över'n Weg lopen" (1988) und „Langs de Straten" (1997). Ihre kurzen Geschichten sind am ehesten als „Vertelln", manche auch als „Döntjes" gut bezeichnet und charakterisiert. Gemeinsam sind ihnen der Gedanke der Toleranz, ein leiser Humor und die Sympathie für die kleinen Eigenheiten der Mitmenschen. Charakteristisch ist der Vorspruch zur Sammlung „So sünd wi je wull" (1992): „De Straten sünd vull von Geschichten. Wi kregt ehr bloots nich jümmer to sehn un to hören. Worrn wi dat, worrn wi mennigmaal anners över de Lüüd denken."

Aber hieß der Arabien-Reisende Niebuhr nicht Carsten mit Vornamen? Wer ist demnach dieser Claus Niebuhr? Wieso ein Schuppen, gedeckt mit Wellblech, wieso ein Pferdeomnibus und wieso eine Smyrna-Bar? Und der Landvogt hieß doch Heinrich Christian Boie – und nicht Thies Boje? Dieser Niebuhr steht angeblich im 67. Lebensjahr – das wäre denn, wäre Carsten Niebuhr gemeint, 1799. Dieser Niebuhr wird aber des Öfteren „Herr Etatsrat" genannt – zu einem solchen wird der „echte" Niebuhr aber erst 1806 ernannt. Was ist da los?

Doch, Heiner Egge (geb. 1949) hat gründliche Recherchen betrieben, aber „Niebuhrslust" von 1992 ist ausdrücklich ein Roman. Sein Erscheinungsjahr liefert schon einen ersten Hinweis, wie wir das Ganze zu verstehen haben: Der Roman erscheint in einem Augenblick der Literaturmoden, da das Changieren zwischen Fakten und Fiktion seit einigen Jahren zum guten Ton gehört und in manchen Fällen eine hohe Virtuosität erreicht. Der 1949 in Heide geborene und aufgewachsene Egge wendet dieses Prinzip des postmodernen Erzählens auf Themen der Provinz an. Er hat richtig beobachtet, dass Carsten Niebuhrs ganzes Leben im Schatten seiner sechs Reise-Jahre (1761–1767) steht: erst die Vorbereitung, dann die Reise selbst, dann die jahrzehntelange Aufbereitung des eigenen Ertrags und auch der Ergebnisse der verstorbenen Reise-Gefährten. Aus biographischen Zeugnissen ist bekannt, dass noch der Erblindete kurz vor Lebensende lebhaft und farbenreich von dieser Reise erzählt. Egge zeichnet also das Porträt eines Menschen, dem ein kurzer Lebensabschnitt zugleich Inhalt, Sinn und Gefängnis des Lebens wird. Dass Egge seine Roman-Figur durch falsche Details von der historischen Figur abrückt, ist konsequent: Ins Zentrum stellt der Autor den kurzen Abschnitt eines angeblichen Afrika-Abstechers – der sich aber auch als Krankengeschichte lesen lässt, weil nicht deutlich wird, ob dieser Abstecher tatsächlich stattgefunden hat. Hier liegt also ein Schlüssel für das Erzählen, denn all die Unwahrscheinlichkeiten und Ungleichzeitigkeiten lassen sich deuten als die zunehmende Verwirrung der alternden, von Krankheiten geplagten Roman-Figur, die mit ihrem Leben und vor allem mit dem Kultivierungsprojekt „Niebuhrslust" im Meldorfer Moor nicht mehr zurechtkommt, oder auch als ein einziger (Malaria-)Fiebertraum.

Nach einigen Veröffentlichungen Anfang der 1980er Jahre ist „Niebuhrslust" das erste größere ambitionierte Erzählprojekt des heute bei Hennstedt lebenden Autors. Auch für andere Projekte findet er seine Themen in Dithmarschen, so unter anderem für „Tilas Farben" über die erwähnte Malerin Ottilie Reylaender.

In „Niebuhrslust" treibt Egge sein Spiel mit den Fakten – und mit dem Leser –, aber unter die vielen Realia gehört das Kultivierungsprojekt im Meldorfer Moor. 1793/99 kauft Justizrat Carsten Niebuhr sich etwa 7,5 ha Land in der Mieleniederung nordöstlich der Stadt. Um das Gebiet zu erreichen, folgen wir von der B 431 aus dem Straßenzug Weiderbaum – Heseler Weg – Hesel – Meldorfer Moor. An der Ecke, an der sich die Straße teilt und in beide Richtungen Meldorfer Moor heißt, folgen wir dem schmalen Wirtschaftsweg nach rechts bis zur nächsten Rechtskurve. Danach haben wir das besagte Gelände zur Linken vor uns. Niebuhr lässt ab 1799 Entwässerungsgräben anlegen, Bäume pflanzen und schließlich einen Hof aus Elpersbüttel abtragen und hier neu errichten. Um die Standfestigkeit für das Haus zu verbessern, werden Pfähle in den Boden gerammt und der Untergrund mittels einer Sodenauflage tragfähiger gemacht. Bei aller Konsequenz, mit der Niebuhr vorgeht, wird das Projekt für ihn – insbesondere durch diese Pfahlgründungen – finanziell gesehen zum bodenlosen Fass; gleichwohl bleibt der Hof bestehen und wird bis in die 1940er Jahre bewirtschaftet. Im Zuge einer archäologischen Grabung werden 2006 die Eckpunkte des wiedergefundenen Wohnhauses mit Granitsteinen aufgemauert und am Weg Informationstafeln aufgestellt.

Am Ende erwähnt sei noch eine Lyrikerin, die nicht aus der Region stammt, hier aber ihre Heimat gefunden hat – wohl nicht zuletzt wegen der weiträumigen Natur. Sarah Kirsch, geboren 1935 in Limlingerode im Harz, studiert zunächst Biologie und bezieht später das Literaturinstitut in Leipzig. 1977 verlässt sie die DDR. Nach einer Zwischenstation in Berlin zieht sie 1983 in die alte Dorfschule in Tielenhemme. In den Publikationen der folgenden beiden Jahrzehnte wird Dithmarschen immer wieder erkennbar: Die Betrachtung der Natur vor der Haustür und die Alltagsreflexion beziehen sich häufig so aufeinander, dass in der Gesamtschau Anspielung und Analyse erkennbar werden. Gemeinter oder genannter Hintergrund ist Dithmarschen beispielsweise im Lyrik-Band „Schneewärme" (1988) oder in den Notaten von „Allerlei-Rauh" (1994) oder „Regenkatze" (2007) – aber natürlich nicht um Dithmarschens willen, sondern in dem Bestreben, das Große im Kleinen erkennbar zu machen. Die 2013 Verstorbene gilt als eine der wichtigsten Lyrikerinnen der Gegenwart.

WAS IST DENN NUN „TYPISCH DITHMARSCHEN"?

„‚Kinder!', sagte er. ‚Über die Heide gehen und dann Dithmarscher Mehlbeutel mit Schweinskopf essen, das ist das Beste in der Welt."
Die Figur Thieß Thiessen in: „Jörn Uhl", S. 67

Nach der Literatur zu schließen, müssen die Menschen in Dithmarschen wohl ein seltsames Volk sein: eigenwillig, wortkarg, verschlossen, erdverbunden, misstrauisch, auf die persönliche und die politische Freiheit bedacht, auch geldgierig, kreativ im Umgang mit der Wahrheit und nicht übermäßig empathisch, um auf der Gegenseite keinen Gefühlsausbruch zu provozieren, mit dem sie dann nicht umgehen könnten. Warmherzigkeit ist noch am ehesten Sache der Frauen - im Zweifel beugen sich aber auch sie den althergebrachten dithmarsischen Rechtsvorstellungen - und der Sonderlinge, die in der Regel als Einsiedler leben. Die Romane von Gustav Frenssen sind zudem voll der kleinen Erzählungen aus jahrhundertelang tradiertem Volks- und Aberglauben. Geheimnisvolle Lichter, die sich niemand erklären kann, Pferde, die immer wieder an der gleichen Stelle scheuen, schattenhafte Menschen, die spurlos vergehen, wenn man sie anspricht ... Manch ein Spökenkieker ist auch dabei; so nennt man in Norddeutschland Menschen, die das „zweite Gesicht" haben, also Geister sehen und Unheil vorausahnen können.

Eine lokale Legende, in der vieles davon zusammenkommt (und die Gustav Frenssen in seinen Roman „Jörn Uhl" hineinwebt) ist „Der Geldsot" (im Roman „Goldsoot"). Vielleicht kannte Frenssen sie aus der mündlichen Überlieferung, vielleicht aber auch aus der Sagen-Sammlung von Karl Viktor Müllenhoff:

Der Geldsot.

Zwischen dem Dorfe Hopen und dem St. Michaelisdonn (bei Marne in Süderdithmarschen) findet man an dem dürren Abhange der Geest, dem Kleve, eben über der Marsch eine immer hellfließende Quelle, die der Geldsot genannt wird. Vor vielen Jahren lag in der Nähe ein reiches Dorf; das starb aus, oder ward im Moskowiter Kriege verödet, so daß nur ein Hirte nachblieb, dem Geld und Gut nun zufiel. Ehe er aber starb, versenkte er alles in den Brunnen, weil er keine Erben hatte; und dieser erhielt davon seinen Namen. Stößt man mit einem Stocke hinein, so klingt es ganz hohl und oft hat man auf dem Grunde des klaren Wassers einen grauen (kleinen schwarzen) Mann mit einem dreieckigen Hute gesehen, der ein brennendes Licht in der Hand trug und es immer hin und her leitete. Kam einer herzu und griff darnach, verschwand alles.

Oft hat man versucht den Schatz zu heben. Einmal machten sich mehrere in einer Nacht auf und gruben stillschweigend die Quelle auf, bis sie auf einen großen Braukessel trafen. Da legten sie einen Windelbaum quer über das Loch und befestigten Seile an dem Kessel, um ihn herauf zu ziehn, als zu ihrem Schrecken ein ungeheures Fuder Heu, mit sechs weißen Mäusen davor, den Kleve spornstreichs hinauf an ihnen vorüber sauste. Doch behielten sie so viel Besinnung, daß keiner einen Laut von sich gab, und der Kessel war schon so hoch herauf gezogen, daß sie ihn mit der Hand reichen konnten, als der graue Mann mit seinem dreieckigen Hut auf einem dreibeinigen Schimmel herauf geritten kam und den Leuten guten Abend bot. Aber sie antworteten nicht. Als er nun aber fragte, ob sie nicht meinten, daß er noch das Fuder Heu einholen könnte, rief einer: „Du Schraekel, (hinkender Krüppel) mags den

Am Spiekerberg beim Flugplatz Hopen

Deuwel!" Da versank augenblicklich der Kessel wieder, der Windelbaum brach und der graue Mann verschwand. Viele haben es nachher noch wieder versucht, aber alle sind durch ähnlichen Spuk gestört und zum Sprechen gebracht.

Sagen, Märchen und Lieder der Herzogtümer Schleswig, Holstein und Lauenburg. Hg. v. Karl Müllenhoff. Neue Ausg. besorgt von Otto Mensing. Schleswig: Bergas 1921, S. 108 (Nr. 134).

Ein anderes Bild vermittelt eine anekdotische Aufzeichnung, ebenfalls bei Müllenhoff zu finden, die den heutigen Leser zwar eher zum Lachen reizt, in der es aber auch einen wahren Kern geben mag, was die wechselseitige Einschätzung angeht:

Die Büsumer.

Weil die Büsumer an der See wohnen, kann man sich denken, daß sie gute Schwimmer sind.

Eines Sonntags schwammen ihrer neun hinaus, und als sie eine Strecke geschwommen waren, wandte der Vordermann sich um und sagte: „Jungens, ik mutt doch w'raftig mal tellen, of da ok wull versapen is un wi noch all tohopen sünt." Er fing also an: „Een, twee, dree, veer, fief, süß, söben, ach! Ik bün ik", sagte er zuletzt, „so mutt dar wull versapen sein." „Laat mi man ins (einmal) tellen", sagte ein anderer und fing an: „En, twee, dree, veer, fief, süß, söben, ach; ik bün ik; dar is waraftig een versapen." Traurig schwammen sie nach dem Ufer zurück und suchten den Neunten. Einer fing wieder an zu zählen. Da kam ein Fremder des Weges, und wie er die nackten Büsumer da stehen sah, fragte er, was sie da machten. Sie erzählten ihm nun, wie sie ihrer neun hinausgeschwommen wären, aber nun nur acht herauszählen könnten; einen müßten sie also verloren haben. Da gab ihnen der Fremde den Rat, daß jeder seine Nase einmal in den Sand stecke und dann sollten sie die Löcher zählen. Da waren die Büsumer so glücklich, die richtige Zahl zu finden, denn es waren wirklich neun Löcher. Vergnügt kleideten sie sich nun wieder an und gingen ins Dorf zurück.

Es wäre noch viel von ihnen zu erzählen, z.B. wie sie den Mond aus dem Brunnen schneiden wollten, wie sie einen Hummer für einen Schneider hielten, wie sie ein Tor in Heide kauften, und ein Feld mit Kuhsamen bestellten, in der Hoffnung, es sollten die Kühe wachsen, und besonders von den Abenteuern derer, die auf die Reise geschickt wurden, um den Mann wieder zu suchen, der ihnen den Mühlstein gestohlen hatte; wie sie nun nach Friedrichstadt kamen und den Senf entdeckten, und der eine seine Nase da im Stiche ließ; wie dann, um nicht so nahe am

> Feuer zu sitzen und zu viel Hitze auszustehen, sie einem Wirt ein gut Stück Geld gaben, um die Wand weiter zurücksetzen zu lassen, er aber, während sie hinausgingen, nur ihre Stühle ein wenig rückte; wie sie dann nach Hamburg kamen, und wie sie da gegessen und getrunken und endlich in dem Pastoren in der Michaeliskirche den Mann mit dem Mühlstein erkannten und ihn beim Senat verklagten, von allem wäre noch viel zu erzählen, aber man möchte die Büsumer leicht damit böse machen.
>
> *Sagen, Märchen und Lieder der Herzogtümer Schleswig, Holstein und Lauenburg. Hg. v. Karl Müllenhoff. Neue Ausg. besorgt von Otto Mensing. Schleswig: Bergas 1921, S. 100f. (Nr. 125).*

Zunächst einmal ist das natürlich nichts anderes als die überall und in jeder Region anzutreffende Neigung, auf die Bewohner des Nachbarortes ein wenig hochmütig oder mitleidig herabzublicken. So können wir nicht entscheiden, wie viel Wahrheit, wie viel Spott und wie viel Legende in dieser Anekdote steckt. Dass die Büsumer hier aber quasi zu den Schildbürgern Dithmarschens werden, deren Horizont auch durch die Begegnung mit der großen Welt nicht weiter wird – so dass selbst der Chronist seine Ironie nicht verbergen kann („... aber man möchte die Büsumer leicht damit böse machen.") –, lässt doch zunächst einmal darauf schließen, dass an der behaupteten Distanz derer von der Geest zu denen aus der Marsch etwas dran sein könnte.

Nun: Dass eine junge Mutter, wie wir bei Bartels lesen, ihr Kind einem Kloster überlassen muss, damit es auf diese Weise ein Leben lang Buße tue für den Landesverrat seines Vaters, obwohl der Landesverräter schon der Blutjustiz des eigenen Bruders zum Opfer gefallen ist ... dass überhaupt die Blutrache ein Gerichtsbarkeitsprinzip ist ... dass die Menschen der Geest und der Marsch wechselseitig nichts für einander übrig haben – Frenssen hatte das wie erwähnt schon in der „Sandgräfin" (1896) behauptet und wiederholt es auch 30 Jahre später noch in seiner „Chronik von Barlete" (1928)[87] –, dass die Bauern der Marsch wegen ihres Wohlstandes zu Hochmut und Achtlosigkeit neigen (und ihren Niedergang auf diese Weise selbst beschleunigen), dass ... und so weiter alles in allem: macht die Dithmarscher nicht gerade zu Sympathie erweckenden Zeitgenossen.

Flugs ein Fragezeichen dahinter gesetzt: Kann dieses Menschenbild denn etwas mit der Realität zu tun haben?

„Moin!"

Nehmen wir einen Gedanken vom Anfang unseres Weges wieder auf: Der Mensch richtet sich in der Region ein, die er als seine Heimat annimmt, und ringt ihr seine Lebensgrundlage ab. Wir wollen nicht unterschätzen, dass dieses „Abringen" vor 3.000 und auch noch vor 1.000 Jahren sehr viel wörtlicher zu nehmen war als heute. In einer Region, die abseits der großen Verkehrswege und gesellschaftlichen Entwicklungen liegt und darüber hinaus ihren Bewohnern außer ertragsstarken Böden nicht gar so viel an natürlichen Reichtümern bieten kann, liegt es nahe, dass die Menschen sich ganz auf den Erwerb des Lebensnotwendigen konzentrieren müssen und darüber ein wenig misstrauisch und misanthropisch werden. Eigentumsdelikte oder auch Unwetterschäden können unter dieser Voraussetzung des kargen Lebens zu einer Existenzbedrohung werden. Von hier aus auf Eigenheit und Charakter mancher mittelalterlichen dithmarsischen Rechtsbesonderheit zu schließen, hat manches für sich, muss aber Spekulation bleiben. Andererseits bieten hierarchisch und juristisch klar gegliederte Gesellschaften ihren Angehörigen einen definierten Platz: Jeder kennt die Erwartungen, die Pflichten – und die Möglichkeiten.

Dies gesagt, ist es nun an der Zeit, das ganze Gegenteil für die Gegenwart zu behaupten. Denn wer heute in die Region zwischen Elbe und Eider kommt, wird von diesem weltabgewandten Eigensinn nicht viel bemerken. Egal, ob die junge Pflegedienst-Mitarbeiterin, die im Schatten der Kirche von Weddingstedt auf dem Weg zu ihrem Patienten die Straße überquert und Ihnen dabei ein „Moin" zuwirft, oder ob der deutlich über 70-Jährige in Delve schon lange im Voraus uns offenbar Ortsfremden wegen seines Hundes mit einem „De dood nix" beruhigt – was wir gesehen haben, weil der Hund zwar vorn bellt, aber auch hinten wedelt –: Die

Menschen in Dithmarschen kommen Ihnen in der Regel aufgeschlossen und freundlich entgegen und lassen gern mal alles andere für einen Schnack stehen und liegen. So erfahren wir, ohne gefragt zu haben, während wir gerade die Fassade des Boie-Hauses in Brunsbüttel bewundern, dass das Haus drinnen ein schönes Ambiente aufweise. Die uns das erzählt, erwähnt auch, dass sie zu dem Damenkreis gehöre, der sich einmal im Monat freitags dort zum Frühstück treffe. Während die adrette Dame in der Tür verschwindet, fällt uns eine Begegnung in Neuenkirchen ein: Als wir versuchen, die wuchtige Kirche irgendwie in den kleinen Sucher unserer Kamera zu bekommen, fragt uns ein – sehr hörbar nicht aus Dithmarschen stammender – Mann, ob wir die Kirche auch von innen sehen wollten?, sie sei nämlich normalerweise nur donnerstags geöffnet. „Geh'n Sie ruhig schon mal zur Tür, ich fahr' eben hinten rum." Sagt's, steigt auf sein Fahrrad und kommt keine Minute später von der anderen Seite heran, um aufzuschließen ... Er kann das, weil er Mitglied des Kirchenvorstandes ist.

Solche Begegnungen erleben wir auch dort, wo der Fremdenverkehr keine große Rolle spielt. Wir merken bald, dass die Menschen hier nicht etwa alle ehrenamtliche Botschafter eines Dithmarschen-Marketings wären, sondern dass etwas anderes dahintersteckt. Wer hier lebt, gar sich bewusst für die Region entscheidet, wohnt hier nicht nur, sondern empfindet eine Zugehörigkeit, eine Verbundenheit mit dem Land und mit den Nachbarn. Die Dithmarscher freuen sich über das, was sie haben, sie leben ganz selbstverständlich damit – und sie teilen es gern. Das ist die erste Erfahrung, die der mit großstädtischer Ruppigkeit Vertraute in Dithmarschen macht.

Also, wohin Sie auch kommen: Sagen Sie erstmal „Moin!" Von da aus entwickelt sich das Gespräch ganz von allein. Seit seinem Wiederaufkommen in den 1970er Jahren hat sich der Gruß auch in die Gegenden südlich von Hannover vorgearbeitet. Trotz seiner weiteren Verbreitung sei aber gesagt, dass „Moin!" ein in ganz Schleswig-Holstein (und Hamburg) verständlicher und üblicher Gruß ist, der aber – anders als man wegen des Anklangs vielleicht denken könnte – nicht nur einfach die regionale Version von „Guten Morgen" ist. Das ist er zwar, aber er ist auch „Guten Tag", „Hallo", „Mahlzeit" und „Guten Abend". Dass das so ist, hängt mit seiner Herkunft zusammen: „Moin!" ist nicht etwa ein verschliffenes „Morgen", sondern stammt (vermutlich) vom niederdeutschen „moi", was so viel wie angenehm, gut, vertraut, schön heißt.

Am „Moin!" lässt sich nebenbei auch die Gefühlslage unseres Gegenübers erkennen. Kommt es leicht gesungen, ist der Grüßende erwartungsfroh und guter Laune, fällt es nach hinten ab, ist der Sprecher eventuell noch nicht oder nicht mehr ganz wach (und vorsichtshalber schonungsvoll zu behandeln), kommt es sehr tief, drückt sich der ganze Wortsinn aus: Vertrautheit, Vertrauen, Entgegenkommen, Entspanntheit, Neugier (oder womöglich auch, dass der Feierabend schon in Sicht kommt). Und letztlich ist „Moin!" auch das Zauberwort, wenn wir einen Laden, ein Museum, ein Restaurant oder sonst etwas betreten und es ist gerade niemand zu sehen: Das wird sich danach umgehend ändern.

„Moin!"

Die Legende von den reichen Bauern

Unsere Begegnungen mit den Menschen in Dithmarschen entkräften alles, was wir bei Frenssen, Bartels, Hebbel und anderen den vergangenen Winter hindurch als Vorbereitung auf unsere Erkundungstouren über sie gelesen haben. Aber die Schriftsteller können sich den Charakter ihrer Landsleute doch nicht ausgedacht haben? Was ist also dran an der vielfach überlieferten Behauptung von Reichtum und Arroganz der Marschbewohner?

In den Jahrtausenden nach dem Rückzug des Gletschereises ist die hoch gelegene Geest der Wohnort derer, die sich in der Region niederlassen – weil es die Marsch noch gar nicht gibt. Bald nach dem Rückzug des Meeres entdecken die Menschen, dass sich der Marschboden gut bebauen lässt und reiche Erträge liefert. Aber es vergehen wie gezeigt noch viele Jahrhunderte, bevor sie sich daran machen, diesen natürlichen Reichtum planmäßig vor den Verderben bringenden Fluten der Nordsee zu schützen.

Fleisch ist bis in das 19. Jahrhundert hinein die Ausnahme auf den Tischen der einfachen Leute; Fleisch ist nur etwas für Könige, Edelleute, erfolgreiche Kaufleute, Herrschaften – und vielleicht wohlhabende Bauern. Für alle anderen bilden alle Formen von Getreide die Grundlage der mittelalterlichen und frühneuzeitlichen Ernährung: Hirsebrei, Buchweizengrütze, Brot, Graupen. Entsprechend gilt die ganze Aufmerksamkeit der Marschbauern, die nicht vorwiegend Viehwirtschaft betreiben, dem Getreide.

Der Wohlstand, zu dem manch einer der großen Bauern gekommen ist – ablesbar etwa an dem erwähnten Familienporträt Hansen oder auch am Hof Schmielau –, beruht zunächst einmal auf der Ertragsstärke des Marschbodens:

> De acker hir sehr vett unnd gudt,
> Syn korn so hupig dragen dutth,
> Roggen, weten und dergeliken,
> Datt an getreed nicht darff wiken
> Veel grötern lendern disse ortt,
> Alß solckß var mi iß schon gehortt;
> Wen andere offtmalß liden nodt,
> So hebben doch de unsern brodt.

lesen wir bei Neocorus.[88] Getreide dient nicht nur der Versorgung des eigenen Landes, sondern avanciert zum Exportgut – in Friedenszeiten und erst recht, da ringsherum Krieg tobt: Solange Dithmarschen nicht in die Auseinandersetzungen hineingezogen wird, machen die Bauern gute Gewinne mit dem andernorts so dringend Benötigten. Dass der eine oder andere, mit oder ohne Export, über dem wirtschaftlichen Glück auch arrogant wird und seinen Wohlstand protzig zeigt – angeblich waren die großen Bauern ja stets im Vierspänner unterwegs –, ist natürlich keine Dithmarscher Eigenheit. Wenn es den Hochmut der Marschbauern denn überhaupt so gegeben hat, wie Gustav Frenssen ihn beschreibt, dann ist er vielleicht als Reflex derer von der Geest zu verstehen, die sich mit weniger ergiebigen Böden begnügen müssen (sofern ihr Land nicht gerade auf Moorboden liegt). Denn das gute Einkommen in der Marsch sichert den Bauern natürlich auch die Möglichkeit, weitere Flächen in den je neu gewonnenen Kögen zu pachten oder gar zu erwerben ... und damit nicht nur weitere Einkünfte, sondern auch Ansehen. Das erklärt, warum manche der Höfe in den Kögen (auch heute noch) wirklich groß sind, und aus dieser Perspektive ist dann auch verständlich, dass Frenssens Geschichten vom Niedergang der Höfe nur auf der Geest spielen können: Hier sind die Existenzprobleme im ausgehenden 19. Jahrhundert unvergleichlich viel größer als in der Marsch.

Bei unseren Kreuz- und Querfahrten durch die Region haben wir immer wieder – je nach Jahreszeit – große Raps-, Weizen- oder Maisfelder gesehen; wir haben aber auch über die wahrlich weiten Anbauflächen mit Weiß-, Rot-, Grün-, Spitz-, Wirsing- und auch Rosenkohl gestaunt.

Weißkohl auf dem Feld

Alles Kohl?

Wir sagten es schon: Wer Dithmarschen erwähnt, kann sicher sein, dass seinem Gesprächspartner zu diesem Stichwort als erstes Kohl einfällt. Nun ist es aber nicht etwa so, dass sich diese Gleichung umgehend einstellt, weil der Kohl schon seit Jahrhunderten hier angebaut würde und also irgendwie immer schon da war. Vielmehr ist auch er ein Beispiel dafür, dass die Menschen in Dithmarschen das Beste aus dem herausholen, was die Natur ihnen gibt.

Die Landwirtschaft steckt Ende des 19. Jahrhunderts gerade in der Ertragskrise, die den Hintergrund der Romane von Gustav Frenssen abgibt, als der Gärtner Eduard Lass 1889 auf dem Hof seines Arbeitgebers bei Büsum mit Kohlsamen, die er vermutlich aus den Niederlanden erhalten hat, zu experimentieren beginnt. Kohl ist auf seinem ersten Versuchsfeld, ein Dithmarscher Morgen groß, nicht die einzige Gemüsepflanze und der Ertrag ist im ersten

Jahr auch eher übersichtlich – aber die Kosten sind immerhin gedeckt. Lass darf die Versuchsfläche vergrößern und 1892 ist sein Arbeitgeber überzeugt: Gemeinsam bauen sie nun auf etlichen Hektar Kohl an. Weil die Ernte des Jahres gut ausfällt, beginnen auch andere Bauern, sich für Kohl zu interessieren. Eine Erfolgsgeschichte nimmt ihren Anfang.

Denn aus diesen bescheidenen Anfängen wird in kürzester Zeit eine der Ertragsgrundlagen für Dithmarschen. Warum ausgerechnet hier? Das liegt an der naturgegebenen Situation: Der nährstoffreiche Boden, die ständige feuchte Luft und der stete Wind, der Kohl-Schädlingen das Leben schwer macht, sind eine ideale Kombination. Mittlerweile werden Wirsing und Co. in Dithmarschen auf rund 2.900 ha angebaut – das entspricht 92% aller Anbauflächen in ganz Schleswig-Holstein (2016) und macht Dithmarschen zum größten geschlossenen Kohlanbaugebiet … Europas! Statistisch gesehen könnte Dithmarschen in guten Jahren jeden Bundesbürger mit einem Kohlkopf versorgen. Tatsächlich aber legt nicht jeder Deutsche Wert auf „seinen“ Kohlkopf: Ein erheblicher Anteil des Ertrags wird in den auf die Ernte folgenden Monaten exportiert, vor allem in osteuropäische Länder und nach Rußland. Kohlscheunen alten Typs sehen wir auf unseren Erkundungstouren kaum noch: Um den Kohl bis zum Export frisch zu halten, gehören längst große Kühlhäuser sozusagen zur Grundausstattung der Höfe. Kohl ist zur Industriepflanze geworden.

Kohlanschnitt im September: Großes Medieninteresse für die Kohlregentinnen … ach ja, und den Minister.

Den Kohl anzubauen und zu exportieren, ist den Dithmarschern aber nicht genug. Sie tun auch viel dafür, ihn von seinem Image als Arme-Leute-Essen oder verzichtbare Beilage zu befreien. So haben die Einheimischen allen anderen das Wissen darüber voraus, dass Kohl keineswegs langweilig ist, wie es ein anderes der vielen

Kohlfeld vor Friedrichskoog

Dithmarscher Kohlroulade (für 4 Personen)

1 großer Wirsingkohl

2 EL Meersalz

1 TL Kümmel

1 kg Rinderhack

4 alte Brötchen (eingeweicht)

1 EL Ketchup

1 EL Senf (mittelscharf)

schwarzer Pfeffer

2 EL Gänseschmalz oder durchwachsener Speck zum Anbraten

2 Schalotten (gewürfelt)

500 ml Rinderfond

1 l Kohlfond

1 EL Mehl

1 EL Butter

8 Scheiben Schinkenspeck

Den Strunk vom Wirsingkohl kreisförmig herausschneiden und die äußeren Blätter entfernen. Wasser mit Salz und Kümmel in einem großen Topf zum Kochen bringen. Kohlkopf mit der Oberseite nach unten hineingeben, sodass er mit Wasser bedeckt ist. Die sich lösenden Blätter mit einer Gabel aus dem Wasser nehmen. Pro Roulade 4–5 Blätter. Restlichen Kohl aus dem Topf nehmen, beiseite stellen und erkalten lassen. Danach vierteln und für die Sauce in Streifen schneiden. Kohlfond aufheben.

Hack in eine Schüssel geben. Brötchen kräftig ausdrücken und Ketchup und Senf hinzugeben. Mit Salz und Pfeffer kräftig würzen und alles durchkneten. Zur Geschmackskontrolle 1 EL Hack in einer Pfanne anbraten und den Geschmack testen, denn nur im warmen Zustand kann man Hack optimal abschmecken.

Für die Rouladen je 4–5 blanchierte Wirsingkohlblätter auf einer Arbeitsplatte übereinander legen und jeweils ein Viertel vom Hack in die Mitte setzen. Kohlblätter von unten nach oben aufrollen, Seiten bis zur Mitte einschlagen und den Rest fest aufrollen. Man benötigt kein Garn oder Zahnstocher, um die Roulade zusammen zu halten, wenn man sie mit der Nahtstelle nach unten zuerst anbrät.

Schmalz oder durchwachsene Speckwürfel in einem Schmortopf auslassen, Rouladen hineinsetzen und von allen Seiten anbraten. Anschließend herausnehmen und im Backofen bei 120 °C ca. 60 Minuten garen. Schalotten im Schmortopf glasieren, Wirsingkohlstreifen hinzugeben, leicht anbraten und mit Rinderfond und Kohlfond aufgießen. Aufkochen lassen und bei kleiner Hitze 20 Minuten garen.

Mehl und Butter miteinander verrühren und die Sauce damit binden. Mit Salz und Pfeffer abschmecken. Rouladen zu der Sauce geben und weitere 10–15 Minuten garen. Schinkenspeck auf Mikrowellengeschirr legen, abdecken und bei halber Kraft 2,5 Minuten in der Mikrowelle knusprig braten.

Sauce auf vier Tellern verteilen, Rouladen darauf anrichten und mit Schinkenspeck garnieren. Aus den Zutaten kann man auch eine große Roulade zubereiten und in Scheiben geschnitten servieren. Dazu Salzkartoffeln.

Marion Kiesewetter, Günther Ahr: **Kohl!** *Traditionelle und neue Kohlgerichte. Heide: Boyens 2011, S. 38f.*

Klischees will: Auf den Tellern der regionalen Küche ist er längst zur Hauptsache, wenn nicht zur Attraktion geworden. Während der Dithmarscher Kohltage können wir uns in mehr als 50 Restaurants und Gaststätten im Lande ein Bild von der Vielfalt machen. Und allein das Blättern in einem speziell dem Kohl gewidmeten Kochbuch lässt einem schon das Wasser im Mund zusammenlaufen ...

Nein, es ist nicht „alles Kohl" in Dithmarschen, aber die alljährlichen Kohltage in der dritten September-Woche sind Festtage im Dithmarscher Kalender. Es gibt Kohl-... nein, nicht -königinnen, sondern: -regentinnen mit einem wahrlich königlichen Terminkalender; sie vertreten den Kohl und Dithmarschen in ganz Deutschland bei zahllosen Events, Terminen und Gastronomie-Messen. Allein die Nummernschilder der Autos am Tag des Kohlanschnitts verraten, dass die Neubestimmung des Kohl-Image gelungen ist: Die Gäste kommen aus dem ganzen norddeutschen Raum.[89]

Wo wir gerade beim Essen sind: Auf der Speisekarte einiger weniger Restaurants finden wir ein Gericht mit dem seltsamen Namen „Mehlbeutel", plattdeutsch „Meelbüdel". Dass es bei weitem nicht überall angeboten wird, liegt an seiner aufwändigen Herstellung. Es handelt sich dabei um einen salzigen, mit Zitronenschale gewürzten und mit Eiern aufgelockerten Mehlkloß. Der Teig wird in ein Tuch eingeschlagen und so im Dampf kochenden Wassers gegart. Serviert wird er mindestens mit Zucker, flüssiger Butter und Streifen von Bauchspeck oder Schweinebacke, dazu kommen warme Kirschen und allerlei Beigaben. Im Laufe der Zeit sind weitere Varianten entstanden, beispielsweise können dem Mehlteig Rosinen, Korinthen oder Zitronate beigefügt sein.[90]

Klingt gewöhnungsbedürftig? Nun ja: Wenn das alles auf dem Tisch des Restaurants vor uns steht, merken wir schnell, dass allen Beigaben eine spezifische Rolle für das Geschmackserlebnis zukommt. Kommt der Mehlkloß in Scheiben – und nicht als aufgeschnittener Kloß – auf den Teller, ist die flüssige Butter nicht nur eine geschmackliche Dreingabe, sondern hilft, die Scheiben vor dem schnellen Austrocknen zu bewahren. Zu dessen Mehl passen die Kirschen. Auf der „kräftigen" Seite des Tellers liegt der Bauchspeck und dazu gehört wiederum der Senf, der wie Zucker/Zimt in einem Extra-Schälchen gereicht wird. Die flüssige Butter, die der Mehlkloß nicht aufsaugen kann, wird mit den nachträglich gereichten Kartoffeln aufgenommen – „um den Teller sauber zu machen", wie wir vom Restaurant-Service erfahren. Eventuell kommt eigens dazu auch ein Schälchen Senfsauce ... Wir wissen ja inzwischen, dass die Dithmarscher Pragmatiker sind; wir können also davon ausgehen, dass hier alles seinen Platz hat.

Auch der Mehlbeutel ist ein „Zugezogener". Er hat allerdings schon etwas länger Heimrecht als der Kohl: Vermutlich hat der Mehlbeutel Mitte des 18. Jahrhunderts von England her Einzug in Norddeutschland gehalten. Belege wurden in Bremen, Hamburg und eben Dithmarschen gefunden; gut denkbar, dass die sei-

Dem Büsumer Eduard Lass wurde in Wesselburen ein Denkmal errichtet.

Mit Kohlschlitten oder Kohltrage wurde der Kohl Anfang des 20. Jahrhunderts vom Feld geholt.

Mehlbüdel in Scheiben, heiße Kirschen und Fleisch – die wesentlichen Bestandteile des Dithmarscher Nationalgerichts

nerzeit weitreichenden Verbindungen der Dithmarscher Seefahrer bei seinem Import eine Rolle gespielt haben. Vom Norden aus verbreitete er sich und war zeitweilig im ganzen deutschen Raum bekannt. Während er anderenorts aber auch wieder aus der Mode kam, blieb er nördlich von Hannover auf den Speisezetteln.

Im 19. Jahrhundert kam der Mehlkloß vornehmlich bei niederen Festen und an Sonntagen auf den Tisch, bei einfachen Leuten auch als Hochzeitsessen. Gerade diese Tatsache, dass er eher als Sonntags- oder Besuchsmahl in die Alltagskultur Eingang fand, hat dem Mehlbeutel seinen langwährenden Ruf des Dithmarscher Nationalgerichtes schlechthin eingebracht.

Einkauf beim Erzeuger

Zur Freude am Kochen gehören die frischen Zutaten. In dieser Hinsicht haben es die Menschen in Dithmarschen gut, denn die fruchtbaren Böden ermöglichen nicht nur den Anbau zahlreicher Kohlsorten, sondern auch den von Kartoffeln, Sellerie, Möhren, Feldsalat und anderem Gemüse. Seit sich eine wachsende Zahl von Menschen auf den Kauf von Produkten aus der Region besonnen hat, sind auch in Dithmarschen überall Hofläden entstanden. Überrascht registriert der Großstädter hier, dass ein Bund Suppengrün zwar meist etwas teurer als im heimischen Supermarkt ... aber auch sehr viel größer ist, dass er Rosenkohl deutlich preisgünstiger als gewohnt auf dem Strunk bekommen kann ... und dass all das sich bei sachgerechter Lagerung bis zu acht Tage hält – Kohl auch noch länger! –, ohne unansehnlich oder weich zu werden. Auch für Molkereiprodukte und andere Lebensmittel gilt inzwischen, dass wir immer auch ein Auge auf Verkaufsstellen direkt beim Erzeuger haben sollten. Sie werden erstaunt sein, was das Internet alles hergibt, wenn Sie „Hofladen Dithmarschen“ in Ihre Suchmaschine eingeben.

Mit dem Lebensraum auf Du und Du: Wasser ...

Während unserer Erkundungsfahrten durch das Land haben wir immer wieder bemerkt, dass Leben in Dithmarschen vor allem Leben mit Wasser und Wind heißt. Beides ist immer da, beides hilft Lebensgrundlagen zu sichern, beides bedeutet aber auch die stete Anwesenheit von Gefahr – für den Fischer wie für den Landwirt. Wenn die Gefahr durch wilde Sturmfluten auch derzeit gebannt scheint, so mussten unsere Vorfahren, die das Land gewonnen und gesichert haben, im Kampf mit dem Wasser doch allzu oft einen hohen Preis zahlen. Es hat sie aber auch gelehrt, Wasser und Wind „lesen“ zu lernen, die täglich neuen Bedingungen und

Möglichkeiten einschätzen und schließlich voraussehen zu können. Sie wissen, dass man die Natur nicht behrrschen kann; also muss man sie zum Verbündeten machen, mit ihr und nicht gegen sie leben.

Die Beziehung zur Nordsee und zur Eider ist vom Deichbau einerseits und von der Frachtschiffahrt andererseits bestimmt. Meldorf und Wöhrden waren wie Delve und Pahlhude bei Pahlen einst Hafenstädtchen, Wesselburen lag im Mittelalter deutlich dichter an der Küste, die Geschichte von Büsum als Hafen hat nicht nur Vergangenheit, sondern auch Zukunft. Mit dem Bau der Deiche wurden Meldorf und Wöhrden allmählich zu Landstädtchen, die für den Zugang zur Nordsee einen immer größeren Aufwand treiben mussten: Die geringe Wassertiefe in Häfen und Prielen geriet in einen nicht aufzulösenden Gegensatz zu den stetig steigenden Frachtmengen, die ihrerseits größere Schiffe verlangten. So endete die wirtschaftliche Nutzung der meisten Dithmarscher Häfen spätestens in den ersten Jahren des 20. Jahrhunderts – eine im wahren Sinn des Wortes natürliche Entwicklung.

Was mit der Fischerei ist? Fischerei war noch im 19. Jahrhundert Frauensache: Mit Schiebenetzen durchkämmten sie die Priele und fingen Krabben und kleine Fische für den eigenen Bedarf und den lokalen Verkauf. Mit dem Aufkommen der Berufsfischerei am Ende des 19. Jahrhunderts wird die Fischerei nicht nur Männersache, sondern ergibt sich auch eine neue Nutzung der Häfen in dem Augenblick, als die Frachtschifferei endgültig ihre Bedeutung verliert: Stetig wachsende Kutterflotten liegen nun in Büsum und Friedrichskoog.

Aber auch hier geht die Entwicklung immer weiter. Im Fall von Friedrichskoog kommt vieles zusammen. So wie das Meer nach dem Ende der Eiszeiten Sande, Tone und Gesteine von der Geestkante wegriss und andernorts wieder anlagerte, so sorgen die Strömungsverhältnisse bis heute an der gesamten Küste für eine ständige Umlagerung von Material. Die hydromorphologischen Gegebenheiten im Mündungsbe-

Die Eider – hier bei Bergewöhrden – hat sich zu einer Naherholungs- und Wassersportregion gemausert.

Wer einen Blick auf die Eider werfen will, muss allerdings meist erst einen Deich überwinden; hier der Deich neben der Schleuse bei Lexfähre.

reich der Elbe – und dazu gehört Friedrichskoog noch – führten zu einer stetig zunehmenden Versandung des Tidehafens. Das Land Schleswig-Holstein musste einspringen und den Hafen Jahr für Jahr mit hohem Aufwand ausbaggern lassen. Und wieder gerieten Aufwand und Nutzen in einen Widerspruch: Wurde der Hafen im Jahr 2000 noch rund 900 Mal angelaufen, so wurden 2013 nur noch 104 Anläufe gezählt.[91] Wie schon erwähnt, hat das Land als Konsequenz aus der ständigen Versandung den Hafen geschlossen.

Friedrichskoog ist aber mehr als nur sein Hafen. Wenn dieser in den Bemühungen um den Fremdenverkehr auch eine wichtige Rolle gespielt hat, so gibt es doch in der unmittelbaren Nähe seiner nördlichen Mole eine Einrichtung, die noch einer ganz anderen Facette der Beziehung Dithmarschens zum Wasser Ausdruck gibt: die 1985 gegründete und 1991 erweiterte Seehundstation. Der meist neugierige und freundliche Gesichtsausdruck dieser Meeresbewohner spiegelt nichts davon, dass der eine oder andere von denen, die hier leben, ein hartes Schicksal hinter sich hat – könnte doch beispielsweise gerade dieser, der eben vor uns seine Runde im Freiluftbecken dreht, schon während der Säugezeit seine Mutter verloren haben. Wenn das passiert, machen die verlassenen Jungtiere durch ein beständiges heiseres Rufen auf ihre verzweifelte Situation allein im Watt aufmerksam; deshalb nennt man sie Heuler. Die Seehundstation dient vorwiegend der Aufzucht und Pflege der geretteten Heuler – übrigens als einzige berechtigte Aufnahmestelle in Schleswig-Holstein –, andererseits aber auch der naturkundlichen Information über Lebensweise und Lebensraum der Seehunde. Um die Dimension zu verdeutlichen: Im Jahr 2017 hat die Station mehr als 330 Robben aufgenommen. In den Sommermonaten sind die Becken der Station Tag für Tag dicht umlagert von zumeist jungen Familien, die nur zu gern dem Spiel der Tiere und ihrer Fütterung zusehen.

Auch ein paar Kilometer weiter nördlich im Speicherkoog kann man sich, fast am Ende der Hafenstraße, die durch den Koog führt, über die Wechselbeziehung zwischen Land und Meer, Mensch und Tier informieren: im „Wattwurm“, einem Infozentrum, das das Nationalparkamt und der Naturschutzbund Deutschland gemeinschaftlich betreiben. Die Ausstellung im Haus informiert über die Bedeutung des Naturschutzes im Koog und an der Küste und gibt Hinweise auf das Informationssystem, das unter anderem auch einen Lehrpfad durch den Koog umfasst.

Ein ganz anderes Problem stellt neuerdings die Entwässerung des Landes dar. Das Eidersperrwerk hat den Schutz für die dahinter liegende Eider-Region deutlich verbessert, aber die Entwässerung über das Grabensystem bis zum Siel im Deich funktioniert nicht mehr überall reibungsfrei: Mittlerweile liegt ein Teil des Marschlandes unter dem Niveau des Meeresspiegels. Das Wasser erreicht also das Siel gar nicht mehr und das bedeutet, dass die Entwässerung nur noch über aufwändige Pumpwerke erfolgen kann. Die steigenden Anforderungen an den Deichbau (aufgrund des Meeresspiegelanstiegs, dessen Ausmaß sich nicht exakt genug voraussagen lässt) und die gleichbleibend hohe Intensität der agrarischen Nutzung werden dieses Problem in den kommenden Jahren eher noch verschärfen.

… und Wind

Auf dem Weg von Friedrichskoog nach Friedrichskoog-Spitze sind wir an der Windmühle „Vergißmeinnicht“ vorbeigekommen, einem Galerieholländer aus dem Jahr 1860. Erst Anfang der 1960er Jahre wurde der Windbetrieb endgültig eingestellt; heute dient die liebevoll

Das Birkwildmoor liegt mitten in der Eiderniederung.

sanierte Mühle als Café und – wie auch „Aurora" in Weddingstedt oder „Gott mit uns" in Eddelak – als Hochzeitsmühle.

Von der Bedeutung, die die Mühlen zwischen dem 17. und dem frühen 20. Jahrhundert im Land hatten, war schon die Rede. Mittlerweile wird der allgegenwärtige Wind aber kaum noch von kornmahlenden Mühlen genutzt. Stattdessen hat eine andere Form von „Windmühlen" die Landschaft erobert. Betrachtet werden die im Land auch „Spargel" genannten Windenergiekonverter von Durchreisenden wie auch einigen Einheimischen mit einer Mischung von Verständnis und Ablehnung; unter den Einheimischen dominiert allerdings das Verständnis. Hier und da hat die „Verspargelung" für das Auge des Betrachters sicher auch die Grenze des Tragbaren oder Erträglichen überschritten; wer beispielsweise auf der B 5 in Richtung Tönning unterwegs ist, glaubt vor dem Abzweig nach Hemme seinen Augen nicht zu trauen: Rund 50 Windräder kann er mit einem Blick zählen. Andererseits ist sowohl Einheimischen wie Reisenden bei kurzem Nachdenken auch immer bewusst, dass diese Anlagen hier nur stehen, weil unser Energiehunger bei weitem nicht gestillt zu sein scheint ...

Keine Frage: Dithmarschen ist längst auf dem Weg, ein Windenergieland zu werden. Die Vorgeschichte dazu begann in den 1970er Jahren, als das Kernkraftwerk Brunsbüttel noch im Bau war. Mit den Anlagen in Stade und Brokdorf standen Mitte der 1980er Jahre also drei Atom-Meiler unmittelbar vor den Toren der Zwei-Millionen-Stadt Hamburg. Die in den 1970er Jahren anwachsende Umwelt-Bewegung wurde in den 1980er Jahren zu einem politischen Faktor von Gewicht – und sorgte hier für eine Änderung der Blickrichtung. Mit dem Ergebnis, dass der Kaiser-Wilhelm-Koog in Dithmarschen für sich in Anspruch nehmen kann, der Ort sowohl der ersten großen Test-Anlage „Growian" wie des ersten deutschen Windparks gewesen zu sein.

Wer heute durch die Marsch fährt – auch auf der Geest gibt es Windenergiekonverter, aber deutlich weniger –, kann sich kaum vorstellen,

Traditionelle Landwirtschaft und moderne Windenergie-Gewinnung: in Dithmarschen gut vereinbar.

dass die Anfänge dieser Technologie nur etwa 40 Jahre zurückliegen. „Growian", die 1981 erbaute und 1983 in Betrieb genommene Anlage in der äußersten südwestlichen Ecke des Kaiser-Wilhelm-Kooges, stand aufgrund von technischen Schwächen zwar die meiste Zeit still. Nichtsdestotrotz gelang es, aus ihrem Betrieb und vor allem den konzeptionellen Fehlern bis 1987 eine Vielzahl von Erkenntnissen zu gewinnen, die den Ingenieuren bei der Weiterentwicklung halfen. Seit etwa 15 Jahren werden Anlagen der Leistungsgröße von „Growian" in Großserie hergestellt.

Im Herbst 2017 wurden 836 Windkraftanlagen in Dithmarschen betrieben; die installierte Leistung betrug 1.717,5 MW.[92] Durch die von höchster politischer Ebene vorangetriebene so genannte Energiewende herrscht hier viel Bewegung: Nicht nur aufgrund der Teilfortschreibung des Landesentwicklungsplanes 2010, sondern auch aufgrund von (Ausnahme-)Genehmigungen, Inbetriebnahmen oder Stilllegungen kommt es ständig zu Änderungen der Gesamtzahl. Für die kommenden elf Jahre wird in Schleswig-Holstein ein Ausbau der landgestützten Anlagen auf eine Gesamtleistung von 12 GW angestrebt; inwieweit Dithmarschen hier einbezogen wird, ist derzeit offen. Die Ausweisung neuer Windvorrangflächen wird im Laufe des Jahres 2018 abgeschlossen. Aber der Ausbau der Erzeugungskapazitäten ist noch nicht alles; unverzichtbarer Bestandteil der Energiewende ist daneben der Ausbau der Netze samt der dazugehörigen technischen Infrastruktur.

Auch die Windenergie-Gewinnung auf dem Meer (Offshore) ist ein Thema für das Ministerium. Das Land Schleswig-Holstein finanziert derzeit Forschungsprojekte (vor allem) im Bereich von Offshore-Windenergie (und gewährt übrigens keine finanzielle oder wissenschaftliche Hilfe bei der Genehigung bzw. Errichtung neuer Anlagen). Bei den Forschungsprojekten geht es vor allem darum, „die Effektivität der Offshore-Windernte zu verbessern"; mit den Fragestellungen befasst ist die Forschungsplattform FINO3 in der Nordsee.

Die Arbeit ist fast getan: Spätsommerliches Feld bei Lunden

Die Welt aus der Perspektive des Strandkorbs

Diese Besinnung auf einen achtsamen Umgang mit dem Lebensraum ist für manch einen Besucher einer der sympathischsten Züge an Dithmarschen – wenn auch der massenhafte Bau der Windenergiekonverter in ästhetischer und sozialpsychologischer Hinsicht nicht eben naturnah aussieht. Doch bedeutet die konsequente Nutzung der Windenergie ebenso wie die der Sonne, dass die Dithmarscher mit der Natur leben. In einer anderen Hinsicht hat die Natur selbst für ein naturgerechtes Leben gesorgt: Die Strömungsverhältnisse und die Verdriftungsprozesse haben dazu geführt, dass es in Dithmarschen kaum einen Sandstrand gibt. Und das wiederum heißt, dass Dithmarschen sich zwar über Fremdenverkehr freuen kann, dabei aber nicht zu den Hoch- und Bettenburgen des Strandtourismus zählt. Das gereicht unserer Region zu Vor- und Nachteil gleichermaßen: Der natürlich-naturnahen Weiterentwicklung des Landes stehen wirtschaftliche Impulse gegenüber, die für die Region zwar überaus wichtig sind, aber doch ungleichmäßig verteilt sind und alles in allem deutlich bescheidener ausfallen als auf Eiderstedt oder den nordfriesischen Inseln. Sollte sich die vermeintliche Reizarmut der Region, die schon im Kapitel über die Schönen Künste angesprochen wurde, fatalerweise auch hier auswirken?

Nein, Sylt kann nicht der Maßstab für Dithmarschen sein. Aber Dithmarschen hat Büsum – und wenn wir eben von bescheidenen Impulsen gesprochen haben, so gilt das selbstverständlich nicht für diesen Ort. Als der Büsumer Kirchspielvogt Paul Johann Boysen 1836 die bis dahin üblichen Badekarren, die von Pferden ins Wasser gezogen wurden, durch feste Badehäuschen ersetzen ließ, rechneten wohl weder er noch seine Büsumer damit, dass mit dieser Innovation der Startschuss für einen regen Fremdenverkehr in der Gemeinde gefallen war. Vorläufig ging die Entwicklung auch eher gemächlich voran: Ihren Aufschwung nahm die Gemeinde – die sich immerhin seit 1837 selbstbewusst als Nordseebad vermarktet – erst am Ende des 19. Jahrhunderts. Voraussetzung dafür war der Ausbau der Verkehrsverbindungen, in erster Linie der Eisenbahn, später auch der Straßen.

Friedrichskoog hat seine touristische Lücke gefunden: Nicht der Strand, sondern die Kur-Einrichtungen sind der Magnet.

Von den jährlich 300 Gästen, die Ende des 19. Jahrhunderts in Büsum gezählt wurden, steigerte sich die Zahl auf mittlerweile rund 170.000 pro Jahr. Bei rund 292.000 Gästen (2011), die im gesamten Kreis Dithmarschen in den Übernachtungsbetrieben registriert wurden, entfielen also deutlich mehr als die Hälfte allein auf Büsum. Zur Gesamtzahl der Gäste sind auch die etwa 15.000 Touristen auf den Campingplätzen des Kreises zu zählen. Insgesamt ist also mehr als eine Million Übernachtungen zu verzeichnen.

Gemessen an der Beliebtheit und Bekanntheit von Büsum überraschen die Zahlen zunächst einmal nicht. Aber es ist eben doch nicht Büsum allein, sondern der ganze Kreis, der es auf diese Zahlen bringt? Also können wir die Behauptung, Dithmarschen leide unter Reizarmut, nun doch mal ad acta legen?

In Büsum spielt sich vieles rund um den Hafen ab.

Landschaft und Charakter unserer Region haben sich in den vergangenen 200 Jahren – die wir ja mitdenken müsen, wenn wir die These von der Reizarmut aus der Kunstgeschichte übernehmen – nur sehr allmählich verändert und schon mal gar nicht in dem Umfang, der aus einer vermeintlich langweiligen eine attraktive Gegend gemacht haben würde. Wer Antworten finden will, muss vielmehr in ganz verschiedene Richtungen Ausschau halten.

Während wir im Strandkorb sitzen ... nein, der Strandkorb ist keine Innovation aus Büsum. Büsum war übrigens auch nicht das erste Seebad, nicht einmal das erste an der Nordsee. Der Orden für das erste Seebad geht an das Ostseestädtchen Heiligendamm (1793) westlich von Rostock, das erste Nordseebad war Norderney (1797). Anfänglich dienten die schon erwähnten Badekarren dem Schutz vor der Sonne und – um der Sittlichkeit Rechnung zu tragen – als Umkleide und zur Verwahrung dessen, wessen man sich entledigt hatte, um in die Fluten zu steigen. Nach allem, was wir wissen, scheinen Vorläufer des heutigen Strandkorbs in den 1870er Jahren aufgekommen zu sein. Wieder hatte Norderney die Nase vorn, jedenfalls bekamen die Korbflechter der Insel in dieser Zeit Aufträge auch aus den Niederlanden. Als Erfinder des Strandkorbs in seiner heutigen Form gilt der Rostocker Korbmacher Wilhelm Bartelmann (1882). Zur Ehre von Büsum wollen wir aber anfügen, dass unser Städtchen schon auf fast 20 Jahre Erfahrung als Seebad zurückblicken konnte, als schließlich auch Westerland auf den fahrenden Zug sprang. Diese „Verspätung“ hat natürlich etwas mit der Insel-Lage zu tun ... aber das ist schon wieder eine andere Geschichte.

Während wir also im Strandkorb sitzen, geht uns durch den Kopf, was wir in den vergangenen Tagen erlebt und erfahren haben. Die Vielzahl der Betätigungsmöglichkeiten, die allein Büsum uns bietet, ist über Jahrzehnte gewachsen. Ob Sport oder Wattwandern, Shopping oder Kultur: Die Herausforderung für die Tourismus-Manager besteht darin, sowohl den jungen Familien, die Büsum wegen des sanften grünen Strandes und der – im Sommer meistens – zahmen Nordsee schätzen, als auch den so genannten Best-Age-Gästen attraktive Angebote zu machen. Dahinter stehen in jedem Fall Menschen: Wir können uns gut vorstellen, was Schätzungen besagen – dass nämlich mehr als die Hälfte aller im Bereich Handel und Gewerbe dithmarschenweit tätigen Beschäftigten im Tourismus engagiert ist. Geld, das auf diesem Weg ins Land kommt, wird sowohl für die bauliche Sanierung als auch für die Infrastruktur des Tourismus aufgewendet.

Dass Büsum mit einer touristischen Innovation, die auf „action" und Erlebnis ausgerichtet war, spektakulär gescheitert ist,[93] gibt uns einen interessanten Hinweis: Wenn Sturmfluten auch ein elementarer Bestandteil des jahreszeitlichen Kreislaufs sind und sich zuverlässig alle Jahre wieder vor allem im Herbst einstellen – und so auch Bestandteil des Büsumer Lebens sind –, war die Idee der „Sturmflutenwelt" vielleicht doch zu sehr eine Innovation, die vom großstädtischen Marketing her gedacht war. Woran auch immer es lag: Jedenfalls sind die Gästezahlen von Anfang an hinter den Erwartungen zurückgeblieben und der Betrieb wurde nach gerade einmal zehn Jahren (2006–2015) aufgrund des wachsenden Defizits eingestellt.

Warum das ein interessanter Hinweis ist? Wir können lange darüber nachdenken, ob diese Orientierung auf das „Erlebnis" zu sehr eine Marketing-Idee ist. Wenn wir uns in Dithmarschen umsehen, stellen wir allerdings fest, dass eine Vielzahl der Angebote dem Prinzip verpflichtet ist, das wir schon früher beobachtet haben: Die Dithmarscher machen etwas aus dem, was sie haben. Weil die Landwirtschaft auch nach Jahrhunderten eine wichtige Grundlage von Dithmarschens Wirtschaft bildet, heißt das: Es gibt viele Hofläden und manch einen Betrieb, in dem wir auch einen Blick „hinter die Kulissen" werfen können. Daraus gehen dann Initiativen wie die „Kohltage" hervor. Wer dann mehr wissen will über die Geschichte und die Verarbeitung des Kohls in Dithmarschen, findet auch dazu ein (privates) Musuem mit landwirtschaftlichen Geräten und anderen Alltagsgegenständen in einer ehemaligen Krautfabrik. Das ist nur eines der denkbaren Beispiele.

Wenn uns die Angebote wenig spektakulär zu sein scheinen – aber doch bedacht ineinandergreifen –, kommen wir an den Punkt, an dem wir unsere Erwartungen überprüfen sollten. Hier sind wir jetzt dicht an der Antwort auf die Frage von Attraktivität oder Reizarmut. Selbstverständlich finden wir auch Angebote, die eher bescheiden ausfallen, was aber noch nicht heißen muss, dass sie weniger attraktiv wären. Dann hängt viel von unserer Fähigkeit ab, uns auf Ungewohntes, „Komisches" einzulassen und darin schließlich auch einen authentischen Ausdruck der Region wiederzufinden. Im Laufe der Zeit lernen wir zu schätzen, dass die makellose Oberfläche nicht in jedem Fall angestrebt wurde und vielleicht auch gar nicht erstrebenswert ist, sondern dass manches Angebot aus seiner Eigenart lebt. Viele der privat motivierten Sammlungen, die sich kaum Museum nennen ließen, die aber mit Liebe zur Sache zusammengetragen wurden (und nicht selten auch kostenfrei zu besuchen sind), ließen sich hier anführen. Ob sich in solchen „handgemachten" Angeboten die im Laufe der Geschichte gewachsene Charaktereigenschaft, dieses unforcierte Beharren auf Eigenart ausdrückt?

Nehmen wir die Landcafés. Neben den Hofläden zählen sie zu den Charakteristika, vor allem im Hinterland der Küste. Wer sagt denn, dass Tasse, Untertasse und Dessertteller zwingend zusammenpassen müssen? Und dass nicht vielleicht auch ein alter Nähmaschinentisch einen geeigneten Café-Tisch abgeben könnte? Wer dahinter nur eine ganz besonders durchtriebene Marketing-Idee wittert, kann gern dieser Auffassung bleiben – denn das ist nur ein Beleg für unsere Beobachtung, dass es einzig an unserer Einstellung zu den Dingen liegt. Besonders offensichtlich wird das, wenn wir in einem der Internet-Portale stöbern, in denen andere vor uns Ausflugsziele bewertet haben: In der Regel finden wir die ganze Bandbreite von „gut gemacht" bis „laaaaangweilig". Weil uns das in der Summe nicht weiterhilft, machen wir uns in jedem Fall lieber selbst ein Bild. Eines der gemütlicheren Cafés hat übrigens von montags bis freitags geschlossen – weil die Inhaberin in dieser Zeit ihrem Hauptberuf nachgeht. Dann kommen wir eben am Sonnabend wieder! (Ja: „Sonnabend" in Norddeutschland. Nicht „Samstag".)[94]

Das Geheimnis ist: Wenn wir uns Dithmarschen nicht mit Erwartungen nähern, die auf unseren Erfahrungen oder Marketing-Versprechen basieren, lernen wir neu sehen und wertschätzen. Dithmarschen. Und überhaupt.

Fußnoten

1 Von Thomas Morus' „Utopia" (1516) über Johann Gottfried Schnabels „Insel Felsenburg" (1731/43) bis zu Madonnas Pop-Charts-Erfolg „La Isla Bonita" (1985). Wir verstehen Utopia heute eher als Chiffre für die Projektion einer zukünftigen Gesellschaftsform, in Morus' Text war Utopia aber der Name der Insel, auf der sich die alternative Gesellschaft entwickelte!

2 Diese alte Deutung u.a. in: Johann Adrian Bolten: Ditmarsische Geschichte. Erster Theil. [1781]. Leer: Schuster 1979, S. 160–169.

3 Vgl.: Enno Bünz u. Nis R. Nissen: Dithmarschen im Mittelalter (vom 8. bis zur Mitte des 15. Jahrhunderts). In: Geschichte Dithmarschens. Von den Anfängen bis zum Ende der Bauernrepublik. Hg. v. Verein für Dithmarscher Landeskunde. Heide: Boyens 2015, S. 100.

4 Ausführlich über die Jahrzehntausende vom Menschen der Neandertaler-Zeit bis zur Eisenzeit: Volker Arnold unter Mitarb. v. Rüdiger Kelm: Ur- und Frühgeschichte. In: Geschichte Dithmarschens. Von den Anfängen bis zum Ende der Bauernrepublik. Hg. v. Verein für Dithmarscher Landeskunde. Heide: Boyens 2015, S. 9–61.

5 Vgl. dazu: Dirk Meier: Landschaftsentwicklung und Siedlungsgeschichte des Dithmarscher Küstengebiets von der römischen Kaiserzeit bis zum Mittelalter. In: Geschichte Dithmarschens. Von den Anfängen bis zum Ende der Bauernrepublik. Hg. v. Verein für Dithmarscher Landeskunde. Heide: Boyens 2015, S. 65–98.

6 Vgl.: Karl Wilhelm Struve: Die Burgen in Schleswig-Holstein. Bd. 1: Die slawischen Burgen. Neumünster: Wachholtz 1981 (= Untersuchungen aus dem Schleswig-Holsteinischen Landesmuseum für Vor- und Frühgeschichte ..., N.F. 35); Thorsten Lemm: Die frühmittelalterlichen Ringwälle im westlichen und mittleren Holstein. 2 Bde. Neumünster/Hamburg: Wachholtz 2013 (= Schriften des Archäologischen Landesmuseums, 11).

7 Johann Adrian Bolten: Ditmarsische Geschichte. Zweyter Theil [1782]. Leer: Schuster 1979, S. 141–146, zitiert hier mit Vorbehalten die Chronik des Neocorus vom Beginn des 17. Jahrhunderts. Vgl. auch: Karl Müllenhoff: Sagen, Märchen und Lieder der Herzogtümer Schleswig, Holstein und Lauenburg. Hg. v. Karl Müllenhoff. Neue Ausg. besorgt von Otto Mensing. Schleswig: Bergas 1921, S. 11f. (Nr. 8).

8 Vgl. auch Johann Adrian Bolten: Ditmarsische Geschichte. Ebd., S. 278–282.

9 Zur Bökelnburg vgl.: Lemm (2013), Bd. 2, S. 429f. und 589; zur Stellerburg ebd., S. 432–451 und S. 592–601.

10 Vgl. zur Entstehung der Geschlechter: Heinz Stoob: Die dithmarsischen Geschlechterverbände. Grundfragen der Siedlungs- und Rechtsgeschichte in den Nordseemarschen. Heide: Boyens 1951. Hier auch eine Liste der 160 Namen und eine Zuordnung nach Gemeinden. Vgl. S. 171–183.

11 Vgl.: Enno Bünz u. Nis R. Nissen: Dithmarschen im Mittelalter (vom 8. bis zur Mitte des 15. Jahrhunderts). In: Geschichte Dithmarschens. Von den Anfängen bis zum Ende der Bauernrepublik. Hg. v. Verein für Dithmarscher Landeskunde. Heide: Boyens 2015, S. 99–130, hier: S. 109.

12 Dieser Zusammenhang wird hergestellt von: Nis R. Nissen: Kleine Geschichte Dithmarschens. Heide: Boyens 1986, S. 46 u. 48. Vgl. auch Stoob (1951), S. 33–44.

13 Eine farbige und sicherlich nur begrenzt wirklichkeitsnahe Darstellung der Ereignisse findet sich bei Müllenhoff: Lieder ..., a.a.O., S. 22 (Nr. 21). Müllenhoff hat die Legende vielleicht bei dem schon erwähnten Johann Adrian Bolten gefunden. Bei allem Verdienst, der Boltens Werk zukommt: Manchmal ist er doch sehr phantasievoll. Man lasse folgende Etymologie auf sich wirken: „Die Wirtschaft der ältesten Ditmarser war von derjenigen, welche ihre Nachkommen heutiges Tages führen, zum Erstaunen verschieden. Ich rede jetzo bloß von den ersten Jahrhunderten nach Christi Geburt. Damals wohnete man nicht in Flecken, nicht in Dörfern, ja zum Theile nicht einmal in unbeweglichen Häusern zusammen; sondern da man die Viehzucht zur vornehmsten Beschäftigung hatte, so zogen viele der Geest-Einwohner mit ihrem Viehe bald hier und bald dorten herum, wo sie denn auch ihre elende Hütten aufschlugen. Ja vielleicht hatten solche, herumschwebende Parteyen, die man davon Sueven nannte, ihre Wohnungen so wie man sie noch jetzt in Tuckumannien hat, auf Karren ..." Vgl.: Johann Adrian Bolten: Ditmarsische Geschichte. Erster Theil. [1781] Leer: Schuster 1979, S. 284f. Bolten mag diese Etymologie so sehr, dass er sie gleich mehrmals anbietet; vgl. z.B. auch ebd., S. 190f. (Fußnote 7). Zur korrekten Etymologie vgl.: https//de.wikipedia.org/wiki/Sueben

14 Vgl. Nissen (1986), S. 41.

15 Vgl. dazu: Jörg Mißfeldt: Die Republik Dithmarschen. In: Geschichte Dithmarschens. Von den Anfängen bis zum Ende der Bauernrepublik. Hg. v. Verein für Dithmarscher Landeskunde. Heide: Boyens 2015, S. 131–176, für die Zeit vor 1500 speziell S. 132–135.

16 Immer noch grundlegend: Walther Lammers: Die Schlacht bei Hemmingstedt. [1953]. 3. Aufl. Heide: Boyens 1987. Eine Kurzfassung der Ereignisse in: Mißfeldt (2015), S. 136–141.

17 Zur Biographie vgl. auch: Walther Lammers: Wulf Isebrandt. In: Biographisches Lexikon für Schleswig-Holstein und Lübeck. Bd. 9. Neumünster: Wachholtz 1991, S. 156f.

18 Zum Mythos ausführlich: Frank Trende: Die Schlacht bei Hemmingstedt. Ein deutscher Mythos zwischen Politik, Poesie und Propaganda. Heide: Boyens 2000.

19 Lt. Neocorus' Chronik; Neocorus beruft sich auf zeitgenössische Lieder. Vgl.: Walther Lammers: Die Schlacht bei Hemmingstedt (^{3}1987), S. 143. [Neocorus I, S. 516 u. 522]

20 Reimer Hansen: Marienland Dithmarschen. In: Ders.: Aus einem Jahrtausend historischer Nachbarschaft. Studien zur Geschichte Schleswigs, Holsteins und Dithmarschens. Hg. v. Uwe Danker u.a.. Malente: Schleswig-Holsteinischer Geschichtsverlag 2005, S. 73–92 (= Veröffentlichungen des Beirats für Geschichte, 22).

21 So Nis R. Nissen: Staat und Kirche in Dithmarschen. Heide: Boyens 1996, S. 83.

22 Vgl.: Urkundenbuch zur Geschichte Dithmarschens, besonders im 16. Jahrhundert, ges. u. hg. v. Claus Rolfs. Kiel 1922, S. 57 (Nr. 29).

23 Vgl.: Gotthard Köppen: Die Reformation in Dithmarschen. In: Reformation. Unter Mitarb. v. Walter Göbell u.a. Neumünster: Wachholtz 1982, S. 259–277 (= Schleswig-Holsteinische Kirchengeschichte, 3). Ferner: Dietrich Stein: Reformation in Dithmarschen – einige Informationen und Deutungsversuche. In: Dithmarschen, Heft 1/2017, S. 4–16.

24 Die biographischen Angaben beruhen auf: Heinz Stoob: Geschichte Dithmarschens im Regentenzeitalter. Heide: Boyens 1959, S. 296–298 u. öfter; sowie: Dieter Lohmeier: Peter Swyn. In: Schleswig-Holsteinisches Biographisches Lexikon. Bd. 5. Neumünster: Wachholtz 1979, S. 266–268.

25 Über die Untersuchung 1991/92 vgl.: Volker Arnold, Ulrich Masemann und Anke Schroeder: Neue Ausgrabungen in der Meldorfer Johanniskirche. In: Der Meldorfer Dom. Hg. v. K. L. Schulze. Heide: Boyens 1992, S. 29–51.

26 Vgl. dazu: Britta Butt: Die Gewölbemalereien im Meldorfer Dom. In: DenkMal! 17 (2010), S. 65–72.

27 Schlaglichter der Baugeschichte in: Frank Trende: Die Schlacht bei Hemmingstedt. Ein deutscher Mythos zwischen Politik, Poesie und Propaganda. Heide: Boyens 2000.

28 Vgl.: [anon.]: Arbeitskreis: Wo ist die Dusenddüwel-Schanze. [sic!] In: Dithmarschen, Heft 4/2016, S. 29.

29 Zur Baugeschichte der alten Kirchen von Weddingstedt und Lunden vgl.: Nis R. Nissen: Staat und Kirche in Dithmarschen. Heide: Boyens 1994, S. 25–28 u. 37.

30 Zur Geschichte und gartenbaulichen Pflege des Friedhofs vgl. auch die beiden Aufsätze von Dirk Jonkanski und Horst G. Lange in: DenkMal! 16 (2009), S. 17–35.

31 Mehr über Haus und Pesel von Swin im Kapitel „Wie müssen wir uns ein Dithmarscher Bauernhaus vorstellen?" ab S. 62. Die folgenden biographischen Angaben zu Swin nach: Dieter Lohmeier: Swyn (Swin), Markus. In: Schleswig-Holsteinisches Biographisches Lexikon. Bd. 5. Neumünster: Wachholtz 1979, S. 264–266.

32 Biographische Angaben nach: Dieter Lohmeier: Neocorus. In: Schleswig-Holsteinisches Biographisches Lexikon. Bd. 5. Neumünster: Wachholtz 1979, S. 169–172.

33 Ausführlich über Umstände und Verlauf der Reise anhand von Briefen Niebuhrs: Mit Carsten Niebuhr im Orient. Zwanzig Briefe von der Arabischen Reise 1760–1787 Hg. u. erl. von Dieter Lohmeier. Heide: Boyens 2011.

34 Biographien nach: Dieter Launert: Nicolaus Reimers (Raimarus Ursus). Günstling Rantzaus – Brahes Feind. Leben und Werk. München: Institut für Geschichte der Naturwissenschaften 1999 (= Algorismus, 29); Dieter Lohmeier: Carsten Niebuhr. Ein Leben im Zeichen der Arabischen Reise. In: Carsten Niebuhr (1733–1815) und seine Zeit: Beiträge eines interdisziplinären Symposiums ... Hg. v. Josef Wiesehöfer u. Stephan Conermann. Stuttgart: Steiner 2002 (= Oriens et occidens, 5), S. 17–41.

35 Seit 1970 steht der Hof im Schleswig-Holsteinischen Freilichtmuseum; zusammen mit einem Kornspeicher und einer 1000 qm großen Winkelscheune, beide aus dem dem süderdithmarsischen Lehe benachbarten Osterbelmhusen, bildet er eine Süderdithmarscher Hofanlage. Vervollständigt wird diese Baugruppe durch eine Kohlscheune aus Blankenmoor (östlich von Neuenkirchen). Zum Haus von Swin vgl.: Arnold Lühning: Haus und Pesel des Markus Swin. Dithmarscher Landesmuseum in Meldorf. Zweiter Bericht. Heide: Boyens 1997; zum Hof Schmielau: Alfred Kamphausen: Das Schleswig-Holsteinische Freilichtmuseum. Häuser und Hausgeschichten. 10., erw. Aufl. Neumünster: Wachholtz 1983, S. 37–40 (Haus Nr. 28). Ein weiterer Süderdithmarscher Grundriss mit etwas anderer Raumordnung in: Kai Detlev Sievers: Ländliche Wohnkultur in Schleswig-Holstein. 17.–20. Jahrhundert. Heide: Boyens 2001, S. 139 (nach Lütgens 1847).

36 Zu Dithmarschen im dänischen Gesamtstaat vgl.: Eckardt Opitz: Dithmarschen 1773–1867. Zwischen Beharren auf alten Privilegien und Bekundungen zur Modernität. In: Geschichte Dithmarschens 1559–1918. Hg. v. Verein für Dithmarscher Landeskunde. Heide: Boyens 2014, S. 47–86, zur Verwaltung speziell S. 50–52.

37 Vgl. zu Bau und Nutzung: Gerd Stolz: Der alte Eiderkanal – Schleswig-Holsteinischer Kanal. 4. Aufl. Heide: Boyens 1989 (= Kleine Schleswig-Holstein-Bücher, 34).

38 Vgl. Opitz (2014), S. 55.

39 Vgl.: Rüdiger Möller: Dithmarscher Gewitter – Brandstifterunwesen in den ersten Jahrzehnten des 19. Jahrhunderts. In: Geschichte Dithmarschens 1559 bis 1918. Hg. v. Verein für Dithmarscher Landeskunde. Heide: Boyens 2014, S. 87–92.

40 Behringer gibt keine Daten für Norddeutschland. Vgl.: Wolfgang Behringer: Tambora und das Jahr ohne Sommer. Wie ein Vulkan die Welt in die Krise stürzte. München: Beck 2015.

41 Gerda Nissen: Boie und sein Garten. In: Heinrich Christian Boie. Literarischer Mittler in der Goethezeit. Hg. v. Dieter Lohmeier, Urs Schmidt-Tollgreve und Frank Trende. Heide: Boyens 2008, S. 121–130; ferner: „Ich war wohl klug, daß ich dich fand." Heinrich Christian Boies Briefwechsel mit Luise Mejer 1777–1785. Hg. v. Ilse Schreiber. München: Beck 1975, S. 475 u. öfter.

42 Wer mehr über die Häuser von Meldorf wissen will, sei ausdrücklich hingewiesen auf: Jürgen Jensen: Meldorf in alter Schönheit. DenkMale seiner 750-jährigen Geschichte. Heide: Boyens 2013.

43 Vgl. hierzu: Arne Voß: Die alten Häfen am Beispiel von Wöhrden. In: Auf den Spuren der Dithmarscher Geschichte. Erinnerungsorte zwischen Steinzeit und Gegenwart. Hg. v. Rüdiger Kelm. Heide: Boyens 2012, S. 71–73.

44 Vgl.: Nis R. Nissen: Staat und Kirche in Dithmarschen. Heide: Boyens 1994, S. 57f.

45 Vgl.: Nils Hansen: Aufbruch in eine neue Zeit. Dithmarschen 1864–1918. In: Geschichte Dithmarschens 1559–1918. Heide: Boyens 2014, S. 93–134.

46 Ausführlich informieren: Walter Denker u. Reimer Stecher: Die Landschaft aus dem Meer. Natur und Geschichte des Speicherkoogs. Heide: Boyens 2009.

47 Hinweise zu vorhandenen Arbeiten in: Geschichte Dithmarschens. Das 20. Jahrhundert. Hg. v. Verein für Dithmarscher Landeskunde. Heide: Boyens 2013, S. 223f.

48 Vgl.: Ulrich Pfeil: Dithmarschen in der Weimarer Republik 1918-1933. In: Geschichte Dithmarschens. Das 20. Jahrhundert. Hg. v. Verein für Dithmarscher Landeskunde. Heide: Boyens 2013, S. 9-34, hier v.a. ab S. 27; ferner: Martin Gietzelt u. Ulrich Pfeil: Dithmarschen im „Dritten Reich" 1933-1945. In: Geschichte Dithmarschens. Das 20. Jahrhundert. Hg. v. Verein für Dithmarscher Landeskunde. Heide: Boyens 2013, S. 35-74.

49 Ausführlich zum Dieksanderkoog: Frank Trende: Neuland! war das Zauberwort. Neue Deiche in Hitlers Namen. Heide: Boyens 2011.

50 Vgl. beispielsweise: Hartmut Schulz u. Karina Dreyer: Lernen am historischen Ort. In: Evangelische Zeitung für Schleswig-Holstein Nr. 16 vom 23. April 2017, S. 13. Über das Engagement von Prof. Uwe Danker, der die Konzeption erarbeitet, vgl.: www.izrg.de/127.html

51 Nis R. Nissen: Staat und Kirche in Dithmarschen. Heide: Boyens 1994, S. 105-109.

52 Mehr über Voigt, Mannhardt und die Überformung der Ortsbilder um 1900 in: Hans-Günther Andresen: Architektur in Dithmarschen. In: Geschichte Dithmarschens. Das 20. Jahrhundert. Hg. v. Verein für Dithmarscher Landeskunde. Heide: Boyens 2013, S. 141-184, hier: S. 143-147 u. 177-179.

53 Vgl. hierzu: Karl-Heinrich Buhse: Das Kreishaus Dithmarschen in Heide. In: Auf den Spuren der Dithmarscher Geschichte. Erimnnerungsorte zwischen Steinzeit und Gegenwart. Hg. v. Rüdiger Kelm. Heide: Boyens 2012, S. 149-152.

54 Quelle: https://commons.wikimedia.org/w/index.php?curid=6840013

55 Vgl. zu diesem Zusammenhang: Jutta Müller: Kunst und Kunstgewerbe in Dithmarschen. In: Geschichte Dithmarschens 1559-1918. Hg. v. Verein für Dithmarscher Landeskunde. Heide: Boyens 2014, S. 143-168.

56 Hinweise und Interpretationen bei: Jutta Müller (2014), a.a.O.

57 Vgl.: Jutta Müller (2014), a.a.O., S. 161, und gesprächsweise gegenüber dem Autor am 21. April 2017.

58 Beispiele in: Geschichte Dithmarschens 1559-1918. Hg. v. Verein für Dithmarscher Landeskunde. Heide: Boyens 2014, S. 51, 61, 62-65 u. öfter.

59 Aufschlussreich und abwägend: Hans Gross 1892-1981. Aspekte eines umstrittenen Künstlers. Katalog zur Ausstellung 27. September bis 6. Dezember 1992 im Dithmarscher Landesmuseum. Meldorf: Dithmarscher Landesmuseum 1992 (hier v.a. die Aufsätze von Jutta Müller und Elisabeth Vorderwülbecke).

60 In späteren Jahren sind auch Einflüsse aus der Auseinandersetzung mit anderen expressionistischen Malern zu spüren.

61 Abgebildet in: Ottilie Reylaender 1882-1965. Unterwegs. Katalog zur gleichnamigen Ausstellung. Hg. v. der Worpsweder Kunststiftung Friedrich Netzel. Worpswede: [o.V.] 2015, S. 31. Hier auch Werk-Einführungen von Jutta Müller und Katharina Groth.

62 Eine Möglichkeit, sich mit dem Werk Scheidemanns vertraut zu machen, bietet die CD „The Art of Heinrich Scheidemann" des Quartetts Le Concert Brisé, erschienen 2016 auf dem Label Accent.

63 Joachim Rachel: Satyrische Gedichte. Nach den Ausgaben von 1664 und 1677 hg. v. Karl Drescher. Halle: Niemeyer 1903 (= Neudrucke deutscher Literaturwerke des XVI. und XVII. Jahrhunderts, 200/202), S. 28 (Vers 361). Das Opitz-Zitat: Ebd., S. 14 (Vers 7f.).

64 Joachim Rachel: Die Kinder=Zucht. In: Ebd., S. 42 (Vers 33-48).

65 Heinrich Christian Boie: Der Säufer an den Vollmond. In: Karl Weinhold: Heinrich Christian Boie. Beitrag zur Geschichte der deutschen Literatur im achtzehnten Jahrhundert. Halle: Verlag der Buchhandlung des Waisenhauses 1868, S. 363.

66 Zitiert nach: Klaus Gille: Heinrich Christian Boie. Ein Lebensbild. In: Heinrich Christian Boie. Literarischer Mittler in der Goethezeit. Hg. v. Dieter Lohmeier, Urs Schmidt-Tollgreve und Frank Trende. Heide: Boyens 2008, S. 11-32, hier: S. 22. Über Boies Leben in Meldorf auch: Urs Schmidt-Tollgreve: Heinrich Christian Boie. Leben und Werk. Husum: Husum Druck- und Verlagsanstalt 2004, S. 70-94.

67 Vgl. dazu: Gerda Nissen: Boie und sein Garten. In: Heinrich Christian Boie. Literarischer Mittler in der Goethezeit. A.a.O., S. 121-130.

68 Vgl. dazu: Hans-Peter Petersen: Landvogt Boie und die Mühlen. In: Heinrich Christian Boie. Literarischer Mittler in der Goethezeit. A.a.O., S. 131-144.

69 Vgl. dazu: Urs Schmidt-Tollgreve: Über die Freundschaft Heinrich Christian Boies mit Carsten Niebuhr. In: Heinrich Christian Boie. Literarischer Mittler in der Goethezeit. A.a.O., S. 251-262.

70 Friedrich Hebbel: Brief an Arnold Ruge vom 15. September 1852. In: Ders.: Briefwechsel 1829-1863. Band 2: 1849-1853. Bearb. u. hg. v. Hermann Knebel. München: iudicium 1999, Nr. 1162, S. 547-557, hier: S. 548.

71 Friedrich Hebbel: Brief an Saint-René Taillandier vom 9. August 1852. In: Ders.: Briefwechsel. A.a.O., Nr. 1148, S. 524-530, hier: S. 525.

72 Autobiographisch dazu in: Friedrich Hebbel: Meine Kindheit. [auch als: Aus meiner Jugend], Abschnitt 4, darüber hinaus im Tagebuch und in Briefen. Vgl.: Meine Kindheit. In: Ders.: Gedichte und Prosa, S. 567-594, hier: S. 573f.

73 Carsten Scholz: Der junge Hebbel. Eine Mentalitätsgeschichte. Köln u.a.: Böhlau 2011, S. 370-420.

74 Als greifbare Ausgabe (mit Notizen zur Entstehung der Gedichte und einem Glossar für alle, die des Niederdeutschen weniger mächtig sind) empfiehlt sich: Klaus Groth: Quickborn. Neu hg. v. Ulf Bichel. 3. Aufl. Heide: Boyens 2016. Die oben zitierten Verse aus „Peter Kunrad", hier: S. 101.

75 Klaus Groth: De Fischtog na Fiel. In: Quickborn. A.a.O., S. 262-279.

76 Über diese Freundschaft vgl.: Martin-M. Langner: Brahms und seine schleswig-holsteinischen Dichter. Heide: Boyens 1990, S. 70-99.

77 Mehr über Müllenhoff in: Frank Trende: „... nur Deinen Ehrgeiz will ich stacheln ..." In: Wilhelm

Scherer: Karl Müllenhoff. Ein Lebensbild. Eingeleitet u. hg. v. Frank Trende. Heide: Boyens 1991, S. VII–XXII.

78 Eine der ersten Veröffentlichungen über Gustav Frenssen überhaupt nimmt sich dieser Thematik an: Karsten Brandt: Der Schauplatz in Frenssens Dichtungen. Mit vierzehn Autotypien ... Hamburg: Herold 1903.

79 Dietrich Stein: Spuren im Nebelland. Fakten und Menschliches in Frenssens Biographie. In: Gustav Frenssen in seiner Zeit. Von der Massenliteratur im Kaiserreich zur Massenideologie im NS-Staat. Hg. v. Kay Dohnke u. Dietrich Stein. Heide: Boyens 1997, S. 11–151, hier: S. 33. Die im Folgenden gegebenen Daten beruhen vielfach auf diesem biographischen Abriss.

80 Gustav Frenssen: Die Sandgräfin. 8. Ts. Berlin: Grote 1902, S. 19f.

81 Vgl. das Vorwort in der Neuausgabe Berlin: Grote 1902 sowie beispielsweise im Brief an Hermann von Rhein vom 27. Januar 1901 nach: Klaas Jarchow: Geboren 1902. In: Gustav Frenssen in seiner Zeit. A.a.O., S. 262–284, hier: S. 267.

82 Detailliert dazu: Kay Dohnke: „... und kündet die Zeichen der Zeit." In: Gustav Frenssen in seiner Zeit. A.a.O., S. 220–261.

83 Vgl. dazu: Thomas Neumann: „Deine Ausführungen hättest Du Dir sparen können ..." In: Gustav Frenssen in seiner Zeit. A.a.O., S. 347–361.

84 Adolf Bartels: Friedrich Hebbel. Leipzig: Reclam o.J. [1899] u. öfter; Adolf Bartels: Friedrich Hebbel. In: Die Deutsche Dichtung der Gegenwart. Die Alten und die Jungen. 9., stark verm. u. verb. Aufl. Leipzig: Haessel 1918, S. 24–35.

85 Adolf Bartels: Die Dithmarscher. Historischer Roman in vier Büchern. [1898] 2. Aufl. Kiel, Leipzig: Lipsius & Tischer 1908, S. 56.

86 Gustav Frenssen: Jörn Uhl. [1901] 523.–527. Ts. Berlin: Grote 1943, S. 417.

87 Gustav Frenssen: Die Chronik von Barlete. Kulturgeschichte eines niedersächsischen Dorfes. [1928]. Berlin: Grote 1929, S. 16f.

88 Zitiert nach: Heinz Stoob: Geschichte Dithmarschens im Regentenzeitalter. Heide: Boyens 1959, S. 355. Über den Dithmarscher Getreidehandel ebd., S. 355–367.

89 Etwa ab Anfang Juli sind jeweils Informationen zu den bevorstehenden Veranstaltungen im Internet zu finden unter: www.dithmarscher-kohltage.de

90 Vgl.: Günter Wiegelmann: Alltags- und Festspeisen in Mitteleuropa. Innovationen, Strukturen und Regionen ... 2., erw. Aufl. unter Mitarb. v. Barbara Krug-Richter. Münster u.a.: Waxmann 2006, S. 199–205.

91 Zahlen nach: https://de.wikipedia.org/wiki/Friedrichskoog [Zugriff vom 20.09.2017]

92 Die Informationen dieses Absatzes und das Zitat stammen aus der eMail-Antwort des Ministeriums für Energiewende, Landwirtschaft, Umwelt, Natur und Digitalisierung an den Autor vom 21. 9. 2017.

93 Vgl.: Henning Voß: Büsum: Die letzten Tage der Sturmflutenwelt. In: www.boyens-medien.de/artikel//Buesum-die-letzten-tage-der-sturmflutenwelt.html; [anon.]: Sturmflutenwelt „Blanker Hans" wird geschlossen. In: www.abendblatt.de/region/schleswig-holstein/article200331773/Sturmflutenwelt-Blanker-Hans-wird-geschlossen.html. [Zugriff vom 14.09.2017].

94 Damit wir uns nicht missverstehen: Das alles heißt nicht, dass es nicht etwa noch viel zu tun gäbe. Dass gerade dort, wo um Gäste geworben (und auch Eintritt erhoben) wird, manches Angebot sich nicht auf der Höhe der Zeit oder des Gebotenen findet, überrascht auch nicht. Wenn wir nachfragen, bekommen wir auch hier allzu häufig die Antwort, es fehle eben am Geld. Bei dem beklagenswerten Zustand, in dem sich das eine oder andere Museum, die eine oder andere Einrichtung befindet, wird deutlich, wie sich die berühmte Katze in den Schwanz beißt. Vor allem manche öffentliche oder öffentlich geförderte Einrichtung braucht eine Auffrischung – nicht nur um ihrer selbst willen, sondern auch im Interesse des größeren Ganzen (was hier Dithmarschen meint). Und in diesem Sinne bittet der Autor um Nachsicht, wenn er hier manches Angebot erwähnt, obwohl es dringend überarbeitungswürdig ist – wenn beispielsweise nicht einmal die Interaktionsangebote ruckfrei funktionieren!?

91 Sagen, Märchen und Lieder der Herzogtümer Schleswig, Holstein und Lauenburg. Hg. v. Karl Müllenhoff. Neue Ausg. besorgt von Otto Mensing. Schleswig: Bergas 1921, S. 108 (Nr. 134).

LITERATUR

Landschaft und Natur

Becker, Martin, u. Gert Kaster: Kulturlandschaft Eider-Treene-Sorge. Unter Mitarb. v. Christine Becker u.a. Hg. v. Amt Stapelholm u. Schleswig-Holsteinischer Heimatbund. Neumünster: Wachholtz 2005.

Behre, Karl-Ernst: Landschaftsgeschichte Norddeutschlands. Umwelt und Siedlung von der Steinzeit bis zur Gegenwart. Neumünster: Wachholtz 2008.

Bruns, Holger A., u.a.: Naturführer Eidermündung. Husum: Husum Druck- und Verlagsgesellschaft 2008.

Degn, Christian, u. Uwe Muuß: Topographischer Atlas Schleswig-Holstein und Hamburg. Unter Mitarb. v. Hans-Peter Jorzick. Hg. v. Landesvermessungsamt Schleswig-Holstein. 4., erw. u. überarb. Auflage. Neumünster: Wachholtz 1979.

Ehlers, Jürgen: Das Eiszeitalter. Heidelberg: Spektrum 2011.

Fischer, Peter: Dithmarschen und Steinburg – Landschaft und Wirtschaft an der Unterelbe. In: Schleswig-Holstein. Hg. v. Jürgen Bähr und Gerhard Kortum. Berlin, Stuttgart: Bornträger 1987, S. 297–317 (= Sammlung Geographischer Führer, 15).

Gripp, Karl: Erdgeschichte von Schleswig-Holstein. Neumünster: Wachholtz 1964.

Jenssen, Christian, u.a.: Dithmarschen. Land an der Küste. 3., überarb. Aufl. Heide: Boyens 1984.

Jessen, Elisabeth: Friedrichskoog kämpft weiter um seinen Hafen. In: Hamburger Abendblatt vom 8. April 2016, S. 16.

Klostermann, Josef: Das Klima im Eiszeitalter. 2., völlig neu bearb. Aufl. Stuttgart: Schweizerbart 2009.

Kühn, Hans Joachim: Die Anfänge des Deichbaus in Schleswig-Holstein. Heide: Boyens 1992 (= Kleine Schleswig-Holstein-Bücher, 42).

Meier, Dirk: Die Eider. Flusslandschaft und Geschichte. Heide: Boyens 2016.

Meier, Dirk: Landschaftsentwicklung und Siedlungsgeschichte des Eiderstedter und Dithmarscher Küstengebietes als Teilregion des Nordseeküstenraums. Untersuchungen der AG Küstenarchäologie des FTZ Westküste. Teil 1 und 2. Bonn: Habelt 2001 (= Universitätsforschungen zur prähistorischen Archäologie, 79).

Meier, Dirk: Die Nordseeküste. Geschichte einer Landschaft. Heide: Boyens 2006.

Meier, Otto G.: Landschaftskunde Dithmarschens. Heide: Boyens 1986.

Quedens, Georg: Nordsee – Mordsee. Breklum: Breklumer Verlag 1978.

Reiß, Stefan, u.a.: Landschaftsgeschichte Dithmarschens. Kiel 2006 (= Man and Environment, II).

Schmidtke, Kurt-Dietmar: Die Entstehung Schleswig-Holsteins. Unter Mitarb. v. Wulf Lammers. Neumünster: Wachholtz 1992.

Vogel, Hellmut: Waldmuseum Burg/Dithmarschen. Neumünster: Wachholtz 1985 (= Führer zu schleswig-holsteinischen Museen, 4).

Das Wattenmeer. Kulturlandschaft vor und hinter den Deichen. Hg. v. Gemeinsamen Wattenmeer Sekretariat: Ludwig Fischer u.a. Stuttgart: Theiss 2005.

Geschichte

Auf den Spuren der Dithmarscher Geschichte. Erinnerungsorte zwischen Steinzeit und Gegenwart. Hg. v. Rüdiger Kelm. Heide: Boyens 2012.

Bolten, Johann Adrian: Ditmarsische Geschichte. [1781–1788]. Mit einer beigegebenen Biographie und einer Bibliographie von Reimer Witt. Leer: Schuster 1979.

Dähn, Arthur: Ringwälle und Turmhügel. Mittelalterliche Burgen in Schleswig-Holstein. Unter Mitarb. v. Susan Möller-Wiering. Husum: Husum Druck- und Verlagsgesellschaft 2001. [Kreis Dithmarschen: S. 63–73: S. 64f.: Bökelnburg, S. 70: Marienburg, S. 71f.: Stellerburg]

Das Dithmarscher Landrecht von 1447. Hg. v. Karl August Eckhardt. Witzenhausen: Deutschrechtlicher Instituts-Verlag 1960 (= Germanenrechte, 16).

Geschichte Dithmarschens. Von den Anfängen bis zum Ende der Bauernrepublik. Hg. v. Verein für Dithmarscher Landeskunde. [Redaktion: Martin Gietzelt] Heide: Boyens 2015.

Geschichte Dithmarschens. 1559–1918. Hg. v. Verein für Dithmarscher Landeskunde. [Redaktion: Martin Gietzelt] Heide: Boyens 2014.

HISTOUR-Dithmarschen. Hg. v. Dithmarschen Tourismus e.V. und Verein für Dithmarscher Landeskunde. 2. Aufl. Heide: Boyens 2005.

Köppen, Gotthard: Die Reformation in Dithmarschen. In: Reformation. Unter Mitarbeit von Walter Göbell ... [u.a.]. Neumünster: Wachholtz 1982, S. 259–277 (= Schleswig-Holsteinische Kirchengeschichte, 3).

Kraack, Detlev: Die frühen Schauenburger als Grafen von Holstein und Stormarn (12.–14. Jahrhundert). In: Die Fürsten des Landes. Herzöge und Grafen von Schleswig, Holstein und Lauenburg. Hg. v. Carsten Porskrog Rasmussen, Elke Imberger, Dieter Lohmeier und Ingwer Momsen. Neumünster: Wachholtz 2008, S. 28–51.

Lammers, Walther: Die Schlacht bei Hemmingstedt. Freies Bauerntum und Fürstenmacht im Nordseeraum. [1953]. 2. durchges. Aufl. Heide: Boyens 1982.

Lemm, Thorsten: Die frühmittelalterlichen Ringwälle im westlichen und mittleren Holstein. Bd. 1: Textband; Bd. 2: Katalog- und Tafelband. Neumünster, Hamburg: Wachholtz 2013 (= Schriften des Archäologischen Landesmuseums, 11).

Lühning, Arnold: Haus und Pesel des Markus Swin. Dithmarscher Landesmuseum in Meldorf. Zweiter Bericht. Heide: Boyens 1997.

Nissen, Nis R.: Kleine Geschichte Dithmarschens. Heide: Boyens 1986.

Nissen, Nis R.: Staat und Kirche in Dithmarschen. Heide: Boyens 1994.

Opitz, Eckardt: Die unser Schatz und Reichtum sind. 60 Porträts aus Schleswig-Holstein. Hamburg: Christians 1990.

Paczkowski, Renate: Heide in alten Ansichten. In: Landesgeschichte und Landesbibliothek. Studien zur Geschichte und Kultur Schleswig-Holsteins. Hans F. Rothert zum 65. Geburtstag. Hg. v. Dieter Lohmeier u. Renate Paczkowski. Heide: Boyens 2001, S. 291–305.

Sager, Wilhelm: Heere zwischen den Meeren. Heeres- und Kriegsgeschichte Schleswig-Holsteins. Husum: Husum Druck- und Verlagsgesellschaft 2003 [S. 28–35: Dithmarschen].

Stein, Dietrich: Reformation in Dithmarschen – einige Informationen und Deutungsversuche. In: Dithmarschen 2017, Heft 1, S. 4–16.

Stoob, Heinz: Die dithmarsischen Geschlechterverbände. Grundfragen der Siedlungs- und Rechtsgeschichte in den Nordseemarschen. Heide: Boyens 1951.

Stoob, Heinz: Geschichte Dithmarschens im Regentenzeitalter. Heide: Boyens 1959.

Vom Pfostenloch zum Steinzeithaus. Archäologische Forschung und Rekonstruktion jungsteinzeitlicher Haus- und Siedlungsbefunde im nordwestlichen Mitteleuropa. Hg. v. Rüdiger Kelm. Heide: Boyens 2000 (= Albersdorfer Forschungen zur Archäologie und Umweltgeschichte, o.Bd.).

Wülfing, I.-M.: Dithmarschen. In: Lexikon des Mittelalters. Bd. 3. München, Zürich: Artemis 1986, Sp. 1130–1132.

Kulturgeschichte

Bartels, Adolf: Die Deutsche Dichtung der Gegenwart. Die Alten und die Jungen. 9., stark verm. u. verb. Aufl. Leipzig: Haessel 1918.

Bartels, Adolf: Die Dithmarscher. Historischer Roman in vier Büchern. [1898] 2. Aufl. Kiel, Leipzig: Lipsius & Tischer o.J. [1908].

Braak, Ivo: Tieden. Roman in veer Törns. Husum: Husum Druck- und Verlagsgesellschaft 1981.

Bull, Reimer: Över'n Weg lopen. Hamburg: Quickborn-Verlag 1988.

Bull, Reimer: So sünd wi je wull. Dag- und Nachtgeschichten. Hamburg: Quickborn-Verlag 1992.

Egge, Heiner: Niebuhrslust. Hamburg, Zürich: Luchterhand 1992.

Egge, Heiner: Tilas Farben. 2., erg. Aufl. Fischerhude: Atelier im Bauernhaus 2013.

Frenssen, Gustav: Die Sandgräfin. [1896] 8. Ts. Berlin: Grote 1902.

Frenssen, Gustav: Jörn Uhl. [1901] Berlin: Grote 1943 (= Gesammelte Werke, III).

Frenssen, Gustav: Die Chronik von Barlete. Naturgeschichte eines niedersächsischen Dorfes. [1928]. Berlin: Grote 1929.

Groth, Klaus: Quickborn. [1852ff.] Hg. v. Ulf Bichel. 3. Aufl. Heide: Boyens 2016.

Hebbel, Friedrich: Briefwechsel 1829 – 1863. Historisch-kritische Ausgabe in fünf Bänden. Hg. v. Otfrid Ehrismann u.a. München: iudicium 1999 (= Wesselburener Ausgabe).

Hebbel, Friedrich: Dramen. Hg. v. Hannsludwig Geiger. Berlin, Darmstadt: Tempel 1961 (= Sämtliche Werke, I).

Hebbel, Friedrich: Gedichte und Prosa. Hg. v. Hannsludwig Geiger. Berlin, Darmstadt: Tempel 1961 (= Sämtliche Werke, II).

Liliencron, Detlev von: Die Dithmarschen. In: Ders.: Gesammelte Werke. Bd. 7: Novellen. Berlin: Schuster & Loeffler 1912, S. 158–176.

[Müllenhoff, Karl:] Sagen, Märchen und Lieder der Herzogtümer Schleswig, Holstein und Lauenburg. Hg. v. Karl Müllenhoff. Neue Ausg. besorgt von Otto Mensing. Schleswig: Bergas 1921.

Brandt, Karsten: Der Schauplatz in Frenssens Dichtungen. Mit vierzehn Autotypien ... Hamburg: Herold 1903.

Butt, Britta: Die Gewölbemalereien im Meldorfer Dom. In: DenkMal! 17 (2010), S. 65–72.

Carsten Niebuhr (1733–1815) und seine Zeit. Beiträge eines interdisziplinären Symposiums ... Hg. v. Josef Wiesehöfer u. Stephan Conermann. Stuttgart: Steiner 2002 (= Oriens et occidens, 5).

Durzak, Manfred: Heinrich von Kleist und Friedrich Hebbel. Zwei Einzelgänger der deutschen Literatur. Hg. v. Hans-Christoph Graf v. Nayhauss u. Anne-Christin Nau. Würzburg: Königshausen & Neumann 2004.

Endruweit, Günter: Schleswig-Holstein. Auf den Spuren der Landesgeschichte in den Museen. Heide: Boyens 2010.

Gustav Frenssen in seiner Zeit. Von der Massenliteratur im Kaiserreich zur Massenideologie im NS-Staat. Hg. v. Kay Dohnke u. Dietrich Stein. Heide: Boyens 1997.

Hans Gross 1892–1981. Aspekte eines umstrittenen Künstlers. Katalog zur Ausstellung 27. September bis 6. Dezember 1992 im Dithmarscher Landesmuseum. [Ausstellung und Katalog: Jutta Müller]. Meldorf: Dithmarscher Landesmuseum 1992.

Hansen, Reimer: Die alte Wöhrdener Kirche. In: Ders.: Aus einem Jahrtausend historischer Nachbarschaft. Studien zur Geschichte Schleswigs, Holsteins und Dithmarschens. Hg. v. Uwe Danker u.a. Malente: Schleswig-Holsteinischer Geschichtsverlag 2005, S. 51–72 (= Veröffentlichungen des Beirats für Geschichte, 22).

Hansen, Reimer: Marienland Dithmarschen. In: Ders.: Aus einem Jahrtausend historischer Nachbarschaft. Studien zur Geschichte Schleswigs, Holsteins und Dithmarschens. Hg. v. Uwe Danker u.a. Malente: Schleswig-Holsteinischer Geschichtsverlag 2005, S. 73–92 (= Veröffentlichungen des Beirats für Geschichte, 22).

Heinrich Christian Boie. Literarischer Mittler in der Goethezeit. Hg. v. Dieter Lohmeier, Urs Schmidt-Tollgreve u. Frank Trende. Heide: Boyens 2008.

Hoffmann, Anna: Die Volkstrachten in Dithmarschen. Bearb. v. Hildamarie Schwindrazheim. Heide: Boyens o.J. [ca. 1962] (= Schriftenreihe der Gesellschaft für Schleswig-Holsteinische Geschichte, 4).

Jonkanski, Dirk: Lunden: Der Geschlechterfriedhof als Zeugnis Dithmarscher Geschichte. In: DenkMal! 16 (2009), S. 17–24.

Kaiser, Herbert: Friedrich Hebbel. Geschichtliche Interpretation des dramatischen Werks. München: Fink 1983.

Kein Nobelpreis für Gustav Frenssen. Eine Fallstudie zu Moderne und Antimoderne. Hg. v. Heinrich Detering u. Kai Sina. Heide: Boyens 2018.

Lange, Horst G.: Der Geschlechterfriedhof in Lunden. In: DenkMal! 16 (2009), S. 25–35.

Langner, Martin-M.: Brahms und seine schleswig-holsteinischen Dichter. Heide: Boyens 1990.

Launert, Dieter: Nicolaus Reimers (Raimarus Ursus). Günstling Rantzaus – Brahes Feind. Leben und Werk. München: Institut für Geschichte der Naturwissenschaften 1999 (= Algorismus, 29).

Mecklenburg, Norbert: Erzählte Provinz. Regionalismus und Moderne im Roman. Königstein/Ts.: Athenäum 1982 [S. 113–128: über Frenssens „Otto Babendiek"].

Der Meldorfer Dom. Hg. v. Heiko K. L. Schulze. Heide: Boyens 1992.

Mit Carsten Niebuhr im Orient. Zwanzig Briefe von der Arabischen Reise 1760–1767. Hg. u. erl. v. Dieter Lohmeier. [Heide:] Boyens 2011.

Ottilie Reylaender 1882–1965. Unterwegs. Katalog zur gleichnamigen Ausstellung. Hg. v. der Worpsweder Kunststiftung Friedrich Netzel. Worpswede: [o.V.] 2015.

Scherer, Wilhelm: Karl Müllenhoff. Ein Lebensbild. Eingel. u. hg. v. Frank Trende. Heide: Boyens 1991.

Schmidt-Tollgreve, Urs: Heinrich Christian Boie. Leben und Werk. Husum: Husum Druck- und Verlagsgesellschaft 2004.

Scholz, Carsten: Der junge Hebbel. Eine Mentalitätsgeschichte. Köln u.a.: Böhlau 2011.

Stolte, Heinz: Im Wirbel des Seins. Erkundungen über Hebbel. Heide: Boyens 1991.

Trende, Frank: Die Schlacht bei Hemmingstedt. Ein deutscher Mythos zwischen Politik, Poesie und Propaganda. Heide: Boyens 2000.

Günter Wiegelmann: Alltags- und Festspeisen in Mitteleuropa. Innovationen, Strukturen und Regionen vom späten Mittelalter bis zum 20. Jahrhundert. 2., erw. Aufl. unter Mitarb. v. Barbara Krug-Richter. Münster u.a.: Waxmann 2006.

„Schleswig-Holsteinisches Biographisches Lexikon"
Hg. im Auftrag der Gesellschaft für Schleswig-Holsteinische Geschichte. Neumünster: Wachholtz 1970ff.

Bartels, Adolf -» Schedukat, Klaus: Bartels, Hinrich Dietrich Adolf. In: Bd. 3, S. 29–32.

Boie, Heinrich Christian -» In: Bd. 2, S. 70ff. ; Bd. 11, S. 397.

Boie, Nicolaus -» o

Gross, Hans -» In: Bd. 12, S. 140ff.

Groth, Klaus -» Bichel, Ulf: Groth, Claus (Klaus) Johann. In: Bd. 2, S. 154–156.

Hebbel, Friedrich -» Stolte, Heinz: Hebbel, Christian Friedrich. In: Bd. 2, 168–173.

Isebrandt, Wulf -» Lammers, Walther: Isebrandt, Wulf. In: Bd. 9, S. 156f.

Junge, Nicolaus -» o

Müllenhoff, Karl Viktor -» o

Neocorus, Johannes -» Lohmeier, Dieter: Neocorus, Johannes. In: Bd. 5, S. 169–172.

Niebuhr, Barthold Georg -» In: Bd. 5, S. 174ff.

Niebuhr, Carsten -» Treichel, Fritz: Niebuhr, Carsten. In: Bd. 5, S. 181–183.

Rachel, Joachim -» Koch, Hans-Albrecht: Rachel, Joachim. In: Bd. 6, S. 231–233.

Reimers, Nicolaus [auch: REIMARUS URSUS] -» o

Swin, Markus -» Lohmeier, Dieter: Swyn (Swin, Schwin), Markus (Marx). In: Bd. 5, S. 264–266.

Swyn, Peter -» Lohmeier, Dieter: Swyn (Swin), Peter. In: Bd. 5, S. 266–268.

Wiemerstedt, Reimer von -» o

Zütphen, Heinrich von -» o

Großes Danke

Ich habe vielfältig zu danken, u.a.: Dr. Jutta Müller (Meldorf), die mir mitten in der Vorbereitung einer neuen Ausstellung für ein erhellendes Gespräch zur Verfügung stand; Hans Peters (Weddingstedt), der mir seine „Aurora" gezeigt hat; Joana-Christin Hinz (Heide), deren Lieblingsort in Dithmarschen Warwerort ist; sowie dem Ministerium für Energiewende, Landwirtschaft, Umwelt, Natur und Digitalisierung und schließlich dem Verlagsleiter Bernd Rachuth (Heide), der mir den größtmöglichen Spielraum gegeben hat.

Dieses Buch ist Susanne zugeeignet, meiner Begleiterin auf vielen Wegen.

Fotos: S. 8 Ingo Lau, S. 60 (Porträt Niebuhr) wikimedia, S. 134 Susanne Wawrzeniez, alle anderen stammen vom Autor oder aus dem Boyens-Verlagsarchiv. Graphik S. 10 Dr. Dirk Meier.

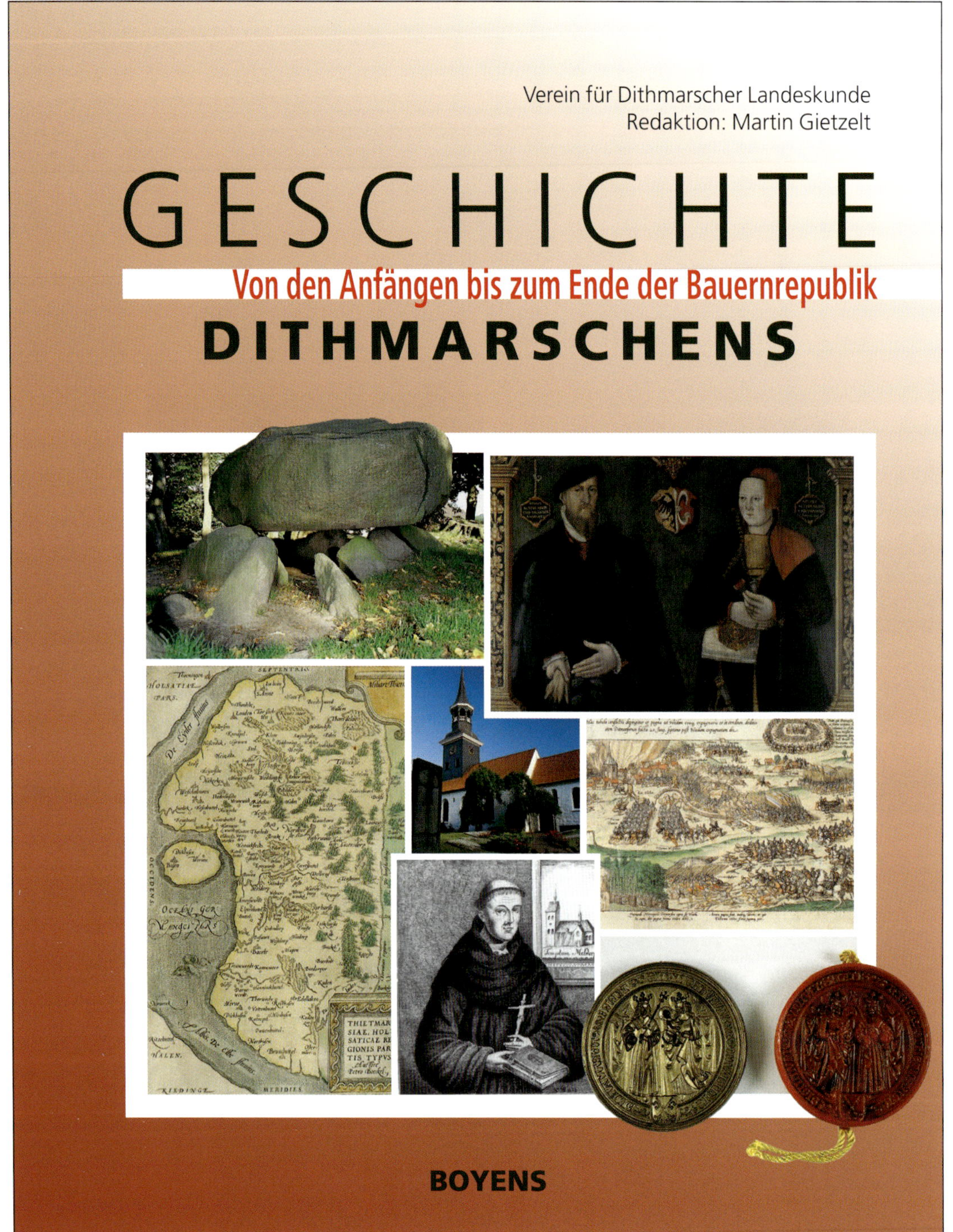

ISBN 978-3-8042-1427-9

ISBN 978-3-8042-1387-6

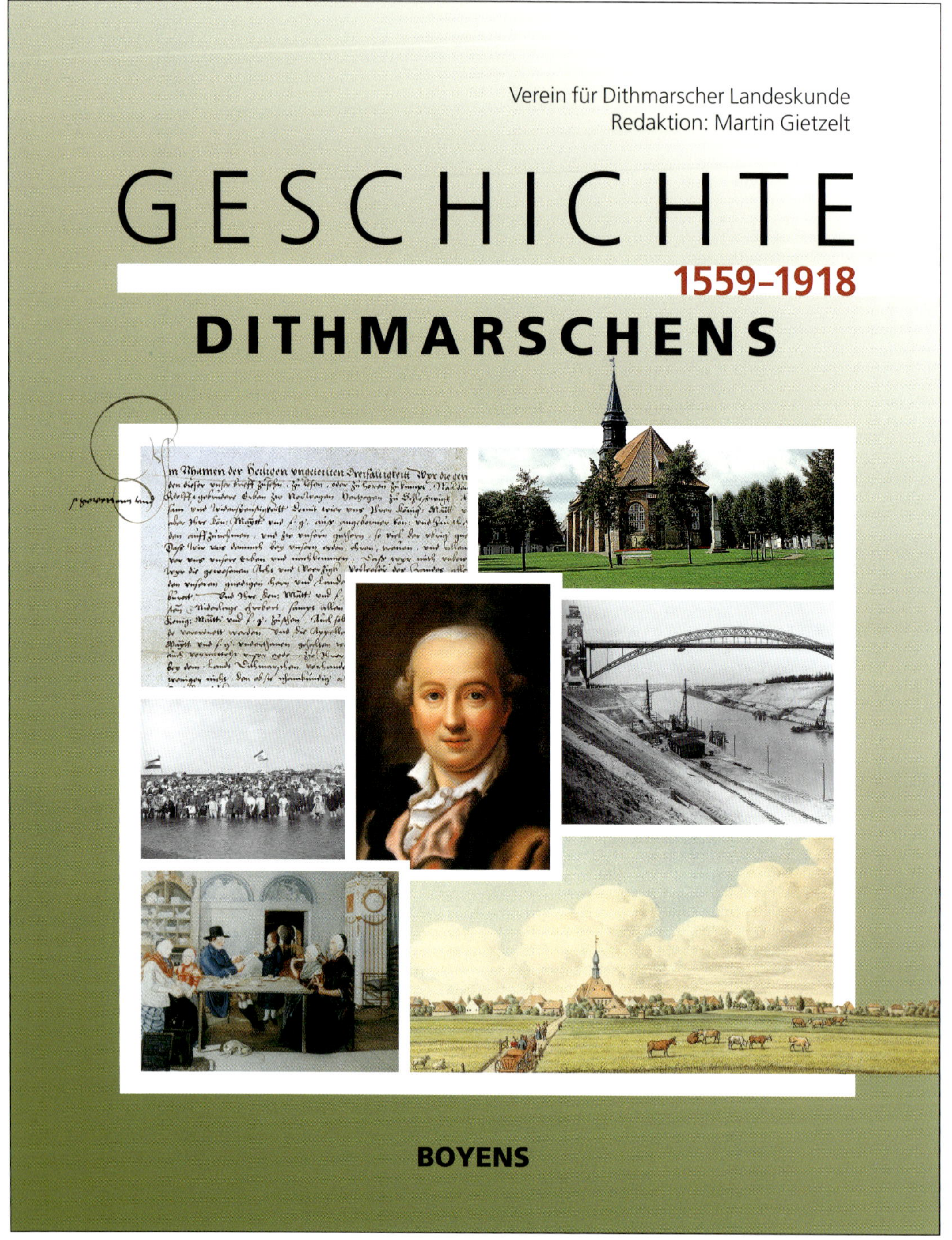

ISBN 978-3-8042-1404-0